공병호가 만난 **예수님**

일러두기: 이 책에 인용된 성경 구절의 출처는 개역개정판 성경과 NIV 성경입니다.

공병호가 만난 예수님

공병호 지음

21세기북스

만일 우리가 그리스도와 함께 죽었으면 또한 그와 함께 살 줄을 믿노니
Now if died with Christ, we believe that we will also live with him.

로마서 6:8

4부 예수님의 은혜

무거운 짐을
내려놓을 수 있는 분

지난날을 되돌아보면 늘 해결해야 할 과제들이 길을 가로막고 있었고 그 과제들을 해결하기 위해 힘들었던 시간들이 대부분이었습니다. 삶은 문제 해결의 과정이기 때문에 당연한 일이기도 하겠지요. 혼자서 그 문제들을 해결하기 위해 이리 뛰고 저리 뛰었던 나날은 편안함보다 힘든 시간들이었습니다. 지금도 여전히 산적한 과제들을 안고 있지만 그래도 지난날에 비해 한결 편안하게 살아갈 수 있게 됐습니다. 나이를 먹어 가는 탓도 있지만 언제 어디서나 짐을 내려놓을 수 있는 분과 동행하는 삶을 살아갈 수 있기 때문일 것입니다. 그래서 자주 이렇게 살아갈 수 있게 된 것에 대해 감사한 마음을 갖게 됩니다.

예수님을 구세주救世主로 받아들인 사람이라면 누구든지 여러 변화를 경험하게 됩니다. 그리고 이들 가운데 하나가 자신의 무거운 짐을 언제나 내려놓을 수 있는 분을 모시고 살아가게 됩니다. "수고하고 무거운 짐 진 자들아 다 내게로 오라. 내가 너희를 쉬게 하리라"(마태복음 11:28)라는 말씀처럼 예수 그리스도를 영접함으로써 일어나는 큰 변화는 평화일 것입니다. 그리스도인이 되는 것은 참으로 신비하기도 하고 특별한 경험입니다. 어떤 시점을 중심으로 예수 그리스도를 마음으로 믿고 입으로 시인하여 생기는 일이지요. 그리고 삶과 생각의 중심에 예수님이 들어서게 됩니다.

우리는 자신의 중심에 무엇인가를 모시고 살아갑니다. 인정하든 인정하지 않든 말입니다. 어떤 분은 돈을, 어떤 분은 출세를, 어떤 분은 권력을 모시고 살아가게 됩니다. 설령 "나는 그렇지 않아"라고 강력하게 부인하더라도 자신이 가진 한정된 자원을 어떻게 배분하고 살아가는가를 보면 그가 무엇을 중요하게 여기고 숭배하면서 살아가는지를 짐작할 수 있습니다. 그리스도인이 된다는 것은 예수 그리스도를 그 어떤 것보다 중요한 중심으로 모시게 되는 것을 뜻하지요. 물론 진실한 크리스천도 있을 것이고 선데이 크리스천도 있겠지만 모두 예수님을 자신의 중심에 모시고 살고 싶다는 점은 공통점일 것입니다.

예수님이 중심을 차지한다면 중심에 대해 공부하는 일은 꼭 필요합니다. 자신의 삶과 생각의 중심에 모시는 분의 실체를 정확히 이해하려는 노력은 너무 당연한 일입니다. 그리스도인이라면 자신이 모시는 예수님을 정확히 이해하려는 노력을 해야 합니다. 그분이 어떤 능력을 갖고 계시는지 그리고 그분과 올바른 관계를 맺고 올바른 방법으로 모시기 위해서는 어떻게 해야 하는지 등은 모두 예수님을 제대로 아는 데서부터 시작됩니다.

믿지 않는 분들에게도 지적 호기심을 가질 만한 멋진 학습 주제입니다. 왜냐하면 2천 년이 넘는 세월 동안 숱한 사람들이 예수님을 믿는 대열에 들어섰기 때문입니다. 또한 세상 사람들이 귀하게 여기는 것들을 전부 던져 버리고 예수님을 믿고 모시는 대열에 동참한 분들이 많기 때문입니다. 이 점은 믿지 않는 분들에게는 참으로 놀라운 일입니다. 예수님에게 사로잡힌 자들 가운데는 세속적인 기준으로 도저히 이해할 수 없을 만큼 이 세상에 쌓은 것들을 버리고 예수님 말씀을 증거하는 일에 뛰어드는 분들이 있습니다. 그런데 목숨보다 중요한 것이 있을까요? "죽으면 죽으리이라"(에스더 4:16)라는 말씀처럼 목숨을 버리거나 버릴 각오를 하면서까지 자신의 신앙을 지키려고 노력하는 분들이 많았다는 사실은 놀라운 일입니다. 믿음이란 것이 그렇게 소중한 것인가라는 지적 호기심을 가질 수 있습니다. 따라서 믿는 자건 믿지 않는 자건 간에 예수님을 이해하려는 노력은 중요한 일이라고 생각합니다.

또 하나의 실용적인 이유가 있습니다. 어떤 것이 아주 귀한 것이라면 그것을 이용해서 사익을 취하는 사람들이 등장하기 때문입니다. 저는 이런 분들을 하나로 묶어서 '영혼비즈니스'에 종사하는 '영혼비즈니스맨(영혼사업가)'이라 부르고 싶습니다. 믿음을 이용하여 엄청난 부를 축적해서 자자손손 호의호식하도록 만드는 사람도 더러 있습니다. 그뿐 아니지요. 이상한 교리에 빠져서 젊은 날을 고스란히 바치는 사람도 있고 가족을 내팽개쳐 버리는 사람도 있고 재산을 모두 갖다 바쳐 주변 가족들을 곤경에 빠뜨리는 사람들도 있습니다. 영혼의 세계는 눈에 보이지 않는 세계라서 선하지 않은 의도를 가진 전문가들에 의해 얼마든지 조작이 이루어질 수 있는 세계라고 생각합니다.

모두 잘 알지 못하기 때문에 일어나는 일입니다. 예수님을 정확히 아는 것만으로도 우리는 우리의 영혼을 보호할 수 있고, 사악한 의도를 갖고 우리의 영혼 세계를 어지럽히거나 사로잡으려는 사람들로부터 자신을 보호할 수 있습니다. 한마디로 제대로 믿는 방법을 스스로 구하는 길은 예수님에 대해 정확한 지식을 갖는 일입니다.

이 책은 신앙에 대해 제가 쓴 세 번째 책입니다. 『공병호의 성경 공부』, 『공병호가 만난 하나님』에 이어 쓴 책이기도 합니다. 또한 제가 기본 교리서로 집필하고 있는 삼부작 『하나님』, 『예수님』 그리고 『성령님』 가운데 두 번째 책이기도 합니다.

사실 저는 늦깎이 그리스도인입니다. 고교, 대학, 유학, 신혼시절에 예배당을 들락거렸지만 믿음을 받아들이기가 쉽지 않았습니다. 자조정신이 강하고, 자기 주관이 뚜렷하고, 이성에 대한 믿음이 강하고, 가방끈이 긴 사람들은 예수님을 중심에 받아들이기가 쉽지 않습니다. 그러다가 50줄에 접어들어서 절대 진리에 대한 갈증 때문에 서양 고전 철학을 파고들던 중에 영혼의 문제를 만나게 됐습니다. 그러던 어느 날 채소를 다듬으며 한 목회자의 설교를 듣고 있던 아내 곁에서 하나님의 말씀이 진리라는 것을 순식간에 깨닫게 됐습니다. 깨달음은 바람처럼 불처럼 불현듯 일어났고 엄청난 변화를 가져왔습니다.

하나님을 알게 되면서 저는 제가 그동안 썼던 100여 권의 저술들이 하나님에 대한 책 쓰기를 위한 준비 과정이었음을 느끼게 됐습니다. '하나님에 대해 아는 일'로부터 시작된 성경 공부는 드디어 새벽 기도와 수시 기도를 통해서 '하나님을 체험하는 일'로 바뀌게 됐습니다. 매일 매일 그리고 원할 때마다 예수님을 만날 수 있는 체험들이 예수님에 대한 책을 쓰도록 만들었습니다. 예수님에 대해 글을 쓰는 일은 제가 잘할 수 있는 방법이면서 진리를 증거하는 일이기도 하고 여러 가지 어려움을 겪는 분들을 돕는 일이기 때문입니다.

제가 예수님을 믿고 공부를 하면서 갖는 생각은 이렇습니다. "믿음은 들음에서 나며 들음은 그리스도의 말씀으로 말미암았느니라"(로마서 10:17)라는 말씀은 진리입니다. 그러나 듣는 것만으로는 믿음의 성장이 기대한 만큼 이루어지기 힘들다는 것이 사실입니다. 들음으로써 씨앗이 뿌려진 믿음은 영상이나 육성만이 아니라 텍스트(문자)로 잘 정리된 책을 읽음으로써 더 효과적으로 성장시킬 수 있습니다. 먼저 들음으로써 믿음의 길에 들어선 저는 읽음으로써 믿음의 성장이란 효과를 경험했기 때문에 읽는 것이 중요하다고 생각하게 됐습니다. 이런 경험 때문에 저는 평신도임에도 불구하고 교리에 대한 책을 쓰게 됐습니다.

아무쪼록 이 책이 믿음을 가진 분들에게는 믿음의 깊이와 순도를 더하는 데 도움이 되길 소망합니다. 또한 믿음을 받아들이지 않은 분들께는 예수님의 있는 그대로의 모습을 이해하는 데 도움이 되기를 소망합니다.

이 책을 집필함에 있어서도 AMI선교센터의 설교와 자료, 기독교의 정통 신앙을 펼치는 '옛신앙'의 연구 자료 그리고 여러 신학대학원의 학위 논문들이 도움이 됐습니다. 이병태 장로님의 귀한 자료도 도움이 됐으며 원고를 여러 번 꼼꼼히 읽고 문제점을 지적하고 교정을 해 준 아내 혜숙에게도 고마운 마음을 전합니다. 아무쪼록 이 책이 예수 그리스도를 이해하고 믿는 데 많은 분들에게 도움이 되기를 소망합니다.

2013년 6월 공병호

1부

예수님의 지상 방문

나를 보는 자는 나를 보내신 이를 보는 것이니라.
When he looks at me, he sees the one who sent me.

요한복음 12:45

예수님은 언제부터 계셨는가?

그때에 사람이 너희에게 말하되 보라 그리스도가 여기 있다 혹은 저기 있다 하여도
믿지 말라. 거짓 그리스도들과 거짓 선지자들이 일어나 큰 표적과 기사를 보여
할 수만 있으면 택하신 자들도 미혹하리라.

At that time if anyone says to you, 'Look, here is the Christ!' or, 'There he is!' do not
believe it. For false Christs and false prophets will appear and perform great signs
and miracles to deceive even the elect-if that were possible.

마태복음 24:23-24

기원전 4년의 어느 겨울날, 예수님은 이스라엘의 동남쪽 약 10킬로미터 지점에 위치한 베들레헴의 여관집 마굿간에서 태어나셨습니다. 베들레헴은 히브리어로 떡집을 뜻하는데 이곳에서 '생명의 떡'이 되시는 예수님이 탄생한 것은 뜻깊은 일입니다. 육신의 아버지와 어머니는 나사렛 출신의 목수 요셉과 그의 신실한 아내 마리아였습니다.

역사학자 폴 존슨Paul Johnson은 예수님이 태어나던 시절의 세계를 '가혹하고, 잔인하고, 폭력적이고, 불안전한 세계'로 그리고 있습니다. 지중해를 위험하게 했던 해적들이 소탕됨으로써 교역이 활성화되고 물질적으로 급속히 팽창하던 시기였습니다. 반면에 대부분 유대인 민중들의 삶은 고단했습니다. 소작인들은 부재지주인 로마인들

에게 농산물의 25퍼센트를 세금으로 바쳐야 했고 사원에도 22퍼센트의 세금을 바쳐야 했습니다. 고단한 삶을 살았던 민중들에게 예루살렘의 귀족과 로마인들은 증오의 대상이 됐고 이런 민중들의 원성에 힘입어서 유대민족의 민족 해방 운동이 끊이질 않았던 시절이기도 했습니다. 예수님이 태어나던 해는 로마에 의해 지명돼 30년 이상 군림하여 왔던 헤롯왕(기원전 37년~4년)이 사망한 해이기도 합니다.

예수님의 탄생은 역사적 사건이며 예수님이 역사 속에 계셨던 실제 인물임을 부인할 사람은 없을 것입니다. 왜냐하면 그리스도인이 아닌 역사학자나 랍비 등이 남긴 역사 기록에서도 여러 번 언급돼 있기 때문입니다. 유대 역사가 플라비우스 요세푸스(Flavius Josephus, 37~100년)가 기원후 93년에 쓴 유대민족의 역사서인 『유대 고대사』에는 예수님에 대한 내용이 두 군데 등장합니다. 일부 학자들은 이 기록의 진실성을 의심하기도 하지만 역사가에 의해서 예수의 죽음과 부활이 기록된 중요한 문헌인 것만은 사실입니다.

이즈음에 굳이 그를 사람으로 부른다면 예수라고 하는 현자 한 사람이 살았다. 예수는 놀라운 일들을 행했으며 그의 진리를 기쁘게 받아들이는 사람들의 선생이 됐다. 그는 많은 유대인과 헬라인들 사이에 명성이 높았다. 바로 메시아였다. 빌라도는 우리 유대인 중 고위층 사람들이 예수를 비방하는 소리를 듣고 그를 십자가에 처형시키도록 명령했으나 처음부터 그를 따르던 사람들은 예수에 대한 애정을 버리지 않았다. 예수가 죽은 지 3일째 되는 날, 그는 다시 살아나 그들 앞에 나타났다. 이것은 하나님의 선지자들이 이미 예언했던 바, 예수에 대한 많은 불가사의

한 일들 중의 하나였다. 오늘날에도 그를 따르는 그리스도인들이 사라지지 않고 여전히 남아 있다.

플라비우스 요세푸스, 『유대고대사』, 제18권 63-64

한편 예수를 호의적으로 받아들일 수 없었던 랍비(유대교의 율법교사)들이 남긴 문헌에도 예수님의 죽음에 대한 기록이 남아 있습니다. 여러 랍비 문서 중에서 바빌로니아 탈무드에는 예수를 죽인 죄목에 대해 다음과 같은 기록이 남아 있습니다. 기원후 2세기 이후에 기록된 것으로 추정됩니다.

유월절 축제 전날 밤 나사렛 예수는 매달렸다. 40일 전 전령이 도착해서 이렇게 외쳤다. '그 사람은 마술을 행하고 이스라엘을 잘못된 길로 인도하여 불충한 자들로 만들었기 때문에 돌팔매질을 당했다. 그를 변호할 자는 나와서 말해 보라.' 그러나 아무도 그를 변호하는 말을 하지 않았기 때문에 그는 유월절 전날 밤 매달렸다.

랍비 자료 '탈무드-bSANH 43a', 게르트 타이쎈/아네테 메르츠, 『역사적 예수』, 2012, p.127

그밖에 로마시대의 가장 뛰어난 역사가 타키투스(Tacitus, 기원후 55~120년), 로마 역사가 수에토니우스(Suetonius, 기원후 69~122년), 로마의 작가이자 행정관이었던 플리니우스(Plinius, 기원후 61~113년) 등은 모두 실존 인물로서 예수님에 대한 기록을 남긴 바 있습니다.

그렇다면 '탄생誕生'은 어떤 의미를 갖고 있을까요? 국어사전에는 탄생을 '사람이 태어남을 뜻하는데 예전에는 성인 또는 귀인이 태어남을 높여 이르는 말'이라 합니다. 기원전 4년, 성탄 전야에 예수님은 아기 예수로 태어난 것이 맞습니다. 하지만 예수님의 탄생을 인간의 부모가 자식을 낳은 것처럼 해석하지 않도록 주의해야 합니다. 그러나 많은 분들은 인간의 출생처럼 예수님의 탄생을 받아들입니다. 이처럼 '탄생'이란 표현이 가진 강력한 영향이 다른 주장이 들어설 여지를 없애 버렸습니다.

제가 예수 그리스도에 대한 글의 시작부터 이 문제를 이야기하는 데는 이유가 있습니다. 오랫동안 예배당을 다닌 분과 대화를 나누다가 "예수님이 창세전부터 계셨습니다"라고 말하자마자 그분이 크게 놀라면서 "공부를 많이 하다 보니 이단에 단단히 빠지신 것 아닙니까?"라는 이야기를 했기 때문입니다. 저에겐 그런 반응이 놀라웠습니다. 신앙생활을 오랫동안 성실히 해 온 분도 예수 그리스도의 정체성에 대해서 깊은 생각을 해 본 적이 별로 없으시다는 것을 알았습니다.

곰곰이 생각해 보면 성탄 전야가 과연 예수님의 탄생일인가 하는 생각을 해 보게 됩니다. 절반은 진실이지만 또 절반은 진실과 거리가 있는 이야기입니다. 정확하게 말하면 성탄 전야는 예수님이 탄생하신 날이기도 하지만 신성을 가진 예수님이 인간의 모습으로 이 땅에 찾아오신 날 즉, 방문하신 날입니다. 예수님에 대한 올바른 이해의 첫걸음은 그분이 기원전 4년에 인간의 모습으로 이 땅을 처음 방문하셨고 오래전부터 이미 활발히 활동하고 계셨다는 사실을 받아들이는 일입니다. 이런 면에서 보면 '성탄절'은 '탄생일'이기도 하지만 동시에 '방문일'로 해석하는 것이 올바르다고 생각합니다.

탄생이란 의미가 가진 강력한 이미지가 창세전부터 예수님이 존재하고 계셨다는 사실을 가리지 않도록 주의해야 할 것입니다. 탄생이라고 하면 누구든지 처음 태어나는 것으로 받아들이기 때문입니다. 이 부분에 대해 올바로 이해하지 않으면 예수님에 대한 지식이나 믿음이 흔들릴 가능성이 커집니다. 사실 오늘날 믿는 자건 믿지 않는 자건 간에 예수님의 정체성에 대해 의견이 분분하고 이것이 신앙생활에 큰 영향을 미치고 있는 것이 사실입니다.

예수님은 기원전 4년의 성탄 전야에 인간의 모습으로 이 땅을 방문하여 33년간 지상 사역을 수행하기 이전부터 오랫동안 하나님과 함께 생활했고 활동해 오고 계신 분입니다. 예수님은 구약은 물론이고 구약 이전에도 활동하셨던 분이십니다. 목회자인 시드니 맥스웰 Sydney Maxwell은 그리스도가 지상을 방문하기 이전부터 계셨음을 증거하는 한 논문에서 이렇게 말합니다.

예수님은 진실로 파로이케오(paroikeo, 혹은 파레피데모스 parepidemos로 '나그네가 일시적으로 거하는 것'라는 뜻)이셨습니다. 즉, 그분은 자신의 손으로 만드신 세상에 잠시 머무르는 나그네(the Sojourner)이셨습니다. 그분은 스스로 '내가 세상에 속하여 있지 않다(I am not of the world)'(요한복음 17:14, 16)에 말씀하신 것처럼 이 땅에 속하지 않으셨습니다. 우리는 예수님이 베들레헴에 오시기 전에 그의 발자국들을 추적함으로써 그분이 세상에 오시기 전에 하늘나라의 남보석(사파이어)으로 만들어진 거리 위로 걸어 다니셨음을 확신하게 될 것입니다.

Sydney Maxwell, "The Pre-existence of Christ In The Old Testament and The Gospels".

Norman Crawford & 7 more, 『The Person of Christ Series』, 1981, www.gospellhall.org

예수님은 창세전부터 성부 하나님과 함께 계셨습니다. 예수님에 대한 이해의 첫걸음은 선재하시는 그리스도로부터 시작돼야 합니다. '그리스도 선재론(先在論, Pre-existence of Christ)'은 "예수 그리스도가 지상에 오시기 이전에 이미 하나님의 제2위 즉 성자 하나님으로 존재하고 있었다는 믿음"을 말합니다. 성경은 영원 이전부터 계셨던 그리스도의 선재를 증거하는 여러 말씀들을 제시하고 있습니다. 이들 가운데 대표적인 말씀 몇 가지만 살펴보겠습니다.

> 그는 보이지 아니하는 하나님의 형상이시요 모든 피조물보다 먼저 나신 이시니 골로새서 1:15

> 그(예수님)가 태초에 하나님과 함께 계셨고, 만물이 그로 말미암아 지은 바 됐으니 지은 것이 하나도 그가 없이는 된 것이 없느니라.
> 요한복음 1:2-3

> 아버지여 창세전(before the world began)에 내(예수님)가 아버지와 함께 가졌던 영화로써 지금도 아버지와 함께 나를 영화롭게 하옵소서. 요한복음 17:5

성경은 창세전부터 성부 하나님과 함께 계신 예수님이 만물을 창조하실 때 주역으로 활동하신 창조주 하나님임을 증거하고 있습니다.

선재론을 쉽게 이해할 수 있는 방법은 예수님의 존재 양식을 시간의 흐름을 기준으로 세 가지 모습(선재—성육신—승천)으로 나누어 보면

공병호가 만난 예수님

됩니다.

선재(先在, pre-existence) 창세전부터 예수님이 성부 하나님과 함께 계시는 것을 말합니다. 다시 말하면 창세전부터 미리 계셨습니다.

성육신(成肉身, incarnation) 인간의 몸으로 지상에 내려 오셔서 인간의 죄를 면죄해 주기 위해 십자가에 못 박혀 죽으심으로 구원 사역을 펼치셨습니다.

승천(昇天, ascension) 하나님에 의한 인간의 구원 사역이라는 모든 일을 다 마치셨다는 말씀과 함께 하늘로 올라가서 하나님 우편에 앉아 계십니다.

그리스도인은 신앙고백을 통해서 예수님이 하나님의 아들이며, 메시아이며, 하나님 그 자체임을 고백합니다. 따라서 창세전부터 예수님이 성부 하나님과 함께 계셨던 것을 받아들일 수 없다는 것은 그리스도인이 되기를 거부하는 일이라 해도 무리가 아닙니다. 예수님을 믿는다는 것 즉, 그리스도인이 된다는 것은 곧 바로 그리스도의 선재를 받아들이는 것을 말합니다. 기독교 역사를 보면 초대 교회 시절부터 선재론을 부인하는 목소리가 큰 편이었습니다. 선재론을 부인하는 움직임은 오늘날이라고 해서 잠잠한 것은 아니라고 봅니다.

대표적인 분들이 자유주의 신학자들입니다. 이들은 그리스도교의 교리가 가진 영원성과 불변성을 받아들이지 않습니다. 이들은 그리스도교의 교리는 한 시대의 사고방식을 표현한 상징이나 이야기에 불과하다고 생각합니다. 따라서 이들은 그리스도교를 교리와 별개의 특정 경험 혹은 생활로 간주합니다. 따라서 교리는 시대마다 변할 수 있고 변해야 한다고 주장합니다. 따라서 자유주의 신학자들의 의견은 제각각의 교리 해석에 따라 다양합니다만 공통점은 그리스도의 선재론에 대한 부정, 예수님의 신성에 대한 부정 그리고 성경의 무오성(無誤性)에 대한 부정 등으로 이루어집니다.

대표적인 자유주의 신학자인 루돌프 볼트만Rudolf Bultmann은 그리스도의 선재론을 그노시스(gnosis, 인식, 靈和) 신화라고 비판합니다. 그노시스 신화는 '인식'에 의해 인간이 신이 될 수 있다고 말합니다. 다시 말하면 그노시스 신화는 어둠과 악을 막아 내는 전지전능한 신을 인정하지 않고 인간 속에 들어 있는 신적 본질을 깨달아 인간이 스스로 신이 돼야 한다는 주장을 펼칩니다. 따라서 그리스도교와는 정반대의 사상으로 이단 취급을 받아 왔습니다. 어떤 우연에 의해 어둠의 세계인 지상 세계에 떨어진 인간은 어느 날 자기 본래 모습에 대한 인식(그노시스)이 주어지면 지상 세계에서 '빛의 땅'으로 귀환하게 된다는 주장입니다.(조 지무쇼, 『신화대전』, 2008, p.243) 예수님의 승천과 그노시스 신화의 일치에 대한 볼트만의 주장은 이렇습니다.

요한복음 17:1-5의 언어는 신화적이다. 아들의 소원은 그의 지상의 존재로부터 한때 그의 선재 상태에서 가졌던 하늘의 영광 안으로 다시 올리움을 받는 것이다. 그것은 그노시스 신화의 사상 형식과 완전히 일치한다. Rudolf Bultmann, 『The Gospel of John』, Oxford:Basil Blackwell, 1970, p.14

그밖에 칼 바르트Karl Barth는 "역사 안에서 그리스도서의 예수는 오직 문제 혹은 신화로서만 이해될 수 있다"라는 주장을 합니다. 라인홀드 니이버Reinhold Niebuhr는 "영원이라는 것이 시간 속에 들어온다는 개념은 지적으로 불합리하다"는 주장을 하면서 예수 그리스도의 선재론뿐만 아니라 성육신을 불합리한 주장으로 받아들입니다(Karl Barth, 『The Epistle to the Romans』, London: Oxford University Press, 1933, p.30, Reinhold Niebuhr, 『Beyond Tragedy』, New York:Charles Scribner's, 1938 p.13).

이 책을 준비하면서 정교한 논리로 선재론을 부정하는 사람들의 여러 주장을 확인할 수 있었는데 이를 살펴보는 일은 예수님을 이해하는 데 중요하고 유익합니다. 참고로 김효성의 『자유주의 신학의 이단성』(2008)은 대표적인 자유주의 신학자들의 주장을 정리한 다음 이를 체계적으로 비판하고 있습니다.

예수님의 선재론을 부정하는 목소리

내가 하늘에서 내려온 것은 내 뜻을 행하려 함이 아니요
나를 보내신 이의 뜻을 행하려 함이니라.
For I have come down from heaven not
to do my will but to do the will of him who sent me.
요한복음 6:38

'그리스도 선재론'은 예수님과 성부 하나님이 한 분 하나님이시며 다만 위격이 다르다는 것을 받아들일 때 가능합니다. 예수님이 하나님과 완전히 동일한 신성을 갖고 있다는 사실을 받아들일 수 없다면 선재론은 진실이라고 할 수가 없습니다.

'동일본질(homoousios, 호모우시오스)'은 예수님과 성부 하나님의 본질이 동일하며, 이 용어에서 기독교의 핵심 교리인 삼위일체가 나오게 됩니다. "이(예수님)는 하나님의 영광의 광채시오 그 본질(휘포스타시스)의 형상이시라(The Son is the radiance of God's glory and the exact representation of his being)"(히브리서 1:3)라는 말씀에 등장하는 '휘포스타시스(헬라어 huipostasis, 영어 confidence essence, nature, person)'는 '본질, 본체, 실체, 실상' 등으로 번역됩니다.

공병호가 만난 예수님

예수님은 완전한 신이면서도 완전한 인간이십니다. 이런 진리는 기꺼이 받아들이기가 쉽지 않습니다. 왜냐하면 눈으로 볼 수 있는 것은 누구든지 믿을 수 있지만 눈에 보이지 않는 것을 믿기는 쉽지 않기 때문입니다. 눈으로 볼 수 없는 것을 믿기 어렵다는 것은 예수님이 살던 시절이나 지금이나 별반 다를 바가 없다고 봅니다. 정통 그리스도교가 예수님의 완전 신성과 완전 인성이란 기초 위에 우뚝 서 있다면, 역사 속에 부침을 거듭했던 기독교의 이단들은 이런 저런 이유를 들어서 예수님의 신성이나 인성을 부정했습니다. 차차 자세히 알아보겠지만 예수님의 신성을 인정할 것인가 말 것인가를 두고 정통 기독교는 격렬한 공격을 견뎌 왔습니다. 과거와 비교할 바는 아니지만 오늘날까지도 예수님의 신성을 부정하는 세력이나 사람들이 활발하게 활동하고 있는 것은 사실입니다.

오늘날 정통 그리스도인들은 예수님을 성부 하나님과 '동일본질'라고 고백합니다. 예수님은 참 하나님(vere Deus, 신성의 동일본질)이면서도 참 인간(vere Homo, 인간성의 동일본질)임을 고백합니다. 예수님을 믿게 되는 분들은 믿음을 갖기 전과 후에 여러 가지를 경험하게 되는데 믿음이 깊어지면서 뚜렷한 한 가지 특징을 보입니다. 그것은 머리(이성)만이 아니라 온 마음을 다하여 예수님과 성부 하나님의 동일본질을 한 치의 오차도 없는 절대 진리로 받아들이게 된다는 것이지요. 이성의 눈으로 보면 참으로 불가사의하기 때문에 이를 두고 그리스도의 비밀이라 이름을 붙일 수 있을 것입니다.

그런데 이런 고백은 손쉽게 얻어진 것이 아닙니다. 기독교는 초대교회부터 예수님과 성부 하나님이 동일한 신성을 갖고 계신다는 사실을 집요하게 공격하는 세력들과 험난한 대결과 격렬한 논쟁을 전개하여야만 했습니다. 기독교는 성부, 성자, 성령의 세 위격이 하나의 본질 혹은 본체를 이루고 있다는 기초 위에 서 있습니다. 이는 기독교가 성부 하나님만을 인정하는 유대교의 유일신론과 그리스 로마의 다신교 사상을 맞설 수 있는 성경적 근거이기 때문에 기독교로서는 양보할 수 없는 절체절명의 교리입니다. 지금까지 이야기한 것을 간단하게 정리해 보겠습니다.

삼위일체론과 함께 예수 그리스도에 대한 신학적 이론 및 학문을 기독론(크리스톨로지, 그리스도론, Christology)이라 하며 이는 신학을 구성하는 여러 학문들 중에서도 가장 중요하고 기초가 되는 학문입니다. 흔히 기독론을 두고 신학의 기초이자, 중심이자, 등뼈이자, 주춧돌이 되는 학문이라고도 합니다. 이처럼 중요한 기독론의 핵심은 무엇일까요?

기독론의 핵심은 그리스도의 인격에서 신성神性과 인성人性을 어떻게 이해할 것이며 이 둘 사이의 결합이 어떻게 이루어지는가에 대한 논의라고 할 수 있습니다. 성경은 두 가지 점을 명확히 합니다. 하나는 예수 그리스도가 성부 하나님과 함께 선재先在한 하나님의 유일한 독생자라는 점입니다. "본래 하나님을 본 사람이 없으되 아버지 품 속에 있는 독생하신 하나님이 나타내셨느니라."(요한복음 1:18) 다른 하나는 예수님이 인간 구원을 위해 인간의 모습을 하고 하나님에 의해 이 땅에 파송된 분이라는 점입니다. "그는 근본 하나님의 본체시나 하나님과 동등됨을 취할 것으로 여기지 아니하시고 오히려 자기를 비워 종의 형체를 가지사 사람들과 같이 되셨고."(빌립보서 2:6-7)

공병호가 만난 예수님

이 말씀들에 근거해서 성경은 예수 그리스도가 창세전부터 하나님과 함께 계신 완전한 신이면서 완전한 인간임을 증거하고 있습니다. 이것이 바로 정통 기독론의 핵심 교의입니다. 그러나 이런 믿음이 제대로 자리를 잡기에는 오랜 시간이 걸렸습니다. 오늘날도 여전히 정통 기독론을 받아들이지 않는 분들도 많습니다. 예를 들어 대표적인 자유주의 신학자 폴 틸리히Paul Tillich는 "셋이 하나요 하나가 셋이라는 진술은 삼위일체의 신비에 대한 가장 나쁜 왜곡이었다"고 말하면서 삼위일체를 부정하는 주장을 펼쳤습니다(Paul Tillich, 『Systematic Theology』, Vol 3, University of Chicago Press, 1951-64, p.284).

일찍부터 서방교회(로마)와 동방교회(예루살렘, 안디옥, 알렉산드리아, 콘스탄티노플)는 수세기 동안 교리상의 차이를 보여 왔습니다. 이 가운데 하나가 신앙고백서인 신조(信條, credo)의 차이입니다. 서방교회가 사용하는 로마신조에서 예수님은 "그리스도 예수, 독생하신 아들, 우리 주님을 믿습니다"처럼 그리스도가 하나님의 아들임을 단순하게 고백하고 맙니다. 그런데 동방교회는 예수 그리스도와 하나님과의 관계를 중시합니다. 그리스도가 아들이 되는 시점을 창세전임을 명확히 하고 있습니다. 아울러 시간을 중심으로 하나님 아들과 창조된 것들의 차이를 분명하게 했습니다. 이런 동방교회의 전통에서부터 하나님의 아들이 언제 어떻게 등장하는가를 두고 논쟁이 발생하게 될 가능성의 문이 열리게 됐습니다.

지금부터 다루려는 아리우스파Arianism도 이런 전통을 배경으로 등장하게 됩니다. 신성을 부정한 다양한 세력들 가운데 아리우스파를 살펴보는 일은 오늘날의 이단 논쟁에서도 귀한 교훈을 줍니다. 아리우스파의 주장을 이해하는 일은 여러분과 제가 예수님의 정체성뿐만 아니라 신앙의 토대를 굳건히 하는 데 도움이 될 것입니다.

아리우스(기원후 250년~336년)는 알렉산드리아 바우칼리스교회 장로로, 성직자로 활동하던 인물로 기독론에 관한 이단異端의 주창자입니다. 그가 본격적으로 그리스도의 신성이 성부 하나님에 종속됐다는 설교를 펼치기 시작한 시점은 319년 무렵부터입니다. 그의 주장은 초대 교부인 오리게네스(Origenes, 기원후 185~254년)의 주장 즉, 성자 하나님은 성부 하나님에 비해 열등하며, 성부 하나님에게서 비롯됐다는 성자종속설聖子從屬說에 기초하고 있습니다. 오리게네스의 성자종속설은 아리우스에 의해 계승 발전하게 됩니다.

아리우스는 오리게네스과 마찬가지로 성자 하나님의 완전한 신성을 부인합니다. 그가 주목한 것은 동방교회의 전통인 성부 하나님과 성자 하나님 사이의 시간적 간격입니다. 그는 성자 하나님의 불완전한 선재성과 신성을 받아들입니다. 아리우스에 의하면 다른 모든 것들이 창조되기 이전에 성자 하나님이 창조됐다는 것입니다. 다만 창조되기 이전의 일정한 기간 동안 성자도 성령도 존재하지 않고 오로지 성부 하나님만 존재했다고 주장합니다. 결과적으로 성자 하나님은 성부 하나님과 본질이 닮기는 했지만 같을 수는 없다는 것입니다.

(A)	(B)	(C)
요한복음 1:1 (태초에~)		창세기 1:1 (태초에~)

예를 들어 성경에서 '태초에In the beginning'처럼 시간을 나타내는 부사구는 요한복음 1장 1절과 창세기 1장 1절에 등장합니다. "태초에

말씀이 계시니라. 이 말씀이 하나님과 함께 계셨으니 이 말씀은 곧 하나님이시니라(In the beginning was the Word, and the Word was with God, and the Word was God)"(요한복음 1:1)와 "태초에 하나님이 천지를 창조하시니라(In the beginning God created the heavens and the earth)"(창세기 1:1) 사이에는 상당한 시간의 간격이 있습니다.

아리우스는 (A)시점부터 성부 하나님만이 유일하게 존재하시다가 (B)시점이 돼서야 비로소 성부 하나님이 성자 하나님을 낳으셨다고 주장합니다. 반면에 정통 기독론은 (A)시점부터 삼위 하나님이 함께 계셨다고 주장합니다.

아리우스는 이른바 하나님의 통일성을 강조하면서 성부는 시작이 없으나 성자는 시작이 있다고 주장합니다. 결과적으로 어느 시점을 중심으로 창조된 예수님은 하나님에게 종속된 존재에 지나지 않는다는 것이지요. 다시 말하면 육신의 아버지와 아들 관계처럼 아들인 예수님이 태어난 자라면 존재의 시작과 존재하지 않았을 때가 있을 수밖에 없으며, 아들은 창조된 자로서 아버지인 성부 하나님과 아들인 예수님이 동질일 수가 없다는 것이지요. "그게 뭐 그리 중요한가요?" 라고 물을 수 있습니다. 그런데 (A)시점 혹은 그 이전부터 성부 하나님과 성자 하나님이 함께 계셨는가 혹은 아닌가에 따라 삼위 하나님의 동일본질을 받아들일 수 있는가 혹은 아닌가가 결정됩니다. 그렇기 때문에 이는 단순한 표현의 문제가 아니라 엄청나게 중요한 차이입니다. 당연히 정통 그리스도교 교리는 (A)시점 혹은 그 이전부터 성부, 성자, 성령 하나님이 모두 함께 계셨다는 사실을 믿습니다. 교회사를 전공한 원성현 박사는 아리우스파의 이단적 신론이 가진 한계와 원인을 이렇게 설명한 바가 있습니다.

> 아리우스가 지녔던 신론과 기독론은 헬라 철학에 기초한 신(神) 개념에서 비롯됐다. 헬라 철학의 신적 존재는 절대적으로 유일한 존재로서 인간이 접근할 수 없었다. 따라서 헬라 사상에 있어 인간이 신을 이해하기 위해서는 신과 인간 사이의 중보자(helper)가 필요했으며, 아리우스는 이 중재자를 영혼 대신 로고스(이성)를 지닌 그리스도로 여겼다. 그러나 아리우스의 결정적 패착은 "로고스가 존재하지 않았던 때가 있었다"고 주장한 점이었다. 따라서 로고스인 그리스도는 하나님과 본질상 동등시 될 수 없다는 것이었다. (…) 이는 결국 로고스를 창조된 피조물로 만들어 버렸고, 따라서 이 로고스는 완전한 참 신도, 완전한 참 인간도 아닌 제3의 반신반인적 괴물이 돼 버렸다.

원성현, "초대교회 최초 이단재판에 관한 역사적 고찰", 『법과 교회』, 2012.10.25.

아리우스는 예수님에 대해 특별한 지위를 부여하려고 노력한 적이 있습니다. 그는 "로고스(예수님)는 다른 피조물들과 같이 창조되지는 않았으며 또한 로고스는 모든 창조물들 중 으뜸 되는 첫 피조물이다"는 점을 들어서 하나님의 첫 번째 창조 사역의 결정판이 성자 하나님임을 강조했습니다. 하지만 그가 어떤 노력을 하더라도 아리우스파는 완전한 선재성을 부정할 수밖에 없었습니다. 하나님이 성자 하나님을 창조한 어느 시점부터 선재성은 인정할 수 있지만 그 이전의 일정 기간 동안 성자 하나님은 존재하지 않으셨다는 주장을 기독교는 정통 교리로 받아들일 수 없었습니다.

그런데 아리우스는 단순히 강단 설교만 하는 인물이 아니었습니다. 그는 성자가 성부에 비해 종속된 자이며 성자가 존재하지 않았던 공백기가 있었다는 사실을 담은 노래를 만들어서 길거리의 아이들에게 유포시킬 정도로 조직적으로 자신의 주장을 펼쳤습니다. 당시에 알렉산드리아의 그리스도인 가운데 절반 이상이 아리우스파에 동조하는 입장이었고 아리우스파의 주장은 알렉산드리아를 넘어 빠르게 확산되고 있었기 때문에 예수님의 신성을 믿는 사람들이 이를 그냥 지켜보고 있을 수는 없었습니다.

그리스도의 완전한 선재성(혹은 신성)을 부정하는 것은 기독교의 존립을 위협하는 일이었습니다. 예를 들어 유대교와 기독교가 서로를 인정할 수 없었던 큰 차이점이 바로 예수님에 대한 신성의 문제였습니다. 성부 하나님만을 인정하고 예수님의 신성을 부정하는 유대인들은 일찍부터 그리스도인들에 대해 적대적인 감정을 가질 수밖에 없었습니다. 그들의 눈에 그리스도인은 하나님을 모독하는 자들이었을 뿐만 아니라 예수라는 우상을 숭배하는 자들이었을 것이기 때문입니다. 이미 85년 무렵부터 유대교 회당 예식문에는 "나사렛 사람들(기독교인들)과 이단들의 생명책에서 신속하게 파괴되고 제거되기를 기도하나이다"라는 문장이 등장하기 시작했습니다.

하지만 기독교인들에게 그리스도의 신성을 공격하는 것은 기독교의 기초를 허물어뜨리는 일이자 존립을 위협하는 일이었습니다. 초기의 그리스도인들이 이단 사상에 눈을 뜨기 시작한 계기는 기독교에 대한 유대교의 공격이 계기가 됐습니다만 이미 12사도가 죽음을 당하기 이전은 물론이고 이후부터 이단들의 활동은 극성스러웠습니다. 그리스도에 관한 교리 논쟁은 초대교회로부터 시작해서 정통 기독교 교리가 확립되는 451년의 칼케논 회의까지 계속됩니다. 특히 2~3세기 말에 교회는 이단 논쟁으로 극심한 혼란 상태에 놓이게 됩니다. 이단 논쟁하면 떠오른 한 인물이 있는데 그는 그리스도인들이 이단으로부터 입는 폐해를 방지하기 위해 여러 지방을 여행하면서 이단 논쟁에 평생을 바친 필라스티리오(Philastrius, ~397년)입니다. 390년, 그가 심혈을 기울여 156개의 독특한 '이단 목록Catalogue of Heresies'을 만들기도 했던 점을 염두에 두면 이단들의 활동이 얼마나 활발했는지를 짐작할 수 있습니다.

오늘날처럼 성경을 직접 읽을 수 있고 성경에 대한 해설서와 목회자들의 설교를 충분히 들을 수 있는 환경에서도 사람들이 이단이나 사이비 종파들에 의해 낭패를 당하는 사례들을 목격하게 됩니다. 상황이 이러하다면 당시에는 얼마나 많은 이단들이 사람들을 미혹하게 했을까요? 게다가 삶의 환경이 더욱 열악한 상황에서 사람들은 더욱 절실하게 하나님에게 매달렸을 것이고 이런 절실함을 이용하는 종교인들의 활동이 활발했을 것임을 예상하는 일은 어렵지 않습니다.

교회사를 통해 본 예수님의 선재성

이는 하나님의 영광의 광채시요 그 본체(본질)의 형상이시라.
그의 능력의 말씀으로 만물을 붙드시며 죄를 정결하게 하는 일을 하시고
높은 곳에 계신 지극히 크신 이의 우편에 앉으셨느니라.
The Son is the radiance of God's glory and the exact representation of his being,
sustaining all things by his powerful word. After he had provided purification for
sins, he sat down at the right hand of the Majesty in heaven.
히브리서 1:33

세상에는 도저히 양보할 수 없는 것이 있습니다. 기독교에서 양보할 수 없는 것이 있다면 예수님의 정체성에 대한 것입니다. 어떤 사람이 예수님은 부처님처럼 훌륭한 사람일 뿐이지 하나님의 아들이 아니라고 말한다면 그는 그리스도인이 될 수 없습니다. 유대교인들은 그런 입장을 갖고 있었습니다. 그들은 예수님이 역사상 등장했던 많은 메시아 가운데 한 사람이고 훌륭한 사람이기는 하지만 하나님의 아들은 아니라고 생각했습니다.

이런 면에서 보면 그리스도의 선재성은 기독교의 존립을 가능하게 하는 주춧돌에 해당합니다. 앞에서 소개한 아리우스파의 주장은 예수님의 영원성을 부정합니다. 그들은 천지가 창조되기 이전인 어느 시점 즉, 창세 이전인 특정 시점부터 예수님이 성부 하나님과 함께

계시기 시작했는가에 초점을 맞춥니다. 아리우스파는 홀로 계신 하나님이 창세 이전인 어떤 시점이 돼서야 비로소 예수님을 '피조'했다고 주장합니다. 예수님이 창세전부터 성부 하나님과 함께 계신 존재라는 예수님의 영원성을 부정해 버립니다. 아리우스파는 성부 하나님은 영원하지만 성자 하나님은 영원할 수 없다는 것이 주장의 핵심입니다.

다시 말하면 예수님은 하나님과 다르게 존재하지 않았을 때가 있었다는 이야기입니다. 성부 하나님은 선재성을 갖지만 예수님은 부분적인 그러니까 불완전한 선재성을 갖는다는 것이지요. 결론적으로 예수님은 하나님과 '동일본질'이 아니라는 이야기입니다. 여러분이 잘 알다시피 정통 기독교는 성부도 하나님이며 성자도 하나님이고 성령도 하나님이라고 말합니다. 즉 동일한 신성을 공유하고 있다는 말입니다.

하지만 성부는 성자가 아니며, 성자는 성령이 아니며, 성령 또한 성부가 아닙니다. 인격과 역할과 기능은 모두 다르며 삼위는 서로 상호 교류가 가능하다고 말합니다. 역할과 기능면에서 삼위 하나님은 종속관계에 있지만 본질에서는 동등하신 하나님이십니다. 하나님은 서로 다른 역할을 맡고 계시지만 본질은 동일하다는 것이 정통 기독교의 교리입니다. 이런 진리를 정확한 지식으로 받아들일 수 있어야 하고 이를 머리와 마음으로 기꺼이 받아들일 수 있을 때 정통 그리스도인이라 부를 수 있을 것입니다. 성부 하나님은 계획하시는 하나님 Planner, 성자 하나님은 실행하는 하나님Actor, 성령 하나님은 실행하는 힘을 공급하는 하나님Enabler이십니다. 아리우스파의 주장이 그리스도 선재론에 대해 작은 차이처럼 보이지만 결코 작은 차이에 그치지 않습니다. 성부와 성령 하나님과 더불어 그리스도 선재론은 굳건한 신앙의 기초를 확보하는 데 매우 중요한 위치를 차지합니다.

그러나 아리우스파는 '동일본질'을 부정함으로써 325년 니케아 공의회에서 이단으로 배척당하게 됩니다. 아리우스파가 이단으로 정죄받는 과정을 살펴보겠습니다. 313년에 기독교를 국교로 인정한 콘스탄티누스 황제는 처음에는 교리 논쟁에 대해 별반 관심이 없었습니다. 하지만 동방교회와 서방교회 사이에 심각한 교리 대립과 투쟁이 벌어지고 있음을 목격하자 처음에는 양쪽의 대표자격인 정통파 알렉산드리아 감독 알렉산더와 이단파 알렉산드리아의 바우칼리스 교회 장로 아리우스에게 편지를 보내서 적당한 선에서 타협할 것을 종용하게 됩니다. 하지만 어느 한쪽도 예수님의 완전한 신성에 대한 주장을 양보하려 하지 않습니다.

마침내 콘스탄티누스 황제는 325년 5월 20일 최초의 보편 공의회를 니케아에서 소집하게 됩니다. 교회사에서 아주 중요한 회의였습니다. 300여 명의 주교들이 모인 장소에서 아리우스의 신론을 대상으로 찬반양론이 열띠게 벌어집니다. 무려 두 달 이상 계속된 공의회에서 예수님의 완전한 선재성과 완전한 신성을 인정하지 않는 아리우스파를 중심으로 하는 성자 종속론을 이단으로 정죄하게 됩니다. 니케아 공의회에서 채택된 니케아신조를 살펴보면 예수님의 선재성이 예수님과 성부 하나님의 '동일본질'에 기초하고 있음을 알 수 있습니다. 다시 말하면 니케아 공의회가 아버지와 아들의 관계에 초점을 맞추었으며, 동일본질을 인정하지 않는 아리우스파를 이단으로 인정했음을 확인할 수 있습니다. 니케아신조의 중요한 부분을 살펴보겠습니다.

> 우리는 전능하신 아버지이신 유일하신 하나님, 곧 하늘과 땅, 모든 보이는 것과 보이지 않는 것의 창조주를 믿습니다. 또한 유일하신 주님이신 예수 그리스도를 믿사오니 그분은 하나님의 독생자이시며 만물에 앞서 성부로부터 탄생하셨고, 신의 신, 빛의 빛이시며, 참 신 중의 참 신이시며, 탄생하셨고 창조되지 않으셨으며 성부와 동일본질이시며 만물은 그로부터 창조됐습니다. (…)

> We believe in one God the Father Almighty, Maker of heaven and earth, and of all things visible and invisible. And in one Lord Jesus Christ, the only-begotten Son of God, begotten of the Father before all worlds, God of God, Light of Light, Very God of Very God, begotten, not made, being of one substance with the Father by whom all things were made (…)
>
> 니케아신조, 황재범 역, http://veritas.kmu.ac.kr/downl.html

니케아 공의회는 "예수님과 하나님은 동일본질이 아니다"라는 아리우스파의 주장을 정면으로 비판했음을 확인할 수 있습니다. 또한 니케아 공의회는 "예수님은 탄생하셨고 창조된 분이 아니다"라는 진리를 확인했습니다. 니케아신조가 성부 하나님이 특정 시점에 예수님을 창조한 것이 아니라는 점을 명확히 함으로써 그리스도 선재론은 정당성의 토대를 얻게 됐습니다. 참고로 니케아 공의회에서 이단으로 판단을 받은 성자 종속론은 두 계파 즉, 급진파 종속론자(성자는 성부에게 종속됐으며 동일본질이 아니라고 주장하는 사람들로 정통 아리우스파)와 과격한 유사본질파(그리스도의 신성을 부정하며 예수는 영원하지 않은 신성을 가진 존재라고 주장하는 사람들로 니코메디아 감독 유세비우스가 이끔)이었습니다.

니케아 공의회는 아리우스 장로에 의해 촉발된 예수님의 신성 논쟁에 대해 일단 브레이크를 걸 수 있었지만 아리우스파의 반격도 만만치 않았습니다. 결과적으로 4~5세기 내내 동방교회가 위치한 곳에서는 예수의 정체성을 둘러싼 논쟁으로 소란스러운 상태가 계속됐습니다. 정통 아리우스파는 계속해서 새로운 교파를 낳게 되는데 이 교파들 중 대표주자들을 두 파로 나눌 수 있습니다. 하나는 유사본질파(아리우스파와 달리 그리스도의 피조성도 주장하지 않았고 그리스도의 신성도 인정했지만 아들은 아버지와 일체성을 가지지 못하는 유사본질을 주장. '반-아리우스파'라고 불림), 다른 하나는 비동일본질론(성부와 성자가 본질상 전혀 다르다는 과격한 주장을 펼치는 극단적인 아리우스파)을 들 수 있습니다.

아리우스파를 둘러싼 교리 논쟁을 보면서 갖게 되는 생각은 이렇습니다. 일단 성부 하나님과 예수님의 동일본질이 조금이라도 허물어지기 시작하면 걷잡을 수 없을 만큼 다양한 주장들이 등장할 수 있습니다. 오늘날도 기독교 교리를 둘러싼 논쟁의 많은 부분이 예수님의 정체성에 대한 이견으로부터 비롯되기 때문에 이 부분에 대해 정확한 지식과 믿음이 필요합니다.

한편 로마 제국의 황제들은 제국의 안정과 평화를 위하여 분열된 교회를 통일하기 위하여 노력했지만 신학자들이 교리를 다르게 해석하는 동료들을 얼마나 증오하는가를 과소평가했습니다. 역사가 폴 존슨은 신학자들이 가진 증오심과 관련된 한 가지 사례를 소개하고 있습니다. 333년에 정통 기독교의 입장을 대변하는 감독관이 임명되자마자 제일 먼저 한 일이 아리우스의 저술을 전부 불태우는 일이었다고 전합니다.

아리우스가 지은 글들은 즉시 불태워져야 한다. (…) 그에 대한 그 어떠한 기억도 남겨져서는 안 되기 때문이다. (…) 어느 누군가 아리우스 책을 숨기고 있다는 것이 발견되면 즉시 그 책을 신고하여 불태워야 한다. 그렇지 않으면 그는 사형을 면치 못하게 될 것이다.

폴 존슨, 『기독교의 역사 I』, p.241

신학에 관한 한 이단 논쟁은 필요합니다. 이단과 사이비 종교로부터 그리스도인들을 보호하기 위함입니다. 하지만 이따금 이단 논쟁은 상대방에게 주홍글씨를 붙여서 상대방을 몰아내는 목적으로 악용되는 사례들이 있기 때문에 주의해야 합니다.

마침내 381년 콘스탄티노플 공의회에서는 325년 니케아 공의회 이후 계속되던 예수님의 신성 문제에 대한 최종적인 입장을 정리하게 됩니다. 이때 만들어진 니케아—콘스탄티노플 신조는 두 가지 점에서 기독교의 교리를 한층 더 확고히 만든 신앙고백서입니다. 첫째는 예수 그리스도의 신성에 대해 자세히 설명함으로써 '동일본질'을 확인한 점입니다. 둘째는 새롭게 부상하고 있었던 성령의 신성을 부정하는 자들이 이단임을 명확하게 지적한 점입니다.

공병호가 만난 예수님

당시에 성령의 신성을 부정하는 이단들의 활동도 활발했습니다. '성령에 대항하는 사람들'로 불리던 '프뉴마토마코스(Pneumatomachos, 성령의 신성부정론자)'는 성령이 하나님의 영이 아니라 단순히 피조물이나 천사들 중의 하나 혹은 신적 권능에 지나지 않는다고 주장하는 사람들이었습니다. 이들의 조직적인 활동도 기독교의 큰 두통거리였습니다. 362년 알렉산드리아 공의회에서 성령도 성부 성자와 마찬가지로 동일본질임이 인정됐지만 381년 콘스탄티노플 공의회에서 성령의 동일본질에 대한 명확한 입장 정리가 있었습니다.

니케아-콘스탄티노플 신조는 지금 읽어도 감동적입니다. 당시 그리스도인들이 어떤 문제들로 고민하고 있었는지를 엿볼 수 있을 뿐만 아니라 오늘날 종교 다원주의나 상대주의의 거센 물결 속에서도 기독교를 지키는 일에서 어떤 부분이 중요한가를 알려 줍니다. 근래에 일부 신앙인들과 교파에서는 니케아-콘스탄티노플 신조의 가치를 재발견하여 이를 활용하는 분들도 늘어나고 있습니다. 삼위일체 하나님과 예수님의 정체성을 니케아-콘스탄티노플 신조처럼 명확하게 선언하고 있는 말씀이 있을까요?

우리는 한 하나님, 아버지, 전능자, 하늘과 땅과 보이는 것과 보이지 않는 모든 것의 창조자를 믿습니다. 우리는 주 예수 그리스도, 하나님의 독생자를 믿습니다. 그는 모든 시간 이전에 아버지로부터 출생하셨습니다. 그는 빛으로 말미암은 빛이며, 참 하나님으로 말미암은 참 하나님이십니다. 그는 출생했지 피조되지 않았으며, 아버지와 동일본질이십니다. 만물이 그로 말미암아 창조됐습니다. 그는 우리 인간과 우리의 구원을 통해 하늘로부터 내려와 육신을 입으셨으며, 성령과 동정녀 마리아로부터 인간이 되시고 본디오 빌라도 치하에서 우리를 위해 십자가에 못 박히시고, 고난받으시고, 장사됐으며, 성경대로 삼일 만에 부활하시고, 하늘에 오르사 아버지 우편에 앉아 계시다가, 산 자와 죽은 자를 심판하기 위해 영광 중에 다시 오실 것입니다. 그의 나라(통치)는 끝이 없을 것입니다. 우리는 주님이시며 생명의 수여자이신 성령을 믿습니다. 그는 아버지로부터 나오시며, 아버지와 아들과 함께 경배와 찬양받으실 분입니다. 그는 예언자들을 통해 말씀하셨습니다. 우리는 거룩하고 보편적이며 사도적인 교회를 믿습니다. 우리는 죄의 용서를 위한 세례를 고백합니다. 우리는 죽은 자들의 부활과 미래 세계의 삶을 기다립니다. 아멘.

The Nicene-Constantinople Creed

I believe in one God, the Father Almighty, Maker of heaven and earth, and of all things visible and invisible; And in one Lord, Jesus Christ, the Son of God, the Only-begotten, Begotten of the Father before all ages, Light of Light, True God of True God, Begotten, not made, of one essence with the Father, by Whom all things were made: Who for us men and for our salvation came down from heaven, and was incarnate of the Holy Spirit and the Virgin Mary, and was made man; And was crucified also for us under Pontius Pilate, and suffered and was buried; And the third day He rose again, according to the Scriptures; And ascended into heaven, and sitteth at the right hand of the Father; And He shall come again with glory to judge the living and the dead, Whose

공병호가 만난 예수님

kingdom shall have no end.

And I believe in the Holy Spirit, the Lord, and Giver of Life, Who proceedeth from the Father, Who with the Father and the Son together is worshipped and glorified, Who spoke by the Prophets; And I believe in One, Holy, Catholic and Apostolic Church. I acknowledge one Baptism for the remission of sins. I look for the Resurrection of the dead, And the Life of the age to come. Amen.

이성덕, 『이야기 교회사』, pp.52-53, www.antiochian.org

니케아-콘스탄티노플 신조는 오늘날 전 교회적 신조로 통하고 있습니다. 저는 이를 찬찬히 읽어 보면서 어쩌면 그리스도교의 교리를 이렇게 잘 정리할 수 있을까라는 생각을 했습니다. 신조의 거의 대부분은 그리스도의 정체성에 할애되고 있습니다. "예수님은 모든 시간 이전에 아버지로부터 출생하셨습니다. (…) 그는 출생했지 피조되지 않았으며 아버지와 동일본질이십니다"라는 문장에서 우리는 예수님의 선재성이 교리로서 확정됐음을 확인할 수 있습니다.

우리는 예수님의 선재성을 둘러싼 교회사 속의 치열한 논쟁을 보면서 기독교의 핵심 교리가 공의회에서 참석한 사람들의 의사 결정 과정을 통해서 만들어진 것으로 오해할 수도 있습니다. 어떤 사람은 공의회에서 참석한 사람들의 다수결의 결과물이 교리가 아닌가라고 반문할 수도 있습니다. 예를 들어 자유주의 신학자 라인홀드 니이버는 "교의(敎義, dogma)는 기껏해야 언약 공동체의 공동 견해를 나타낸다"고 교의의 진리성을 부정하기도 합니다. 그러나 교리 논쟁의 핵심

사항을 성경에서 깊이 들여다보면 진리가 무엇이고 이단은 무엇인지를 확인할 수 있습니다. 예수님의 선재성을 비롯한 모든 이단 논쟁에 대한 답은 성경 속에서 찾아야 할 것입니다.

오늘날 믿는 자들이 자주 외우고 묵상하는 사도신경(신조)은 3세기 무렵에 만들어진 로마신조가 발전된 것입니다. 종교개혁 이후 개신교에서 사도신경을 사용해 왔기 때문에 18세기 이르면 니케아−콘스탄티노플 신조는 거의 사용되지 않게 됐습니다. 현대인들도 니케아−콘스탄티노플 신조를 자주 읽어 보는 일만으로도 도움을 받을 수 있습니다. 사도신경에 비해서 예수님의 정체성을 더욱 명확히 함으로써 예수님에 대한 이해를 더욱 깊이 알 수 있도록 돕기 때문입니다.

예수님의 신성을 바라보는 두 가지 시각

태초에 말씀이 계시니라. 이 말씀이 하나님과 함께 계셨으니
이 말씀은 곧 하나님이시니라. 그가 태초에 하나님과 함께 계셨고 만물이 그로 말미암아
지은 바 됐으니 지은 것이 하나도 그가 없이는 된 것이 없느니라.
In the beginning was the Word, and the Word was with God, and the Word was
God. He was with God in the beginning. Through him all things were made;
without him nothing was made that has been made.
요한복음 1:1-3

세상을 어떻게 바라볼 것인가? 관점에 따라서 세상은 다르게 보입니다. 마찬가지로 예수님은 어떻게 바라볼 것인가? 이 역시 관점에 따라서 크게 다르게 보입니다. 그리스도교에서도 자유주의 신학과 복음주의 신학 사이에 간격은 다른 사회과학 분야에서 관찰할 수 있는 학파 간의 견해 차이보다 훨씬 더 크다고 봅니다. 예수님의 어떤 부분에 중점을 두고 바라봐야 할 것인가? 지금부터 이 점을 다뤄 보도록 하겠습니다.

기독교에서 예수에 대한 이해의 방식은 두 가지로 나눌 수 있습니다. 하나는 '위로부터의 그리스도론High Christology'입니다. 이 경우 하나님의 아들로서의 예수님과 선재하는 그리스도로서의 예수님에서 모든 것이 시작됩니다. 그리스도의 인성을 인정하면서도 신성에 굳

건한 뿌리를 두고 있습니다. 인성과 신성에 대한 비중을 따지자면 압도적으로 신성을 강조하는 것이 '위로부터의 그리스도론'입니다.

'위로부터 그리스도론'을 대표하는 신학자로는 20세기의 대표적인 신학자 칼 바르트(Karl Barth, 1886~1968)를 꼽을 수 있습니다. 그는 "인간은 스스로의 능력으로 하나님께로 나아갈 수 없다. 우상들에게만 나아갈 수 있을 뿐이다. 하나님 스스로가 인간에게 찾아 오셨는데 '오직 예수 그리스도' 안에서만 자신을 계시했다"라고 말할 뿐만 아니라 "성서에서 증거된 예수 그리스도는 유일한 하나님의 말씀이다. 우리는 그 말씀만을 듣고 살든지 죽든지 그 말씀만을 신뢰하며 그 말씀에만 순종해야 한다"라고 말합니다. 칼 바르트는 예수님의 구원 사역은 하나님의 값없는 은총일 뿐만 아니라 하나님의 주권적 행위이기 때문에 위로부터 아래로의 길이지 그 반대의 길은 아니라는 점을 분명히 하고 있습니다.

성경에서 '위로부터의 그리스도론'을 잘 보여 주는 것이 요한복음입니다. 사도 요한은 "태초에 말씀(예수님, Word, Logos)이 계시니라. 이 말씀이 하나님과 함께 계셨으니 이 말씀은 곧 하나님이시니라"(요한복음 1:1-2)라는 말씀을 전합니다.

이 말씀은 하나님의 아들 예수님이 하나님과 어떤 관계에 있는지를 명확하게 증거하고 있습니다. 첫째, 인성을 가진 예수님이 이 땅에 오시기 오래전부터 존재하셨습니다. 사람의 모습으로 이 땅에 오시기 이전의 예수님은 '태초부터 계신 말씀'으로 표현돼 있습니다. '태초'는 시간의 시작을 뜻하기 때문에 시간의 시작 이전부터 이미 예수님은 계셨습니다. 왜냐하면 '계시니라'는 뜻은 '계셨더라'라고 번역

공병호가 만난 예수님

되는 편이 더 낫기 때문입니다.

둘째, 예수님은 천지창조 이전부터 계셨습니다. "태초에 하나님이 천지를 창조하시니라"(창세기 1:1)는 시간 세계의 시작에서 하나님의 천지창조 사역이 있었음을 말씀해 주십니다. 그렇다면 예수님은 창조주 하나님으로써 태초 이전부터 계신 영원하신 분임을 알 수 있습니다. 여기서 중요한 점은 예수님은 성부 하나님과 마찬가지로 시간에 속하지 않는 영원성을 가진 분이시라는 점입니다.

셋째, 태초부터 존재하신 예수님은 하나님과 구별되시는 분이십니다. "이 말씀이 하나님과 함께 계셨으니"(요한복음 1:1)와 "그가 태초에 하나님과 함께 계셨고"(요한복음 1:2)라는 말씀을 미루어 보면 두 분이 어떤 관계에 있었는지를 확인할 수 있습니다. 예수님과 성부 하나님의 관계는 창세전부터 함께 했던 영원적인 관계이며 이는 아버지와 아들의 관계임을 알 수 있습니다. 인격적인 관계이지만 인간의 아버지와 아들처럼 종속적인 관계는 결코 아닙니다.

넷째, 두 분 하나님은 구별되시지만 본질로 보면 '동일본질' 즉, 한 하나님이십니다. 신구약 전편에 흐르는 핵심 메시지는 성부 하나님과 성자 하나님이 위격을 다르지만 하나님은 한 분이심을 증거하고 있습니다.

이에 반해서 '아래로부터의 그리스도론Low Christology'은 2000년 전 유대 갈릴리 지역에서 하나님 나라 운동을 했던 인간 예수에 기초하고 있습니다. 33년간 지상에 머무는 동안 예수님은 하나님 나라에 대해 말씀하시고, 귀신을 쫓아내고, 병을 치유하는 기적을 행했습니다. 아래로부터의 그리스도론은 그리스도의 신성에 대한 고백을 내포하거나 전제하거나 때로는 거부하기도 하지만 이들의 강조점은 그리스도의 인성에 있습니다. 따라서 이들은 그리스도의 인성이 주어진 것이자 명확한 것이라는 데 동의하지만 신성을 알 수 없는 불확실한 것으로 받아들입니다. 이성을 중시하는 계몽주의 시대 이후 아래로부터의 그리스도론은 신학자들 사이에 많은 지지를 얻게 됐습니다. '아래로부터의 그리스도론'은 신약의 공관복음서(마태, 마가, 누가복음서)에 잘 그려져 있습니다.

교회사를 살펴보면 대표적인 이단 가운데 하나인 양자론(養子論, Adoptionism)이 '아래로부터의 그리스도론'의 대표적인 주장에 속합니다. 이 이론에 의하면 원래 예수님은 평범한 사람에 불과했습니다. 세례 요한으로부터 요단강에서 세례를 받을 때 성령 강림을 체험하게 되는데 이때 성부 하나님이 예수님을 양자로 입양하여 초능력을 부여하게 된다는 주장입니다. 양자론은 예수님의 신성을 전면적으로 거부하는 주장입니다. 그들은 예수님이 신성을 갖지 않지만 하나님이 특별히 부여한 능력을 부여해서 특별하게 존귀하게 된 사람이라고 간주합니다. 초대 교회 시절부터 양자론은 이단으로 정죄되고 말았습니다만 현대에도 유사 양자론이 사라진 것은 아닙니다. 믿는 자들은 물론이고 신학자들 가운데도 "예수님은 신이 아니고 특별한 능력을 가진 초자연적인 존재거나 훌륭한 사람일 뿐이다"라고 주장하는 분들이 있습니다. 이런 분들이 갖고 있는 예수관은 유사 양자론에 속한다고 할 수 있습니다.

일반인들에게 "예수 믿으세요"라고 권하면 흔히 듣는 답이 "예수님도 훌륭한 분 가운데 한 분이지요"입니다. 이런 답변 속에는 인간 예수를 강조하는 '아래로부터의 그리스도론'이 들어 있습니다. 오랫동안 신학을 공부해 온 분들이나 그리스도인들 가운데도 의외로 많은 분들이 '위로부터의 그리스도론'과 '아래로부터의 그리스도론'에 대해 모호한 입장을 갖고 있는 경우를 만날 수 있었습니다. 그리스도인 가운데 "예수님이 훌륭한 분이시지만 아직 신성에 대해 확신을 할 수 없다"고 말하는 분들도 만납니다. 신학을 오랫동안 연구해 온 신학자 한 분은 "위로부터의 그리스도론은 너무 신적인 것을 강조하고 아래로부터의 그리스도론은 너무 인간적인 현실을 중요시한다. 그 어느 방법이 옳다고 단정할 수는 없을 것이다"라고까지 말합니다.

저는 '아래로부터의 그리스도론'과 관련해서 두 가지 점을 말하고 싶습니다. 예수님이 존재하셨던 영원이란 시간을 기준으로 보면 예수님의 지상 방문은 33년으로 찰나에 지나지 않습니다. 따라서 그리스도론이 인간 예수에 초점을 맞추는 것은 문제가 있다고 생각합니다. 하늘나라에 계셨던 엄청나게 긴 시간과 지상에 잠시 머무는 33년을 같은 반열에 놓을 수가 없다는 이야기입니다. 예수님의 지상 방문은 그야말로 순간 혹은 찰나와 같은 시간에 지나지 않았습니다. 비중이란 면에서 보면 당연히 신성이 중심이 돼야 합니다.

또 인간 예수는 보는 사람의 상황이나 입장 그리고 지역에 따라서 상대적인 것입니다. 시대의 분위기에 따라 예수님을 특정 목적에 이용할 수 있는 가능성이 크다고 봅니다. 유행에 따라, 시대에 따라, 지역에 따라, 특정 그룹의 이해관계에 따라 그리고 특정 신학자에 따라 아래로부터의 그리스도론은 얼마든지 이용될 가능성이 있다고 봅니다. 따라서 '위로부터의 그리스도론'이 확고한 중심이 돼야 하고 보조적인 방법론으로 '아래로부터의 그리스도론'이 사용돼야 한다고 봅니다. 예수를 믿는다는 것은 예수님의 영원성을 믿는 것이기도 하지만 성경이 제공하는 영원한 기준이나 진리를 받아들이는 것을 말하기도 합니다. 사람, 유행, 시대, 풍조 등 모든 것은 변합니다. 변화하는 것을 중심에 두는 일은 올바른 일이 아니라고 봅니다. 예수님을 믿는다는 것은 영원히 살아 있는 불변의 존재를 믿는다는 것을 뜻합니다.

교회사에서 나타난 걸출한 인물, 아타나시우스

―――

이러므로 하나님이 그를 지극히 높여 모든 이름 위에 뛰어난 이름을 주사
하늘에 있는 자들과 땅에 있는 자들과 땅 아래에 있는 자들로 모든 무릎을
예수의 이름에 꿇게 하시고 모든 입으로 예수 그리스도를 주라 시인하여
하나님 아버지께 영광을 돌리게 하셨느니라.

Therefore God exalted him to the highest place and gave him the name that is
above every name, that at the name of Jesus every knee should bow, in heaven
and on earth and under the earth, and every tongue confess that Jesus Christ is
Lord, to the glory of God the Father.

빌립보서 2:9–11

―――

초기 교회사를 살펴보다 보면 알렉산드리아 주교(감독)로 활동했던 아타나시우스(Athanasius, 기원전 295~373년)라는 분을 만나게 됩니다. 이분은 예수님의 신성이 정통 그리스도교의 교리로 자리 잡는 일에 크게 기여한 분입니다. 예수님이 창세전부터 성부 하나님과 함께 활동하고 계셨다는 그리스도의 선재론은 예수님의 신성에 대한 확고한 믿음 없이는 가능한 일이 아니기 때문에 아타나시우스 주교는 대단한 기여를 했습니다.

알렉산드리아는 안디옥과 콘스탄티노플과 더불어 동로마 제국의 3대 도시로 문화가 번성한 도시였습니다. 그곳은 초기의 뛰어난 신학자들인 필로(Philo, 기원전 20~기원후 50년), 클리멘트(Clement, 150~215년) 그리고 오리게네스(Origenes, 185~254년)를 배출한 도시였

으며 헬라 철학의 영향력이 강한 곳이기도 했습니다.

3세기에 활동했던 신학자 오리게네스의 영향력은 대단했습니다. 사후에 그의 신학 이론을 계승한 사람들 가운데 대표적인 인물은 알렉산드리아 교회의 감독인 알렉산더(Alexander, 재위 기간 312~328년)이었습니다. 그리고 또 한 사람은 그 교회의 12개 교구 중 으뜸이었던 바우칼리스라는 교구 교회의 장로였던 아리우스(Arius, 256~336년)이었습니다. 알렉산더 감독과 그의 집사인 아타나시우스가 한편이 되고 아리우스가 반대편이 돼 벌어진 이른바 '아리우스 논쟁'의 핵심은 예수 그리스도의 신적 지위에 관한 논쟁이었습니다. 이 논쟁은 오리게네스 신학에 대한 서로 다른 해석이 갈등의 출발점이 됐습니다.

아리우스는 오리게네스 신학 가운데 하나인 성자종속설에 영향을 받아 신은 하나님 한 분이며 예수님은 창조된 피조물일 뿐이라고 주장했습니다. 성부와 성자의 구별을 강조하고 성자는 성부에 종속된 존재라고 주장하는 아리우스와 같은 사람들을 '좌파 오리겐주의자'라고 부릅니다. 아리우스 신학은 아타나시우스가 남긴 『아리우스주의자들에 대한 반박Discourses against the Arians』에 잘 정리돼 있는데, 아리우스의 주장은 "아들(예수님)은 언제나 존재하지 않았다. (…) 그가 (로고스, 예수님)가 존재하지 않았던 때가 있었다. 그가 나오기 전까지 그는 존재하지 않았다. 그의 피조적 존재에도 역시 시작이 있었다"라는 문장에 담겨 있습니다. 아리우스 주장의 핵심은 예수님은 하나님에 의해 창조된 여러 피조물들 가운데 특별한 피조물일 뿐이라는 것입니다. 그는 성자는 성부 하나님에게 종속됨으로써 오로지 성부 하나님만이 신성과 주권을 갖고 있다고 주장합니다.

공병호가 만난 예수님

그러나 오리게네스 신학을 다른 각도에서 받아들인 신학자들도 있었습니다. 그가 알렉산드리아의 감독 알렉산더입니다. 그는 삼위 하나님의 일체성과 동일본질을 역설한 사람으로 흔히 '우파 오리겐주의자'라 불립니다. 그는 로고스(예수님)를 성부 하나님과는 구별되는 위격으로 인식할 뿐만 아니라 예수님이 성부 하나님과 동일본질이라고 주장했습니다. 그뿐 아니라 그는 성부만이 발생되지 않은 스스로 존재하는 분이고, 로고스(예수님)는 성부와 더불어 영원히 존재할 뿐만 아니라 성부로부터 나온 존재이긴 하지만 피조물이 아니라 시작이 없는 발생이라고 주장했습니다.

성부 하나님과 성자 하나님의 동일본질同一本質을 주장하는 알렉산더 감독과 유사본질類似本質을 주장하는 아리우스 장로 사이의 교리 대결은 알렉산드리아 교회를 심각한 갈등상태에 빠뜨리게 됩니다. 알렉산더 감독은 수차례에 걸쳐 아리우스 장로로 하여금 그의 입장을 거두어들일 것을 요청하지만 그는 단호하게 거절했습니다. 그뿐 아니라 아리우스는 자신의 신학을 노래로 만들어서 퍼뜨리는 것과 자신의 입장을 지지하는 사람들과 힘을 모아 알렉산더 감독의 축출을 꾀하게 됩니다.

이런 충돌 사건을 접한 콘스탄티노플 황제는 종교에 관한 조언자인 코르도바의 감독인 호시우스를 파견하여 사건을 조사하도록 시킵니다. 그리고 두 사람의 화해를 종용하는 편지를 보냈습니다. 황제의 요청에 대한 알렉산더 주교의 입장은 두 가지로 요약할 수 있는데, 어느 것 하나 양보할 수 없는 것이었습니다. 우선 성경은 그리스도가 하나님으로부터 '나셨다begotten'고 한 반면에 아리우스는 그리스도가 하나님에 의해 '창조됐다created'는 입장을 펼치고 있습니다. 다른 하나는 성경은 예수님이 본질상 하나님이시라고 말하지만 아리우스는 입양에 의해서 예수님이 신적인 존재가 됐다고 주장하고 있습니다. 이런 차이를 근거로 알렉산더 감독은 아리우스의 이단 사상을 교회가 도저히 묵과하고 그냥 넘어갈 수 없다는 점을 분명히 했습니다.

콘스탄티누스 황제의 특명을 받은 호시우스 감독이 324년 말 경에 알렉산드리아 도착해서 조사해 본 바에 따르면 알렉산드리아 교회의 감독 알렉산더 대 장로 아리우스의 논쟁은 서로 화해할 수 있는 선을 넘었다는 사실을 알게 됩니다. 호시우스 감독은 콘스탄티누스 황제에게 아리우스의 이단 사상을 내버려 두어선 안 된다는 점을 알리고 이단 사상을 제압하기 위해 대규모 종교회의를 개최해서 초기에 이단 사상을 제압해야 한다고 제안했습니다. 이런 역사적 맥락에서 콘스탄티누스 황제는 325년 니케아 공의회를 소집했습니다. 니케아 공의회는 아리우스파와 반아리우스파 사이에 격렬한 논쟁을 거쳐 예수님의 신적 지위를 확인하는 니케아신조를 채택했습니다.

하지만 이단 논쟁은 니케아 공의회의 결정으로 끝나지 않았습니다. 아리우스파는 조직적으로 자신을 이단으로 정죄한 감독들에 의한 공격을 개시하여 반아리우스파를 한 명 한 명 제거함과 아울러 친아리우스파 감독과 보좌하는 사람들을 심어 나가게 됩니다. 그가 공격 대상으로 삼았던 사람들은 안디옥의 유스타티우스, 알렉산드리아의 아타나시우스 그리고 앙키라의 마르셀루스 감독이었습니다. 325년 니케아 공회에서 반아리우스파가 승리를 거두지만 그로부터 거의 56년 동안인 325년부터 381년까지 동로마제국에 등장하는 황

공병호가 만난 예수님

제들은 노골적인 친아리우스 정책을 펼치게 됩니다. 결과적으로 알렉산더 감독처럼 정통 교리를 수호하는 사람들은 형극의 길을 걸어야 했습니다. 콘스탄티누스 황제의 측근으로 일했던 코르도바의 호시우스 감독이 고령으로 물러난 이후 황제들의 측근은 친아리우스파가 차지하게 됩니다. 이들의 조직적인 음모에 힘입어 니케아 공의회가 끝난 지 2년이 지난 시점에는 니케아신조가 거의 폐기되고 아리우스파의 승리와 반아리우스파의 와해로 끝나고 말았습니다. 친아리우스파는 수도 콘스탄티노플을 비롯하여 안디옥 등 알렉산드리아를 제외한 동방 교회를 거의 장악하는 데 성공합니다.

예수님의 신성을 부정하는 아리우스파의 거센 도전에 정통 기독교는 풍전등화와 같은 입장에 처하게 되지만 이때 혁혁한 공을 세운 젊은이가 있었으니 그가 바로 알렉산더의 비서로 일하다 328년부터 알렉산드리아 감독을 맡은 약관 30세의 아타나시우스입니다.

이때부터 아리우스 논쟁은 제2막을 맞게 됩니다. 젊은 감독에게는 도전 과제가 산적해 있었습니다. 콘스탄티노플에 가까운 니코메디아의 감독 유세비우스Eusebius는 황제의 고문이 돼 발 빠르게 친아리우스의 세력을 확장해 갔습니다. 그들은 니코메디아, 앙키라, 안디옥, 두로, 가이샤르까지 친아리우스파 감독을 심었기 때문에 유일하게 남은 곳은 알렉산드리아뿐이었습니다. 알렉산드리아 감독만 자신들이 차지하면 아리우스파의 승리로 '아리우스 논쟁'을 끝날 수 있었습니다. 아리우스파는 아타나시우스를 제거하기 위해 갖가지 음모를 꾸미는데 예를 들어 조직적으로 황제에게 아타나시우스를 모함하는 편지를 보내어 괴롭히게 됩니다. 이런 음모의 배후에는 니코메디아의 유세비우스가 있었음은 물론입니다.

콘스탄티누스 황제는 교리에 대해 뚜렷한 생각을 갖고 있지 않았습니다. 그는 제국의 평화와 안정에 도움이 된다면 교리 해석상의 문제점을 충분히 감수할 수 있는 인물이었습니다. 니케아 공의회 이후에 친아리우스파 측근들에 둘러싸여 반아리우스파를 박해하던 콘스탄티노플 황제는 336년에 사망하게 됩니다. 같은 시기에 아리우스도 알렉산드리아 감독직 복귀를 앞두고 죽음을 당하게 됩니다. 만일 그때 아리우스가 죽지 않았더라면 정통 기독교는 어떤 운명에 처했을까요? 믿는 자들 가운데 일부는 아리우스의 갑작스런 죽음이야말로 하나님의 역사하심이라고 해석하는 사람들도 있습니다. 그만큼 아리우스가 알렉산드리아 감독으로 복귀하는 것은 동방교회가 아리우스파에 의해 장악당하는 것을 뜻했기 때문입니다.

아리우스파의 거센 도전을 뒤집은 사람은 데오도시우스 황제 (Theodosius, 379~395년 재위)입니다. 그는 정통 신학의 부흥을 가져온 인물이자 기독교를 국교로 선포한 인물이기도 합니다. 381년의 콘스탄티노플 공회의는 데오도시우스 황제가 주도했습니다. 이 회의는 다시 한 번 니케아 공의회의 동일본질을 재확인함과 아울러 성령도 성부 하나님과 동일본질임을 확인한 회의였습니다. 이 회의에서 성부, 성자, 성령의 동등한 위격을 강조함으로써 명실상부한 의미에서 삼위일체론을 담은 신앙고백서인 니케아-콘스탄티노플 신조가 확정됐습니다.

아타나시우스는 46년간이나 알렉산드리아의 주교를 지냈지만 5번이나 교구장직을 박탈당했고 무려 17년 동안이나 유배 생활을 하게

공병호가 만난 예수님

됩니다. 그는 예수님은 하나님이라는 진리를 수호하기 위해 두려움 없이 고난의 길을 선택한 불굴의 투사였습니다. 엄격한 자기 절제, 신념에 찬 용기, 진리를 향한 뜨거운 열정이 그의 삶을 관통했습니다. 그는 373년, 그의 나이 75세가 되던 해에 세상을 떠났습니다. 아타나시우스의 뛰어난 통찰력과 불굴의 용기가 없었다면 정통 기독교 교리가 얼마나 심하게 손상받았을 것인지에 대해 생각해 보았습니다. 그뿐 아니라 이단과 적당히 타협한 기독교가 과연 존립할 수 있었을까라는 생각이 들기도 했습니다. 기독교 교리의 확립 단계에서 그가 기여한 바에 대해 헤르만 바빙크Herman Bavinck는 이렇게 말한 바 있습니다.

> 아타나시우스는 전 생애를 삼위일체를 방어하는 데 바쳤다. (…) 삼위일체를 고백하는 데서 기독교 신앙의 심장이 뛴다. 교리상의 모든 오류와 오해는 이 교리에 대한 잘못된 이해에서 비롯된다.
>
> Bavinck, The Doctrine of God, www.aplacefortruth.org

아타나시우스가 평생을 바쳐 지키려 했던 기독교의 핵심 교리는 무엇이었을까요? 그것은 두 가지로 요약할 수 있습니다. 하나는 그리스도가 피조물이라고 주장하는 아리우스파의 주장을 받아들인다면 이는 예수님에 의한 구원 사역이 불가능하다는 것입니다. 따라서 아타나시우스는 성부 하나님과 예수님의 동일본질을 지키는 일이 기독교를 지키는 일이라고 굳게 믿었습니다. 다른 하나는 그리스도가 피조물이라는 아리우스파의 주장을 받아들인다면 이는 피조물에 대한 경배를 뜻하기 때문에 한 분 이상의 하나님을 경배하는 우상숭배를 뜻한다는 것입니다. 오늘날 유대교인들은 기독교를 예수라는 우상을 숭배하는 집단으로 보는 이유도 예수 또한 피조물이기 때문입니다.

예수 그리스도가 창조주 하나님과 동일본질이 아니라면 어떻게 그분이 구원 사역을 실천에 옮길 수 있을까요? 이런 면에서 보면 아타나시우스는 이단 아리우스파와의 전쟁이 그리스도교를 지키는 데 얼마나 중요한지 정확히 알고 있었던 초대 교부였음을 알 수 있습니다. 로고스(예수님)가 성부 하나님과 동일본질을 갖고 있지 않다면, 엄밀하게 말해서 하나님이 아니라면 기독교의 유일신관은 파괴되고 맙니다. 기독교가 다른 우상을 숭배해야 한다면 다신교와 별반 차이가 있을 수 없다는 것이지요. 아리우스파의 유사본질이 가진 치명적인 문제점이 결코 사소하게 넘길 수 있는 것은 아니라는 사실을 어느 누구보다도 정확하게 알고 투쟁했던 인물이 아타나시우스입니다.

아타나시우스는 성령에 대해서도 큰 기여를 하게 됩니다. 그간 아버지와 아들의 동일본질과 유사본질에 대한 논쟁이 아리우스 논쟁의 핵심이었기 때문에 성령의 문제는 소홀히 다루었습니다. 아타나시우스의 말년에 친아리우스파인 마케도니아파가 성령이단론을 들고 나왔습니다. 이 이론의 핵심은 성령은 돕는 영 중 하나로 등급으로 보면 천사들과 구별될 뿐이라는 것이지요. 이 이론은 성령이 만일 성부로부터 나왔다면 성자처럼 성부 하나님의 또 다른 아들이거나 성부의 손자임에 틀림없다고 주장했습니다. 아타나시우스는 『세라피우스에게 보내는 4개의 서신The Four Epistles to Serapion』을 통해서 성부와 성자와 성령의 동일본질론을 명확하게 밝힘으로써 성령의 신성에도 큰 기여를 했습니다.

아타나시우스는 오늘날의 기독교 교리의 토대를 구축하는 데 결정적인 기여를 한 인물입니다. 지금 우리가 다루고 있는 그리스도 선재론이 예수님의 신성과 동일본질에 바탕을 두고 있음을 생각하면 그의 기여를 다시 한 번 새길 수 있습니다.

예수님의 신적 지위에 대한 아리우스 논쟁을 다소 장황하게 살펴보는 데는 그만한 이유가 있습니다. 현대에도 무엇이 기독교의 정통이고 무엇이 이단인가를 두고 논쟁이 자주 일어납니다. 믿음의 대열에 들어선 사람이라면 누구든지 정통 기독교 교리의 주춧돌이 무엇으로 이루어지고 있는가를 정확히 알고 있어야 합니다. 이런 면에서 '아리우스 논쟁'이 우리에게 가르쳐 주는 교훈은 귀합니다. 아리우스 논쟁에 관한 역사적 측면에서 의미 있는 연구를 행한 구화평은 이렇게 말합니다.

알렉산더(혹은 아타나시우스)의 견해를 따라 예수 그리스도를 하나님과 동일한 본질을 가진 하나님으로 이해한다면, 예수 그리스도는 기독교인의 절대적인 신앙의 대상이요 유일한 구원자 되신다. 이 견해를 따르는 기독교 신자는 예수 그리스도를 절대적인 신앙의 대상으로 믿고 또 절대적인 구원자로 믿고 따르는 것을 신앙의 본질로 삼아 신앙생활을 하게 된다. 이와 반대로 아리우스의 견해를 따라 예수를 하나님에 가까운 신적 존재요 하나님에 근접한 위대한 인간으로 이해한다면 예수는 위대한 신적 존재이기는 하지만 하나님께 이르는 참 신앙의 모범을 보여준 인간일 뿐인 것이다. 이 견해를 따르는 기독교 신자는 믿음의 대상이신 예수를 본받아 신앙생활을 열심히 하다 보면 예수처럼 신적 존재의 경지에 이르게 된다는 신화 사상을 신앙의 본질로 생각하게 된다. 이러한 사상은 낙관적인 사회적 분위기 속에서 대두되곤 하는 낭만주의적 사상으로서 인간이 스스로 노력만 하면 얼마든지 예수와 같이 신적 경지에 이를 수 있다는 인간중심적인 사상이요 또한 합리주의 신학이다.

구화평, 「아리우스 논쟁에 관한 역사학적 고찰: 니케아공회 1차로부터 콘스탄티노플 공회 2차까지」,

총신대학교 석사학위논문, 2008, pp.3~4

아리우스 논쟁은 현대의 그리스도인에게 유용한 길잡이를 제공하고 있습니다. 믿음을 가진 사람이라 할지라도 예수님의 완전한 신성을 받아들이지 않는다면 예수님을 절대적인 믿음의 대상이자 구원주로 삼을 수 없음을 뜻합니다.

여기에서 여러분도 스스로 질문을 던져 보기 바랍니다. "나에게 예수님은 어떤 존재인가?" 저마다 다양한 이야기를 할 수 있지만 이를 압축하다 보면 아리우스 논쟁에서처럼 반아리우스파와 아리우스파의 어느 한쪽에 서 있는 자신을 만날 수 있을 것입니다.

공병호가 만난 예수님

창세전, 예수님이 계심

―

아버지여 창세전에 내가 아버지와 함께 가졌던 영화로써
지금도 아버지와 함께 나를 영화롭게 하옵소서.
And now, Father, glorify me in your presence with the glory
I had with you before the world began.

요한복음 17:5

―

🕊 "저는 구약학 전문가입니다. 그런데 신약에서
지나치게 구약을 끌어다 쓰는 것은 유감입니다."

자신을 구약 전문가라고 소개하는 한 분이 세미나에 나와서 한 이
야기에 주목한 적이 있습니다. 이 말을 듣는 순간 "저 분은 예수님을
신약만의 예수님이라고 생각하고 계시구나. 구약의 하나님과 신약
의 예수님이 별개의 분이라는 생각을 갖고 있구나"라는 생각을 하면
서 구약 따로 신약 따로 받아들일 뿐만 아니라 그리스도 선재론은 인
정하고 있지 않은 분이라는 추측을 했던 적이 있습니다. 이런 분들이
꽤 많을 것입니다.

하지만 성경은 그리스도 선재론에 대해 충분하고도 남음이 있을
정도의 증거를 전합니다. 기독교에 대한 오해나 이단의 탄생에는 예

수님의 신성에 대한 불신과 선재론에 대한 불신이 자리를 잡고 있습니다. 따라서 신앙생활이 굳센 반석 위에 서기 위해서 필요한 일은 성경 속에서 선재론의 증거를 찾아보고 이를 확인하는 일입니다. 믿는 자라면 의문에 대한 모든 해답이 성경 속에 들어 있음을 잊지 않도록 해야 할 것입니다.

성경에서 선재론은 어떻게 증거되고 있을까요? 천지만물이 창조되는 창세(創世, the creation of the world)를 기준으로 해서 창세전의 증거와 창세후의 증거로 나누어 이야기할 수 있습니다. 우선 창세전의 증거를 찾아보도록 하겠습니다.

태초 이전부터 예수님이 선재先在하고 계셨음을 나타내는 대표적인 말씀들은 성경의 여러 곳에서 만날 수 있습니다. 특히 요한복음은 말씀이 육신이 되신 하나님의 영원한 아들에 관하여 깊이 생각할 수 있는 기회를 제공해 줍니다.

"태초에 말씀이 계시니라. 이 말씀이 하나님과 함께 계셨으니 이 말씀은 곧 하나님이시니라. 그가 태초에 하나님과 함께 계셨고"(요한복음 1:1-2)라는 말씀은 태초 이전부터 예수님이 존재하고 계셨음을 증거하는 데 부족함이 없습니다.

'태초In the beginning'라는 표현은 창조가 시작되는 시점이자 시간이 시작되는 시점을 이야기하기 때문에 '태초에'라는 표현은 창조와 시간이 시작되는 시점 이전부터 예수님이 존재하고 계셨음을 말해 줍니다. 여기서 우리는 예수님이 성부 하나님과 함께 시간에 속하지 않는 영원하신 분 즉, 영원자임을 확인할 수 있습니다. 예수님은 영원히 계시는 하나님 자신입니다.

공병호가 만난 예수님

또 '이 말씀이 곧 하나님The WORD is God'은 예수님의 완전한 신성을 강조하기 위한 표현입니다. 앞 문장의 서술어인 '말씀'이 주어인 '하나님' 앞에 자리를 바꾸어 놓이게 된 것은 예수님의 완전한 신성을 강조하기 위해서입니다. 이는 예수님이 성부 하나님과 마찬가지로 완전한 신성을 가진 분임을 말해 주고 있을 뿐만 아니라 예수님이 성부 하나님과 구별되시는 분임을 말해 주고 있습니다. 삼위일체론의 토대를 제공해 주는 표현이기도 합니다.

예수님은 성부 하나님에게 기도하면서 "아버지여 내게 주신 자도 나 있는 곳에 나와 함께 있어 아버지께서 창세전부터 나를 사랑하시므로 내게 주신 나의 영광을 그들로 보게 하시기를 원하옵나이다"(요한복음 17:24)라고 말씀하십니다. 이 말씀을 통해서 우리는 성부 하나님이 세상 만물을 창조하시기 이전부터 예수님을 사랑하셨을 뿐만 아니라 영화롭게 해 주셨음을 알 수 있습니다. 성부 하나님과 예수님 사이의 관계가 대단히 친밀한 인격적 관계이었음을 알 수 있습니다. 서로가 서로를 사랑하고 귀하게 여기는 관계였습니다. 이 말씀에서 우리는 '태초에'의 의미가 '창세전부터before the world began'임을 확인할 수 있습니다. 인간은 포함한 세상 만물이 만들어지기 이전부터 예수님이 선재하셨음을 증거하고 있습니다.

그뿐 아니라 예수님은 "아버지여 창세전에 내가 아버지와 함께 가졌던 영화로써 지금도 아버지와 함께 나를 영화롭게 하옵소서"(요한복음 17:5)라는 기도 말씀을 통해 성부 하나님께서 창세전에 자신을 영화롭게 했던 것처럼 지금도 예수님 자신을 영화롭게 해 달라고 간구하십니다. 성경 전편을 통해서 거듭거듭 확인할 수 있는 것은 예수님은 자신이 높은 분인데도 불구하고 늘 자신을 낮추고 성부 하나님을 더 높인다는 사실입니다. 우리는 예수님이 자신을 높이는 경우를 만날 수 없습니다. 예를 들어 "저희를 주신 내 아버지는 만유보다 크시매 아무도 아버지 손에서 빼앗을 수 없느니라"(요한복음 10:29)라는 말씀도 믿는 자들이 예수님을 통해서 구원을 받았다 하더라도 성부 하나님을 믿고 의지하는 사람은 어느 누구도 그를 위협할 수 없음을 말해 주고 있습니다.

요한복음은 그리스도 선재론과 관련해서 중요한 의미를 갖습니다. 만물이 창조되기 이전부터 예수님이 성부 하나님의 사랑과 영화를 받으면서 존재하고 계셨음을 확인해 주기 때문입니다. 우리는 요한복음의 '태초에'라는 말씀에서 창조 이전에 예수님이 존재하셨다는 사실을 분명히 확인할 수 있습니다. 이제까지 다룬 요한복음 말씀의 의미를 새기는 것만으로 그리스도의 선재론은 진리임을 알 수 있습니다.

창세전부터 그리스도가 계셨다는 사실은 중요한 의미를 담습니다. 선재론은 창세전에 하나님의 선택이 있었음을 말하기 때문입니다. 믿는 자들에게는 대단한 희망의 메시지입니다. 믿음을 갖게 된 자는 자신의 노력을 통해서 믿게 된 것이 아니라 창세전부터 성부, 성자, 성령 하나님의 선택에 의해 믿음을 갖게 된 자라는 의미를 갖기 때문입니다. 하나님의 절대 주권에 의해 선택된 자들이 믿는 자들이라는 것이지요.

예를 들어 "곧 창세전에 그리스도 안에서 우리를 택하사 우리로 사랑 안에서 그 앞에 거룩하고 흠이 없게 하시려고"(에베소서 1:4)라는 말

공병호가 만난 예수님

씀은 믿는 자가 '선택된 자들'이라는 것을 말합니다. 선택이란 단어가 가진 대단한 의미에 주목하시기 바랍니다. 여러분이 믿음을 갖게 된 것은 창세전부터 하나님이 선택하셨기 때문입니다. 왜 선택하셨을까요? 죄로부터 구원해 주시기 위함입니다. 하나님의 선택은 값없이 주어지는 은혜라 할 수밖에 없습니다.

여기서 선재론은 예정구원론과 만나게 됩니다. 믿는 자는 세상이 창조되기 이전에 예수님 안에서 선택된 자들이라는 말입니다. 베드로전서는 예수님이 지상에 내려와서 죽음을 당하신 것의 의미에 대해 "그(예수님)는 창세전부터 미리 알린 바 되신 이나 이 말세에 너희를 위하여 나타내신 바 됐으니"(베드로전서 1:20)라고 말씀하고 있습니다. 그뿐 아니라 "영생은 거짓이 없으신 하나님이 영원 전부터 약속하신 것인데"(디도서 1:2)라는 말씀도 있습니다. '영원 전부터before the beginning of time'라는 표현은 예수님이 계시기 시작한 시점에 대해 생각할 수 있는 계기를 제공합니다. 그 시점은 창조가 시작되기 훨씬 이전을 말합니다.

한편 예수님은 스스로 창세전에 자신이 이미 존재하고 있었음을 증언하십니다. 역사의 시작이 예수님 자신이었음에 대해 이렇게 말씀하십니다. "나는 알파와 오메가요 처음과 마지막이요 시작과 마침이라(I am the Alpha and the Omega, the First and the Last, the Beginning and the End)"(요한계시록 22:13, 요한계시록 1:8 17, 21:6)

지금 우리는 예수님이 창세전에 선재하셨음에 대해 이야기하고 있습니다. 이를 명확히 하기 위해 앞에서 이미 설명한 요한복음과 창세기의 첫 부분을 한 번 더 비교해 보겠습니다. "태초에 말씀이 계시니라"(요한복음 1:1)에서 '태초에'의 의미와 "태초에 하나님이 천지를 창조하시니라"(창세기 1:1)에서 '태초에' 사이에는 상당한 시간의 간격이 있다는 사실입니다. 창세기의 태초에는 천지만물이 창조되기 시작하는 시점을 이야기하는 반면에 요한복음의 태초에는 그보다 훨씬 이전을 뜻합니다. 우리가 측정할 수 없을 만큼 긴 시간일 것입니다. 창세 이전의 영원부터 성부 하나님과 성자 하나님은 선재하고 계셨다는 사실이 그리스도 선재론의 핵심입니다. 그리스도의 선재론은 세상 만물처럼 예수님이 창조된 분이 아니라는 사실을 뜻합니다. 이미 우리가 살펴본 바와 같이 아리우스 논쟁의 핵심은 예수님도 천지만물처럼 창조된 존재인가 아닌가를 둔 격론이었습니다. 창조된 자는 피조물로서 신성을 가질 수 없기 때문에 이 문제는 사소한 차이라고 할 수 없습니다.

창세 후, 예수님이 계심

하나님이 그 일곱째 날을 복되게 하사 거룩하게 하셨으니
이는 하나님이 그 창조하시며 만드시던 모든 일을 마치시고 그날에 안식하셨음이니라.
And God blessed the seventh day and made it holy, because on it he rested from
all the work of creating that he had done.

창세기 2:3

그리스도 선재론을 증거할 수 있는 또 하나의 방법은 구약에 등장하는 하나님 가운데 대부분이 예수님임을 확인하는 일입니다. 구약의 하나님과 신약의 하나님은 다른 분이 아닙니다. 구약을 공부하다 보면 구약 역시 신약과 마찬가지로 예수님에 관한 이야기임을 거듭거듭 확인할 수 있습니다. 예수님에 대한 의심과 오해의 상당 부분은 신약과 구약을 별개의 것으로 받아들이기 때문입니다. 구약 속에 역사하시는 예수님을 이해하면 이해할수록 예수님과 하나님에 대한 이해가 깊어지면서 신앙은 점점 뿌리 깊게 내릴 수 있습니다. 요컨대 구약에서 예수님은 하나님과 함께 계셨을 뿐 아니라 구약의 모든 사건들을 직접 수행하신 분이십니다. 따라서 구약의 주인공은 예수님이시며, 성부 하나님의 연출에 따라 직접 일이 되도록

행동하시는 분도 예수님이십니다. 예수님이 계시지 않는 구약은 존재할 수가 없습니다. 구약 속에 등장하는 예수님을 몇 부분만 확인하겠습니다.

1. 창세 때 하나님은 한 분이 아니셨습니다.

창세기에는 하나님이 한 분이 아니심을 증거하는 말씀이 여러 곳에 등장합니다. 우리는 성부 하나님과 함께 다른 위격인 성자 하나님이 계셨음을 알 수 있습니다. "하나님이 이르시되 우리의 형상을 따라 우리의 모양대로 우리가 사람을 만들고(God said, "Let us make man in our image, in our likeness")"(창세기 1:26)라는 말씀의 '우리'라는 표현에서 성부 하나님 이외에 또 다른 위격의 하나님이 계셨음을 확인할 수 있습니다. 성부 하나님은 계획하시는 하나님이기 때문에 성부 하나님이 자신의 형상을 본받아 사람을 만들기 위해서는 반드시 수행하는 하나님이 필요했습니다. 그뿐 아니라 수행하는 하나님을 돕는 하나님, 그러니까 힘을 공급하는 성령 하나님도 필요했을 것입니다. 따라서 '우리'라는 표현에 성부 하나님 이외에 성자 하나님과 성령 하나님이 포함될 수밖에 없었을 것입니다. 그래서 '우리'라는 표현에는 세 위격이 서로 다른 하나님이시면서, 모두 한 하나님이라는 결론을 얻을 수 있습니다.

예를 들어 "이 사람이 선악을 아는 일에 우리 중 하나 같이 됐으니"(창세기 3:22), "자 우리로 내려가서 거기서 그들의 언어를 혼잡케 하여"(창세기 11:7) 등과 같은 성경 말씀에서 모두 성부 하나님을 포함한 삼위 하나님이 계셨음을 알 수 있습니다.

공병호가 만난 예수님

2. 창조하신 하나님은 예수님이십니다.

"태초에 하나님이 천지를 창조하시니라"(창세기 1:1)라는 말씀으로부터 창세가 시작됩니다. 창세기 1장은 천지창조를, 2장은 인간의 창조를 다루고 있습니다.

누가 창조를 수행하는 주역일까요? 성부 하나님은 계획하시는 하나님이십니다. 반면에 직접 창조라는 업무를 수행하는 하나님은 성자 하나님인 예수님이십니다. 그래서 예수님은 '수행하는 하나님' 즉 '엑터actor' 혹은 '엑시큐터executor'로 불립니다. 아무리 훌륭한 계획을 세우더라도 직접 행동하는 분이 계시지 않으면 일이 성사될 수는 없습니다. 행동하는 하나님이 예수님이십니다. 세 위격 하나님이 모두 중요하지만 예수님이 창조 당시에 선재하지 않으셨다면 창조 사역이 이루어질 수가 없었습니다.

예를 들어 "만물이 그(예수님)로 말미암아 지은 바 됐으니 지은 것이 하나도 그가 없이는 된 것이 없느니라"(요한복음 1:3)라는 말씀은 예수님이 직접 창조 사역을 수행하셨음을 말씀하고 계십니다. 요한복음 1장 3절은 예수님과 창조 사역 사이의 관계를 정확하게 증거하는 말씀입니다. 예수님이 인간으로 이 땅에 오시기 훨씬 전인 창세전부터 활동해 오셨음을 확인할 수 있는 말씀입니다.

"만물이 그에게서(그에 의해) 창조되되 하늘과 땅에서 보이는 것들과 보이지 않는 것들과 혹은 왕권들이나 주권들이나 통치자들이나 권세들이나 만물이 다 그로 말미암고 그를 위하여 창조됐고"(골로새서 1:16), "이 아들을 만유의 상속자로 세우시고 또 그로 말미암아 모든 세계를 지으셨느니라"(히브리서 1:2)는 예수님이 창조주 하나님이심을 증거하는 대표적인 말씀들입니다. 이처럼 우리는 성경 말씀을 통해 창세 당시에 활동하고 계신 예수님을 여러 곳에서 확인할 수 있습니다.

3. 구원하시는 하나님은 예수님이십니다.

하나님의 이름에는 중요한 의미가 포함돼 있습니다. 창세기에 등장하는 하나님의 이름을 주목해야 합니다. 천지창조를 추진하는 이야기가 창세기 1장에 그리고 아담과 하와에 대한 이야기가 창세기 2장 4절부터 펼쳐지기 시작합니다. 그런데 2장 4절부터 '하나님' 대신에 '여호와 하나님'이란 이름이 처음으로 사용되기 시작합니다. 창세기를 쓴 모세는 1장에서는 '하나님(엘로힘, Elohim)'을 사용하다가 "이것이 천지가 창조될 때에 하늘과 땅의 내력이니 여호와 하나님the LORD God이 땅과 하늘을 만드시던 날에"(창세기 2:4) 말씀처럼 '여호와 하나님(여호와 엘로힘, Jehovah Elohim)'을 사용하기 시작합니다. 여기에 중요한 의미가 숨어 있습니다.

엘로힘은 엘(El)의 복수형입니다. 엘은 신 또는 하나님을 뜻하는 말이지만 능력 혹은 강함을 뜻하기도 합니다. 창세기 1장에 사용된 '하나님(엘로힘)'은 창조주 하나님을 뜻합니다.

반면에 '여호와'는 스스로 계심과 언약을 맺으심을 나타내는 말입니다. 여호와 하나님은 '계약하시는 하나님', 우리를 구원해 주실 것을 약속하시고 계약하신 하나님 즉, 구원주Savior를 뜻합니다. 그리스도인은 예수님을 구원주로 모십니다. 구원주 예수 그리스도는 자신을 따르는 성도들을 죄의 종살이에서 해방시키고, 악의 세력에 굴복하지 않도록 하며, 죽음의 권세에서 해방시킬 수 있는 권능을 가진

공병호가 만난 예수님

유일한 분이십니다. 훗날 육신의 몸으로 지상을 방문한 하나님은 십자가에 못 박혀 죽으심으로 인간의 죄를 대속하시게 되는데 바로 이 하나님은 성자 하나님인 예수님이십니다.

> 나 외에 다른 신이 없나니 나는 공의를 행하며 구원을 베푸는 하나님이라. 나 외에 다른 이가 없느니라. 땅의 모든 끝이여 내게로 돌이켜 구원을 받으라. 나는 하나님이라 다른 이가 없느니라.
>
> 이사야 45:21-22

구약에 무려 6,828번이나 등장하는 '여호와 하나님'은 '하나님'보다 무려 2.5배나 더 사용되는 이름입니다. 창세기 2장을 시작으로 수없이 등장하는 여호와 하나님은 구원주이신 예수님을 뜻합니다. 이처럼 구약의 곳곳에서 예수님의 존재를 확인할 수 있습니다. 그리스도 선재론은 진리임을 다시 한 번 확인할 수 있습니다.

아브라함에게 나타난 예수님

여호와께서 아브람에게 이르시되 너는 너의 고향과 친척과 아버지의 집을 떠나
내가 네게 보여 줄 땅으로 가라. 내가 너로 큰 민족을 이루고 네게 복을 주어
네 이름을 창대하게 하리니 너는 복이 될지라.

The LORD had said to Abram, "Leave your country, your people and your
father's household and go to the land I will show you. I will make you into a great
nation and I will bless you; I will make your name great,
and you will be a blessing."

창세기 12:1-2

예수님은 기원전 4년에 출생하셨습니다. 성서 연구자들은 아브라함의 출생 연도를 기원전 2166년으로 잡고 있으며, 175세까지 살다가 기원전 1991년으로 사망한 것으로 추정하고 있습니다. 아담의 타락 시점에 대해 일부 성서학자들이 기원전 4114년으로 추정하고 있음을 고려하면 아담의 타락 이후 거의 2000년이 지나서 믿음의 조상인 아브라함이 오늘날 이라크 땅인 우루에서 탄생합니다. 그런데 예수님은 아담의 창조는 물론이고 타락과 아브라함의 활동 시기에도 계셨음을 성경은 증거하고 있습니다.

1. 예수님은 아브라함을 보았다고 말씀하십니다.

예수님은 유대교 지도자들 앞에서 자신이 이미 아브라함을 보았

공병호가 만난 예수님

을 뿐만 아니라 아브라함이 태어나기 훨씬 전부터 활동하고 있었다고 말씀하십니다. 당연히 유대교 지도자들이 격노했습니다. 유대교 지도자들은 예수님이 성부 하나님을 모욕하고 있다고 생각하여 돌로 치려고 달려듭니다.

> 너희 조상 아브라함은 나의 때 볼 것을 즐거워하다가 보고 기뻐했느니라. 유대인들이 이르되 네가 아직 오십 세도 못 됐는데 아브라함을 보았느냐. 예수께서 이르시되 진실로 진실로 너희에게 이르노니 아브라함이 나기 전부터 내가 있느니라 하시니 그들이 돌을 들어 치려하거늘 예수께서 숨어 성전에서 나가시니라. 요한복음 8:56–59

유대인 지도자들이 "아브라함이 나기 전부터 내가 있느니라"라는 말에 얼마나 충격을 받았을까요. 왜냐하면 예수님이 그런 말씀을 하실 때의 나이가 불과 31세에 지나지 않았기 때문입니다. 유대인 지도자들은 "이 젊은 친구가 정신이 나갔구먼"이라며 한탄 반 격노 반 했을 것입니다. 이 말씀은 통해서 우리가 알 수 있는 것은 예수님 스스로 그리스도 선재론을 증거하고 계시다는 것입니다. 구약에서 활동하고 계신 예수님을 증거할 수 있는 성경 말씀 가운데 하나입니다.

2. 예수님은 아브라함을 친히 방문하셨다고 말씀하십니다.

하나님이 마므레 상수리 수풀 근처에서 아브라함을 방문하는 이야기가 창세기 18장 1절에서 33절에 소개돼 있습니다. 아브라함이 환대했음은 물론입니다. 환대를 받은 하나님은 나이가 많고 월경이 끝난 지 오랜 세월이 흐른 아브라함의 아내 사라가 아들을 낳을 것임을 약속하고 떠납니다. 아브라함의 나이 99세 때의 일인데 이렇게 해서 나은 아들이 이삭입니다.

> (아브라함이 장막 문에 앉았다가) 눈을 들어 본즉 세 사람(three men)이 맞은편에 섰는지라. 그가 그들을 보자 곧 장막 문에서 달려 나가 영접하여 몸을 땅에 굽혀 이르되 내 주여(my lord) 내가 주께 은혜를 입었사오면 원하건대 종(your servant)을 떠나 지나가지 마시옵고
>
> 창세기 18:2-3

아브라함의 눈에 비친 세 사람은 누구였을까요? 세 사람 가운데 두 사람은 천사였고, 한 분은 '내 주my lord'로 예수님을 가리키고 있습니다. 흥미로운 점은 '내 주'가 단수라는 점입니다. "그가 이르시되 내년 이맘때 내가 반드시 네게로 돌아오리니"(창세기 18:10)라는 말씀에서도 예수님을 두고 '그the LORD'라는 표현으로 단수임을 분명히 하고 있습니다.

한편 하나님은 아브라함을 시험하시기 위해 독자 이삭을 제사의 제물로 바치라는 요구를 하신 적도 있습니다. 이 이야기는 "여호와 God께서 이르시되 네 아들 네 사랑하는 독자 이삭을 (…) 번제로 드리라"(창세기 22:2)라는 말씀으로 소개돼 있습니다. 이때의 여호와 역시 예수님을 가리킵니다. 이처럼 구약 속에서 예수님은 선재하시면서 활발하게 활동하고 계십니다.

3. 예수님은 아브라함을 돕기도 하고 축복도 하셨습니다.

아브라함의 조카 롯이 사해 바로 밑에 있는 소돔과 고모라에 살고 있었습니다. 인근 지방의 왕들이 그곳을 침범하여 모든 재물과 양식을 빼앗아 감은 물론이고 조카 롯까지 사로잡아 갔다는 소식을 전해 듣습니다. 아브라함은 가병 318명을 데리고 조카 롯과 빼앗긴 재물과 사람들을 찾아서 돌아왔습니다. 승리를 거두고 귀향하는 아브라함을 영접하는 사람은 두 사람이었습니다. 한 사람은 소돔 왕이고 다른 한 사람은 살렘으로 불리던 예루살렘의 왕 멜기세덱입니다. 멜기세덱 왕은 떡과 포도주를 갖고 나와서 아브라함을 축복하는데, 이에 대해 아브라함은 그가 얻은 것의 십분의 일을 멜기세덱 왕에게 받칩니다.

> 살렘 왕 멜기세덱이 떡과 포도주를 가지고 나왔으니 그는 지극히 높으신 하나님(God Most High)의 제사장이었더라. 그가 아브람에게 축복하여 이르되 천지의 주재(Creator of heaven and earth)이시요 지극히 높으신 하나님(God Most High)이여 아브람에게 복을 주옵소서.
>
> 창세기 14:18–19

살렘 왕 멜기세덱Melchizedek은 예수님이십니다. 히브리서는 멜기세덱이 '멜기(대왕)+세댁(의)' 혹은 '살렘(평강)+멜기(대왕)'이라고 이야기하고 있습니다. 다시 말하면 '의義의 왕'이자 '평화의 왕'은 예수님이라고 말씀하십니다. "아브라함이 모든 것의 십분의 일을 그(예수님)에게 나누어 주리라. 그 이름을 해석하면 먼저는 의義의 왕이요. 그다음은 살렘 왕이니 곧 평강의 왕이요."(히브리서 7:2) 예수님이 곤경에 처한 아브라함을 도우셨을 뿐만 아니라 아브라함에게 축복을 내리시기도 했습니다. 이처럼 구약에서 예수님은 여러 모습으로 잠시 나타나시곤 하는데 그때마다 다양한 이름을 갖고 나타나십니다. 그래서 예수님의 이름을 하나하나 새겨 보는 일은 예수님의 정체성과 능력을 확인하는 데 많은 도움을 줍니다.

4. 예수님은 아브라함의 후처인 하갈을 도우셨습니다.

아브라함은 본처인 사라가 오랫동안 자식을 낳지 못하자 그녀의 몸종이자 애굽 여인인 하갈과 동침하여 이스마엘이라는 자식을 가졌습니다. 이스마엘은 본처 소생인 이삭보다 14년 먼저 태어난 자식입니다. 아이를 잉태한 하갈이 사라를 멸시하자 사라는 이스마엘과 하갈을 집에서 쫓아내도록 아브라함에게 요구하게 됩니다. 집에서 쫓겨난 하갈과 이스마엘은 광야를 헤매다 샘물 곁에서 여호와 하나님을 만나게 됩니다.

> 여호와의 사자가 그에게 이르되 네 여주인에게로 돌아가서 그 수하에 복종하라. 여호와의 사자가 또 그에게 이르되 내가 네 씨를 크게 번성하여 그 수가 많아 셀 수 없게 하리라. 창세기 16:9—10

'여호와의 사자the angel of the LORD'는 예수님을 가리킵니다. 구약에서는 '여호와의 사자'가 모두 41번 등장하는데 이 가운데 일부는 천사를 말하기 때문에 잘 구분할 수 있어야 합니다. 샘물 곁에서 하갈

공병호가 만난 예수님

의 모자에게 도움을 손길을 내민 하나님은 누구실까요? 예수님입니다. 광야에서 곤경에 처한 나머지 낙담한 모자에게 찾아오셔서 도움의 손길을 내민 분은 예수님이십니다. 참고로 신약은 이스마엘을 육체를 따라 난 자녀로 그리고 이삭은 약속의 자녀로 소개하고 있습니다.(갈라디아서 4:22-23) 이스마엘은 집에서 쫓겨나 광야에 살면서 활 쏘는 자가 됐고(창세기 21:20) 오늘날 아랍인들의 조상이 됐습니다. 오늘날 이스마엘의 후손과 이삭의 후손이 맞서 싸우는 형국을 보노라면 신기하기도 하고 놀랍기도 합니다. 아랍인들은 오늘날도 아브라함의 장자는 이스마엘이며 자신들이야말로 아브라함의 약속의 자녀라고 주장합니다. 오늘날 회교나 유대교는 모두 아브라함을 중요한 인물 가운데 한 명으로 꼽습니다.

모세와 선지자들에게 나타난 예수님

여호와께서 그가 보려고 돌이켜 오는 것을 보신지라 하나님이 떨기나무 가운데서
그를 불러 이르시되 모세야 모세야 하시매 그가 이르되 내가 여기 있나이다.
When the LORD saw that he had gone over to look, God called to him from within
the bush, "Moses! Moses!" And Moses said, "Here I am."

출애굽기 3:4

유대민족의 영웅인 모세는 기원전 1520년에 태어나서 1271년까지 살았던 인물입니다. 그는 120만 명이나 되는 유대민족을 이끌고 애굽(이집트)을 탈출하여 40년의 광야 생활을 겪다가 가나안 땅을 앞두고 죽음을 맞게 됩니다.

출애굽을 결정하는 순간부터 가나안 입국을 목전에 두기까지 하나님은 모든 일을 주관하십니다. 광야 생활 내내 유대민족은 끊임없이 불평불만을 털어놓게 되고 이때마다 지도자인 모세는 어려운 상황에 놓이게 됩니다. 결정적인 순간마다 하나님이 그에게 도움의 손길을 내미는 일들이 성경에 상세히 기록돼 있습니다.

1. 모세를 방문한 예수님은 출애굽을 명하셨습니다.

모세가 이집트 왕자로서 이집트 병사를 죽이고 탈출하여 미디안 광야에서 장인인 제사장 이드로의 양무리를 치던 어느 날 놀라운 경험을 하게 됩니다. 시나이반도의 남단 중앙에 있는 호렙산(시내산)에서 하나님으로부터 애굽의 압제 때문에 고생하는 유대민족을 이끌고 가나안 땅으로 가라는 부르심을 받습니다.

"여호와의 사자가 떨기나무 가운데로부터 나오는 불꽃 안에서 그에게 나타나시니라"(출애굽기 3:2)라는 말씀에서 '여호와의 사자'는 모세를 방문한 예수님을 말합니다. 창세기 3절 1장에서 7절은 모세에게 출애굽을 명령하기 위해 방문한 예수님을 '여호와의 사자', '하나님', '여호와'로 부릅니다.

어떻게 예수님인줄 알 수 있을까요? 히브리서 11장 26절은 "그리스도를 위하여 받는 수모를 애굽의 모든 보화보다 더 큰 재물로 여겼으니 이는 상 주심을 바라봄이라"라는 말씀으로 모세를 방문한 분이 예수님임을 분명히 증거하고 있습니다.

모세가 이집트 황궁의 안락함을 버리고 이스라엘 민족과 고난을 함께하면서 애굽 탈출을 결심하는 일을 두고 성경은 믿음으로 무장한 모세가 어떤 생각을 하고 출애굽이란 험한 길을 가게 됐는지를 말합니다. 모세는 스스로 세상적인 성공과 안락보다 하나님을 위한 불편함에 더 큰 가치를 두었습니다. 그리고 그는 자신의 선택으로 말미암아 자신이 하나님으로부터 큰 상급을 받을 것이라고 믿었습니다.

2. 위기에 처한 유대민족에게 예수님은 도움의 손길을 내미십니다.

모세를 따르는 이스라엘 민족은 광야 길에서 마실 물이 없었기 때문에 어려움을 겪게 됩니다. 물을 확보하지 못한 백성들은 모세를 심히 원망하게 됩니다. 자신뿐만 아니라 가족과 가축들이 목이 말라 죽을 지경이 됐다고 강력하게 항의를 합니다. 이때 모세는 여호와 앞에 나가서 부르짖습니다. "내가 이 백성에게 어떻게 하리이까"라는 간구에 하나님은 이렇게 답하십니다. "내가 호렙산에 있는 그 반석 위 거기서 네 앞에 서리니 너는 그 반석the rock을 치라. 그것에서 물이 나오리니 백성이 마시리라. 모세가 이스라엘 장로들의 목전에서 그대로 행하니라."(출애굽기 17:6)

예수님이 '반석'이라고 말할 수 있는 증거라도 있는 것일까요? 사도 바울은 "다 같은 신령한 음료를 마셨으니 이는 그들(이스라엘 민족)을 따른 신령한 반석으로부터 마셨으며 그 반석은 곧 그리스도시라"(고린도전서 10:4)라고 예수님이 반석임을 증거했습니다. 반석에서 흘러나오는 물은 생명수입니다. 예수님은 반석의 모습을 하시고 이스라엘 백성들을 따라 다니셨습니다. 40년간의 광야 생활에서 이스라엘 민족이 예수님이 공급하는 생명수로 목숨을 구했음은 다른 곳에서도 발견할 수 있습니다. 물이 없어서 살 수 없다고 툴툴거릴 때마다 예수님은 필요한 것을 공급하십니다. "모세가 그의 손을 들어 그의 지팡이로 반석을 두 번 치니 물이 많이 솟아 나오므로 회중과 그들의 짐승이 마시니라."(민수기 20:11)

한편 아브라함(기원전 4166년), 모세(기원전 1520년), 다윗(기원전 1000년), 솔로몬(기원전 950년) 다음으로 이어지는 다윗 왕조는 북이스

공병호가 만난 예수님

라엘(기원전 930~722년)과 남유다(기원전 933~587년)로 나누어지게 됩니다. 분열을 반복한 끝에 이스라엘 민족은 바벨론 포로 생활(기원전 587년)을 경험합니다. 흉흉한 정치 상황에서 어려움을 겪는 이스라엘 민족은 자신들에게 승리를 가져다 줄 새로운 신들을 찾아 섬겼습니다. 우상숭배가 유행하는 어두운 시기에 빛의 역할을 담당하는 선지자들은 기원전 850년부터 기원전 450년까지 계속 출현하게 됩니다. 엘리야 선지자(기원전 850년), 엘리사 선지자(기원전 750년) 그리고 이사야 선지자(기원전 750년~700년)가 나옵니다. 이때 등장하는 선지자들이 엘리야, 엘리사, 이사야, 에레미야, 에스겔, 다니엘, 호세아, 요엘, 아모스, 오바댜, 요나, 미가, 나훔, 하박국, 스바냐, 학개, 스가랴, 말라기입니다. 하나님은 선지자를 임명해서 이들로 하여금 사람들에게 하나님의 뜻을 대신해서 전달하도록 시켰습니다.

3. 예수님은 선지자들을 박해한 사람에 대해 말씀하십니다.

예수님이 십자가에 못 박혀 죽음을 당하기 이틀 전인 화요일, 예수님은 제자들을 모아 놓고 놀라운 이야기를 털어 놓습니다. 예수님 말씀은 "네가 이스라엘 사람들에게 그동안 여러 선지자들을 파송한 바로 그 사람이다"라는 것입니다. 33세의 예수님이 엘리야(기원전 850년), 엘리사, 이사야, 말라기(기원전 450년) 등 뛰어난 선지자들을 모두 임명해서 보내셨다는 말씀입니다. 그런데 "너희들은 그 선지자들을 모두 죽이지 않았는가?"라고 꾸짖습니다. "예루살렘아 예루살렘아 선지자들을 죽이고 네게 파송된 자들을 돌로 치는 자여 암탉이 그 새끼를 날개 아래에 모음 같이 내가 네 자녀를 모으려 한 일이 몇

번이더냐. 그러나 너희가 원하지 아니했도다."(마태복음 23:37)

　예수님은 피조물의 창조 목적 즉, 하나님을 경배하는 일을 내팽개쳐 버리고 각종 우상을 섬기는 데 정신이 없는 이스라엘 백성들에게 구약의 선지자들을 파송하셨습니다. 하지만 이스라엘 민족은 우상숭배를 계속합니다. 예수님의 사랑을 깨우치지 못한 이스라엘 백성들은 결국 바벨론으로 끌려가는 신세를 면할 수 없었습니다. 선지자를 파견하셨다고 말씀하시는 예수님을 통해 우리는 구약시대에 활동하고 계셨던 예수님을 확인할 수 있습니다. 예수님의 선지자 파송은 그리스도 선재론을 확인시켜 주는 증거입니다.

　4. 예수님은 이사야 선지자를 불러서 사용했습니다.

　기원전 745년, 북유다 왕국에 큰 위기가 닥쳤습니다. 앗시리아가 중동의 모든 지역을 정복하려는 계획을 세웠기 때문입니다. 앗시리아에 맞서려는 아람 왕 라신과 이스라엘왕 베가는 유다의 아하스 왕에게 연합을 제의하지만 아하스 왕은 이를 거절했습니다. 그러자 두 왕은 아하스 왕을 제거하기 위해 예루살렘을 포위했습니다. 공포의 기운이 전 유다 왕국에 덮쳤습니다. 풍전등화 같은 시점에 선지자 이사야의 나이는 30세에 지나지 않았습니다. 5년 전에 환상을 본 이후로 그는 자신의 부정한 입술을 깊이 깨닫고 회개했습니다. 그러던 어느 날 그는 하나님의 음성을 듣습니다. "내가 또 주의 목소리를 들으니 주께서 이르시되 내가 누구를 보내며 누가 우리를 위하여 갈꼬 하시니 그때에 내가 이르되 내가 여기 있나이다. 나를 보내소서 했더니."(이사야 6:8)

여기서 우리가 주목해야 할 것은 '우리를 위하여'라는 표현입니다. 삼위 하나님인 성부 하나님, 성자 하나님 그리고 성령 하나님이 계셨음을 암시하고 있습니다. 반면에 "내가 여기 있나이다. 나를 보내소서(I said, "Here am I. Send me!")"라는 말씀에서 '내'는 예수님을 가리키십니다. 계획하시는 하나님이 성부 하나님이라면 행동하는 하나님은 예수님임을 알 수 있습니다. 우리는 성경에서 계획을 실행에 옮겨서 직접 결실을 만들어 내는 분은 성자 하나님 즉, 예수님임을 거듭 거듭 확인할 수 있습니다. 믿는 자들은 기도 중에도 하나님의 영광체는 볼 수 없지만 우리의 간구를 도와주시기 위해 활동하는 예수님은 볼 수도 있습니다.

5. 예수님은 이사야 선지자에게 특별한 말씀을 하셨습니다.

이사야 선지자는 북유다의 아하스 왕이 우상을 숭배하는 사람들을 벌하지 않고 앗시리아에 뇌물을 주고 의지하는 것은 백성들과 하나님을 괴롭게 하는 일이라고 지적합니다. 이사야 선지자는 아하스에게 당신의 불신앙에도 불구하고 하나님께서 은혜를 주실 것임을 약속하는 하나님의 뜻을 전합니다. 그것은 메시아 탄생에 대한 예언입니다. "주께서 친히 징조를 너희에게 주실 것이라. 보라. 처녀가 잉태하여 아들을 낳을 것이요. 그의 이름을 임마누엘이라 하리라."(이사야 7:14)

'임마누엘'의 의미는 "하나님이 우리와 함께 계신다"입니다. 그리스도의 성육신과 하나님의 아들 예수 그리스도의 등장을 예언하는 말씀입니다. 기원전 700년 무렵에 하나님이 이사야 선지자를 통해 주신 약속은 기원전 4년 예수님의 탄생으로 성취됐습니다. "보라. 처녀가 잉태하여 아들을 낳을 것이요 그의 이름은 임마누엘이라 하리라 하셨으니 이를 번역한즉 하나님이 우리와 함께 계시다 함이라." (마태복음 1:23) 이처럼 먼저 일어난 것은 나중에 일어날 것을 예표 foreshadow합니다. 그리스도인들은 구약에 예고된 많은 일들이 신약에서 성취되는 것임을 믿고 이를 성경 말씀을 통해 확인한답니다.

끝으로 세례 요한이 예수님의 선재성에 대해 말한 것에 대해 살펴보겠습니다. 세례 요한은 예수님보다 6개월 먼저 태어났으며 예수님에게 세례를 베푼 선지자입니다. 세례 요한의 어머니 엘리사벳과 예수님을 잉태한 마리아는 서로 친척 사이였습니다. 세례 요한은 예수님이 자신보다 육신의 나이는 어린 동생이지만 자신보다 훨씬 전부터 계셨던 분임을 외칩니다. "내 뒤에 오시는 이가 나보다 앞선 것은 나보다 먼저 계심이라 한 것이 이 사람을 가리킴이라 하니라."(요한복음 1:15) 세례 요한보다 훨씬 전에 계셨던 분이라는 증언은 예수님의 선재성을 말해 주고 있습니다. 여기서 '나보다 먼저 계심'은 곧바로 예수님의 선재성을 뜻합니다.

구약과 신약은 모두
예수님에 대한 말씀

―

너희가 성경에서 영생을 얻는 줄 생각하고 성경을 연구하거니와
이 성경(구약)이 곧 내게 대하여 증언하는 것이니라.
You diligently study the Scriptures because you think that by them you possess
eternal life. These are the Scriptures that testify about me.
요한복음 5:39

―

예배당을 오래 다녔더라도 신약과 구약의 연결
고리를 정확하게 이해하는 일은 쉽지 않습니다. 연결고리를 정확하
게 이해하는 것은 단순히 성경을 아는 데 그치지 않고 예수님의 정체
성을 정확하게 이해하는 것을 말합니다. 또한 예수님을 제대로 이해
하는 일은 기독교 교리를 정확하게 이해하는 것이고, 교리에 대한 이
해는 신앙생활의 토대를 굳건히 하는 일입니다. 그리고 신구약의 연
결고리를 제대로 이해하면 할수록 성경 공부가 점점 재미가 있어집
니다. 이런 점에서 다음과 같은 이야기는 새겨들어야 할 지적입니다.

예수님은 신약만의 예수님이 아니다. 구약도 전부 예수님에 관한 이야기
이며, 이해되지 않은 한 조각 조각을 신약과 맞추다 보면 모두가 예수님

에 관한 이야기임을 알 수 있게 된다. 구약과 신약의 모든 초점은 예수님 에게 맞추고 그 속에서 예수님의 모습을 보고 느낄 때, 진정 하나님의 뜻 을 깨닫고 감동하게 되는 것이다.

황용현, 「여자의 후손」, p.249

이런 주장이 새로운 것은 아닙니다. 성경은 구약과 신약 모두 예수 님에 대한 증언이자 기록이란 점은 위의 인용문(요한복음 5:39) 즉, '성 경이 곧 내게 대하여 증언하는 것'이란 사실에서도 확인할 수 있습니 다. 또한 누가복음에도 구약이 독립된 내용을 담고 있는 것이 아니라 예수님에 관한 기록임을 이렇게 전하고 있습니다.

이에 모세와 모든 선지자의 글로 시작하여 모든 성경에 쓴 바 자기 에 관한 것을 자세히 설명하시니라(And beginning with Moses and all the Prophets, he explained to them what was said in all the Scriptures concerning himself.) 누가복음 24:27

또 이르시되 내가 너희와 함께 있을 때에 너희에게 말한 바 곧 모세 의 율법과 선지자의 글과 시편에 나를 가리켜 기록된 모든 것이 이 루어져야 하리라 한 말이 이것이라 하시고(He said to them, "This is what I told you while I was still with you: Everything must be fulfilled that is written about me in the Law of Moses, the Prophets and the Psalms.") 누가복음 24:44

공병호가 만난 예수님

그러나 우리는 구약과 신약 모두 예수님에 대한 이야기라는 주장에 대해 동의하지 않는 사람들도 있다는 사실을 알아야 합니다. 대표적으로 히브리어로 기록된 구약인 히브리 성서를 사용하는 유대교인들이 그렇습니다. 제가 구약을 읽으면서 자주 갖는 의문은 "나는 구약의 이 부분 혹은 저 부분에서 수시로 예수님을 볼 수 있는데 왜 유대인들은 예수님을 볼 수 없는 것일까?"라는 점입니다. 그리스도인들 가운데도 구약 따로 신약 따로 받아들이는 분들이 있습니다. 성경을 연구하는 분들 가운데는 성경의 연속성(통일성)을 다루기보다는 다양성(불연속성)을 지나치게 강조하는 분들도 있습니다. 이분들은 구약과 신약의 연결고리를 축소해 버린 채 성경 각 권의 차별성을 지나치게 부각시키는 경향이 있습니다. 그들은 성경을 하나님의 구원 사역의 완성을 향한 계획과 계시로 받아들이기보다 오래된 이야기나 지혜 혹은 비유를 담은 종교 문헌으로 취급합니다.

하지만 제가 성경을 공부하면서 점점 더 확신하게 되는 것은 성경을 관통하는 큰 주제는 언약이라는 것입니다. 즉, 구약과 신약이 언약을 통해서 긴밀하게 묶여 있다는 점입니다. 구약에 등장하는 모든 계시는 언약의 유일하고 완전한 성취자인 예수 그리스도 안에서 이루어진다는 사실을 구약과 신약 모두가 증거하고 있습니다. 다시 말하면 모든 언약을 성취하신 예수님을 계시하고 증거하는 것이 구약과 신약입니다.

여기서 우리는 성서 해석에 대한 방법론을 잠시 살펴보겠습니다. 초기 그리스도인들은 구약의 본문에서 예수의 생애에 관해 숨겨진 언급들을 찾아내는 일에 중요한 의미를 부여했습니다. 그들은 구약의 모든 내용들이 신약에 일어나는 사건들의 의미나 교훈 그리고 가르침을 담고 있다고 믿었습니다. 이 같은 구약의 해석 방법을 '모형론' 혹은 '모형론적 성경 해석typological interpretation of the Scripture'이라 부릅니다. 하버드대의 제임스 L. 쿠걸James L. Kugel 교수는 모형론을 "구약의 사건과 인물들을 신약 인물과 사건에 대한 모형 혹은 예표豫表로 간주한다"고 말합니다. 구약의 인물과 사건들은 그림자를 통하여 부분적으로 신약의 예수님 혹은 예수님과 관련된 사역에 관련된 것을 보여 주는 것으로 받아들일 수 있습니다.

예를 들어 창세기 18장 2절에는 아브라함에게 나타난 '세 사람'이 있습니다. 이 세 사람을 두 명의 천사와 예수님으로 해석할 수도 있지만 성부, 성자, 성령 하나님으로 해석할 수 있습니다. 두 경우 모두 구약 속에서 예수님의 예표로 해석하고 있습니다. 특히 후자로 해석하면 이는 신약의 삼위일체론과 연결됩니다. "구약에 등장하는 아담, 아벨, 이삭, 야곱, 모세, 여호수아 등은 모두 예수님의 앞선 그림자들foreshadowing이다"라고 해석하는 것이 '모형론'입니다. 마찬가지로 "이삭의 희생 제사도 십자가 사건을 예표한다"라고 해석할 수 있습니다. 이제까지 다룬 그리스도의 선재론은 성서 해석이란 면에서 보면 모형론에 바탕을 둔 성경 해석이었습니다.

또 다른 성경 해석 방법에는 오랜 역사를 가진 알레고리적 해석 방법allegorizing interpretive technique이 있습니다. 알레고리적 해석은 쿠걸 교수에 의하면 "본문상의 구체적 개념들 즉 사람, 사건, 장소 등을 추상적 개념 즉 이념, 덕, 악, 철학적 교훈으로 이해하는 해석 기법"을 말합니다. 이 해석 방법은 유대인이 오랫동안 유지해 온 성경 해석

공병호가 만난 예수님

방법이며 알렉산드리아의 필로(Philo, 기원전 30~55년)에 의해 받아들여져 초기 기독교인들에 의해 광범위하게 활용돼 왔습니다. 알레고리적 해석 방법은 성경을 기독교인들의 삶에 교훈을 주는 책으로 만들었습니다.

모형적 해석과 알레고리적 해석은 해석의 지향축에서 차이가 납니다. 모형적 해석은 이전의 것에서 이후의 것으로 나아가는 반면에 알레고리적 해석은 구체적인 것에서 추상적인 것으로, 물질에서 영혼으로 올라간다고 할 수 있습니다. 따라서 전자의 것을 수평적 해석이라고 부르기도 하고 후자의 것을 수직적 해석이라 부르기도 한답니다. 그러나 두 가지 방법 모두 초기 성경 해석가들이 공통적으로 채택해 왔던 네 가지 전제 즉, 성경은 암호이며 삶에 유익하고 완벽하며 하나님이 주신 것이라는 전제를 그대로 받아들입니다.

두 가지 방법은 성경 해석에서 영적인 의미를 한층 강화시킵니다. 그러나 이런 방법론에 맞서서 성경을 문자적(혹은 문법적) 의미로 해석하려는 시도가 18세기 말엽부터 거세게 일어나게 됩니다. 이들은 신약이 모형적으로 구약에서 예표됐다는 생각을 거부합니다. 이런 학문적 추세는 자유주의적 신학에 토대를 제공하게 됩니다. 윌리엄 호던William E. Hordern은 『평신도를 위한 프로테스탄트 신학 가이드 A Layman's Guide to Protestant Theology』란 책에서 자유주의 신학의 기본 태도를 '기독교 신학의 현대화'라고 명료하게 표현합니다. 그동안 많은 변화가 있었기 때문에 현대 세계가 이해할 수 있는 사고방식으로 신학이 현대화 돼야 한다는 주장이 중요한 부분을 차지하고 있습니다. 세상의 모든 것은 변화로부터 자유로울 수는 없다고 생각합니다만 하나님은 영원하시고 하나님과 인간의 관계 또한 영원함을 생각해 보면 신학의 현대화는 받아들이기가 쉽지 않습니다.

자유주의 신학계의 쟁쟁한 명망가들의 주장을 확인하면서 두 가지를 생각했습니다. 하나는 성경 해석을 이렇게 편의에 따라 마음껏 해석할 수 있다는 것과 다른 하나는 그리스도를 바라보는 시각이 이렇게 차이가 날 수 있다는 것에 대한 놀라움이었습니다. 해석 차이라기보다 그리스도교의 본질에 대해 근본적인 차이가 정통 복음주의 신학과 자유주의 신학의 차이임은 확인할 수 있었습니다. 이들 사이의 차이에 대해 1924년 1월 3일자 『크리스천 센츄리Christian Century』는 "근본주의자의 하나님은 한 하나님이요, 자유주의자의 하나님은 다른 한 하나님이다. 근본주의자의 그리스도는 한 그리스도요, 자유주의자의 그리스도는 다른 한 그리스도이다"라고 말한 바 있습니다.(김효성, 『자유주의 신학의 이단성』, 옛신앙, 2008, p.11)

그런데 제가 예수님에 대한 이야기를 전개하면서 시작을 그리스도 선재론으로 삼은 데는 나름의 이유가 있습니다. 구약과 신약은 모두 예수님에 관한 증거를 기록하고 있다는 사실을 받아들이는 것이야말로 예수의 정체성에 대해 확고한 기초를 다지는 일이기도 하고 진리란 생각 때문입니다. 하지만 저와 다른 의견을 가진 분들도 나름의 이유가 있을 것입니다. 모형론적 성경 해석 연구자인 고광필 교수의 주장이 그리스도 선재론에 대한 확신을 심어주는 데 도움을 줄 것입니다.

모형론적 성경 해석 논리는 예수 그리스도를 정점으로 한 구속사에서 예

공병호가 만난 예수님

수 그리스도가 구속사의 시작과 끝이라는 종말론적 사고에 기초한다. 모형론적 성경 해석은 성경이 제시하는 방법이다. (…) 모형론적 성경 해석 논리를 통해서 다른 시대에 다른 언어로 쓰여진 구약과 신약의 불가분의 관계성, 즉 통일성을 설명해 주며, 예수 그리스도가 신구약을 연결시키는 구속사의 정점임을 보여준다. 따라서 구원의 역사란 창세전에 하나님께서 예수 그리스도 안에서 구속하시기로 작정하신 구원의 역사(에베소서 1:4)가 하나님의 섭리 가운데서 점진적으로 어떻게 성취돼 가는가를 신구약을 통해서 선명하게 보여준다. (…) 구약의 다양한 역사적인 사건은 구속사의 정점인 예수 그리스도를 예시한다고 볼 수 있지만 그렇다고 해서 모든 구약을 다 모형론적으로 해석할 수는 없다. 그럼에도 불구하고 예수 그리스도 없는 구약 이해는 구약을 하나의 종교사로, 이스라엘의 민족사로 이해하는 것일 뿐이다. 동시에 구약 없는 예수 그리스도 이해는 불명료하다.

고광필, '5강: 모형론적 성경 해석', 성경 해석학, 2010.10, http://cafe.daum.net/jaxhopes/LEwr/41

성경의 주인공은 예수님이십니다. 그리스도인들이 경배하는 대상도 예수님이십니다. 구약은 예수님의 다양한 사역들을 예표하는 데 초점을 맞추고 있다면 신약은 구원 사역의 완성을 증거하는 데 초점을 맞추고 있습니다. 이 모든 진실의 중심에는 예수님이 창세전부터 선재하고 계셨다는 것입니다.

"예수님은 누구신가요?"라는 질문에 대해 올바른 답을 찾고자 한다면 그 첫 단추는 창세전부터 선재하신 예수님에 대한 믿음이 돼야 합니다.

2부

예수님의 정체성

나를 눈동자 같이 지키시고 주의 날개 그늘 아래에 감추사.
Keep me as the apple of your eye; hide me in the shadow of your wings.

시편 17:8

예수님은 누구신가?

나와 아버지는 하나이니라 하신대
I and the Father are one.
요한복음 10:30

"나는 누구인가?", "나는 어떤 사람이어야 하는 가" 등과 같은 질문에 대한 답이 모호하면 우리는 방황을 하게 됩니다. 사람들이 사춘기와 중년 그리고 노년에도 정체성 위기를 경험하는 것은 내가 어떤 사람이며 어떤 사람이어야 하는가에 대한 관점이 흔들리기 때문입니다. 내가 어떤 사람인지, 어디에 서 있어야 하는지, 무엇을 잘해야 하는 사람인지 그리고 어디를 향해 나아가야 하는지를 제대로 아는 일은 인생살이에 있어 매우 중요합니다.

마찬가지로 어떤 사람이 믿고 경배하는 대상에 대해서도 대상의 정체성을 명확히 하는 일이 무척 중요합니다. 믿음의 대상에 대한 관점이 흔들리게 되면 신앙생활도 어려움을 만나게 됩니다. 이따금 예배당을 오랫동안 다니다가 그만두어 버리는 경험을 하는 분들이 있습니다. 개인마다 여러 이유가 있겠지만 이 가운데 빼놓을 수 없는 것이 예수님에 대한 정체성이 흔들리기 때문일 것입니다. 저도 마찬가지였습니다.

"굳이 이렇게까지 불편하게 살 수 있을까"와 같은 회의감은 믿음의 대상에 대한 정체성 위기에서 비롯됩니다. 예수님이 어떤 분인지에 대해 올바른 생각이 확고하게 자리를 잡고 있다면 신앙생활을 멈추게 만드는 여러 방해물에 의해 휘둘리지 않을 것입니다.

예수님의 정체성을 명확히 정리하는 일은 매우 중요합니다. 그것은 하나님의 정체성뿐만 아니라 그리스도교의 정체성을 굳건히 하는 일이기 때문입니다. 믿는 사람이라면 자신의 신앙을 더욱 튼실하게 만들기 위해서, 믿지 않는 사람이라면 믿을 것인가 말 것인가를 선택하기 위해서라도 말입니다. 오늘날도 교계의 안과 밖에서 이단과 사이비 종교를 둘러싼 논란이 끊이지 않는 것은 많은 부분이 예수님의 정체성에 대한 혼돈에서 비롯된다고 봅니다.

우리는 예수님 대신에 다른 것들을 지나치게 강조하고 숭배하는 일, 예수 그리스도의 이름으로 이루어진 활동들이 결국에는 패밀리 비즈니스 이상도 이하도 아닌 것으로 밝혀지는 일, 성도들의 헌금이 하나님의 일이 아니라 사적인 목적으로 유용되는 일 등을 드물지 않게 목격하며 살아가고 있습니다. 이런 일들은 인간적인 욕심 때문에 비롯되기는 하지만 그 뿌리를 찾다 보면 결국 예수님의 정체성에 대한 이해 부족이나 왜곡 때문에 일어나는 것입니다. 예수님에 대한 올바른 정체성을 정리하는 일은 그리스도교와 관련된 모든 시시비비를 가리는 귀한 잣대와 기준을 갖추게 되는 것입니다.

공병호가 만난 예수님

세상살이가 팍팍해지면서 예수님의 이름을 이용해서 영혼비즈니스를 전개하는 사람들은 더 늘어날 것으로 보입니다. 따라서 세상의 다른 일과 마찬가지로 신앙도 잘 알기 위해 노력해야 합니다. 자신의 신앙을 지키기 위해, 악한 의도로 접근하는 사람들로부터 자신을 보호하기 위해 그리고 자신의 신앙을 날로 성장시키기 위해 예수님에 대한 정확한 지식이 필요합니다. 예수님을 제대로 사랑하는 일은 제대로 아는 일과 알기 위해 노력하는 일에서부터 시작돼야 합니다. 이런 면에서 보면 예수님의 정체성을 명확히 하는 일은 아무리 강조해도 지나치지 않습니다.

"예수님은 누구신가요?"라는 질문에 대한 답을 정리해 보겠습니다. 예수님은 완전한 신성神性과 완전한 인성人性을 가진 분이십니다. 완전한 신이면서도 완전한 인간이신 분입니다. 사람에 따라서는 이해하기 무척 힘든 이야기이기 때문에 믿는 사람들이라 할지라도 모두 이를 받아들이는 것은 아닙니다. 그리스도교의 정통 교리를 진리로 받아들이는 그리스도인들은 이를 당연하게 여깁니다만 부분적으로 수용하거나 신성 자체를 거부하는 그리스도인들도 있습니다. 어떻게 신이면서 어떻게 인간일 수 있나요? 이런 반문은 인간의 이성으로 얼마든지 가능한 의문이라고 생각합니다. 그래서 각자가 믿는 예수님이 서로 다를 가능성은 얼마든지 있습니다. 그렇다고 해서 옳고 그름을 구분할 수 없는 것은 아닙니다. 저마다 믿는 예수님이 과연 올바른지 아닌지를 가리는 일은 성경적 진리에 바탕을 둔 정통 교리에 비추어 보면 어렵지 않게 판단할 수 있습니다.

계몽주의의 대표주자인 임마누엘 칸트는 예수님의 신성을 부정한 대표적인 지식인 가운데 한 사람으로 꼽을 수 있습니다. 그에게 예수는 인간들의 도덕적 모범이자 선생이었습니다. 훌륭한 선생일 뿐신은 아니라는 이야기이지요. 그래서 그를 두고 현대 자유주의 신학의 개척자라고 부릅니다. 칸트에게 신앙이란 도덕적으로 선한 행동을 함으로써 하나님과 화해하는 일이면서 하나님을 기쁘게 하는 일일 뿐입니다. 그의 주장을 담은 대표적인 문헌이 『이성의 한계 안에 있는 종교Religion within the Limits of Religion Alone』입니다. 제목만으로도 이성의 눈으로 이해할 수 있는 신앙에 대한 책이라는 점을 알 수 있습니다. 예수님이 훌륭한 교사라면 굳이 우리가 예수님을 숭배하고 믿어야 할까요? 세상에는 얼마든지 훌륭한 분들이 많은데 말입니다. 예수님이 훌륭한 사람이라면 여기에도 하나님이라 부를 수 있는 훌륭한 사람이 있을 수 있고 저기에도 있을 수 있습니다. 각자가 경배하는 대상의 이름이 다를지라도 모두가 하나님이라는 주장까지도 펼칠 수 있습니다. 훌륭한 사람은 사람마다 다를 수 있고 얼마든지 여러 사람을 들 수 있기 때문입니다.

한신대의 김경재 명예교수는 어떻게 그리스도인의 하나님만이 유일한 하나님이냐고 되묻습니다. 그에게 하나님은 천지만물과 모든 종교에서 찾아낼 수 있는 그런 존재일 뿐이며 그리스도의 하나님이라고 해서 특별해야 할 이유가 없다고 주장합니다. 예수님의 신성과 인성 그리고 특별한 위치를 부정하는 주장 가운데 하나일 것입니다.

가장 우상을 경계하라고 가르침을 받은 기독교가 정작 자신의 종교를 절대자의 자리에 놓고 마니까 자기가 하나님처럼 되는 것이다. 기독교는 위대한 종교다. 불교도 위대한 종교고 이슬람도 위대한 종교지만….

김경재, "SBS '신의 길 인간의 길': 제4부 길 위의 인간" 중에서, 2008.7

믿지 않는 자들은 대부분 예수님의 완전한 신성과 인성에 대해 회의적인 시각을 갖고 있을 것이며, 믿는 자들 가운데서도 회의적인 시각을 가진 사람들이 제법 있을 것입니다. 그러면 지금부터 성경의 진리를 찾아보도록 하겠습니다.

1. 예수님은 어떻게 완전한 신성과 완전한 인성을 갖게 됐을까요?

사도 시몬 베드로의 고백인 "주는 그리스도시고 살아계신 하나님의 아들이시니다"(마태복음 16:16)라는 말씀처럼 예수님은 본래 하나님의 아들로서 하나님과 마찬가지로 신성만을 가진 분이셨습니다. 그러다가 필요 때문에 잠시 인성을 가진 분으로 이 땅을 방문하셨습니다.

"태초에 말씀(예수님, 로고스, Word)이 계시니라"(요한복음 1:1)와 "말씀이 육신이 돼"(요한복음 1:14)라는 말씀을 참고하면 처음에는 신성을 가진 분이 필요 때문에 인성을 취하게 되셨음을 알 수 있습니다. 여기서 필요란 죄인인 인간을 구원하기 위하여 지상을 방문해서 인간의 죄를 대속해야 하는 것을 말합니다.

그러면 이때 예수 그리스도의 인성은 별도 인격일까요? 그렇지는 않고 '한 인격'입니다. 신적 인격 안에서 인성이 신적 인격과 결합하자마자 곧바로 인격이 됐기 때문입니다. 비잔티움의 레온티우스(Leontius of Byzantium, 485~543년)와 동방교회 기독론의 최고봉으로 불리는 다마서커스 요한(St. John of Damaskon, 675~749년) 같은 분들은 이를 두고 '내內인격'이라고 부릅니다.

 2. 기독교의 하나님은 어떤 하나님을 말하는 것일까요?

 기독교는 유일신 하나님을 섬깁니다. 이때 하나님과 예수님은 어떤 관계가 있을까요? 하나님은 '세 분'이면서도 동시에 '한 분'이십니다. 한 하나님이 존재하시지만 한 하나님은 '세 위(位, Person)격'을 갖고 계십니다. 여기서 '세 위격'은 '성부 하나님', '성자 하나님' 그리고 '성령 하나님'을 이야기합니다.

 세 하나님은 계급Position, 질Quality 그리고 양Quantity에서 꼭 같습니다. 이를 두고 흔히 성부, 성자, 성령 하나님은 '동급同級', '동질同質', '동량同量'이란 표현을 사용합니다. 예를 들어 "나와 아버지는 하나이니라 하신대(I and the Father are one)"(요한복음 10:30)는 성부 하나님과 성자 하나님이 '두 위격'이지만 '한 분one'임을 뜻합니다. 희랍어로 '하나'라는 용어는 'hen'이며 '여럿(다수)'는 'polla'입니다. 동일한 하나의 본질을 공유하는 여러 개체가 있는 경우를 두고 '여럿이면서 하나Hen kaita polla'라는 표현을 사용합니다. 성부 하나님과 성자 하나님에 대해서도 '둘이면서 하나'라고 말할 수 있습니다. 성부 하나님과 성자 하나님이 위격이 다르지만 본질적으로 온전히 하나라는 것을 말합니다.

 삼위 하나님을 이야기할 때 우리는 양태론(樣態論, Modalism, 양태론적 단일신론의 준말)을 엄격히 구분할 수 있어야 합니다. 양태론은 한 분 하나님이 모양만 성부, 성자, 성령의 다른 형식forms으로 나타난다는 것이지요. 이때 예수 그리스도의 인격과 성령의 인격은 모두 사라

지고 단일한 신격만 남기 때문에 이단 사상이 되고 맙니다. 전형적인 양태론은 하나님이 창조 사역을 하실 때는 성부 하나님만 활동하시고, 구속 사역을 하실 때는 성자 하나님만 활동하시고, 성화 사역을 하실 때는 성령 하나님만 활동하신다고 주장합니다. 기독교의 하나님은 모든 사역을 삼위 하나님이 역할을 나누어서 하십니다. 삼위 하나님은 언제 어디서나 협력하십니다.

3. 하나님이 완전히 같은 하나님으로 '한 분' 하나님이라면 굳이 성부, 성자, 성령 하나님이 존재하실 필요가 있을까요?

이런 의문은 누구든지 가질 수 있습니다. 어떻게 이해할 수 있을까요? 하늘나라에 삼위 하나님들만이 참가할 수 있는 멋진 회의실이 있다고 가정해 보겠습니다. 그곳에 아름다운 원탁 회의장이 있고 이곳에서 중요한 의사 결정이 내려진다고 가정해 보세요. 중앙에 위치한 큰 보좌에 성부 하나님이 좌정하고 계신다고 가정해 보시기 바랍니다. 성부 하나님 우측에는 성자 하나님이 그리고 좌측에는 성령 하나님이 계실 것입니다. 삼위 하나님이 지배나 종속관계에 있는 것이 아니기 때문에 반드시 원탁 회의장이 필요하다고 할 수 있습니다. 중앙에 앉아 계신 성부 하나님의 곁에는 항상 성자 하나님과 성령 하나님이 함께 앉아 계셔야 합니다. 위격이 다른 하나님은 각자가 수행하는 기능과 역할이 다르기 때문에 반드시 삼위 하나님이 계셔야 합니다.

성부 하나님은 계획하시는 하나님이십니다. 그래서 흔히 '플래너 Planner'라 부릅니다. 성자 하나님은 계획에 따라 직접 실행하는 하나님이십니다. 그래서 흔히 '액터Actor' 혹은 '엑시큐터Executer'라고 부릅니다. 마지막으로 성령 하나님은 실행을 돕는 하나님 즉, 실행에 힘을 공급하는 하나님인 '인에이블러Enabler' 혹은 '파워 서프라이어 Power supplier'라고 부릅니다. 예를 들어 성부 하나님만 계신다면 계획만 세우시고 말겠지요. 창조 사역의 경우만 하더라도 계획만으로는 충분치 않습니다. 반드시 계획을 실행에 옮기시는 성자 하나님이 계셔야 합니다. 그런데 성자 하나님도 힘을 공급해 주는 성령 하나님이 함께하지 않으면 실행하는 일이 어려울 것입니다. 이처럼 세 위격의 하나님은 절묘하게 각자의 기능과 역할을 분담해서 수행하고 계십니다. 바로 이 점 때문에 성부, 성자 그리고 성령의 삼위 하나님이 반드시 존재하셔야 합니다.

공병호가 만난 예수님

삼위일체 하나님

하나님은 한 분이시요 또 하나님과 사람 사이에 중보자도 한 분이시니
곧 사람이신 그리스도 예수라.
For there is one God and one mediator between God and men, the man Christ
Jesus.
디모데전서 2:5

'삼위일체 하나님The God of Trinity'은 예수님의 정

체성을 이해하기 위해 가장 중요한 진리입니다. "삼위 하나님은 한

분 하나님이시다"에 대해 조직신학자 웨인 그루뎀의 설명을 빌려서

설명해 보겠습니다. 삼위일체는 다음의 세 가지 명제로 구성돼 있습

니다. 이들 중 어느 하나라도 빠지게 되면 기독교의 정통 교리인 삼

위일체론으로부터 벗어나게 됩니다.

첫째, 하나님은 삼위이시다God is three persons. (요한복음 1:1-2 2:1

14:26 16:7 17:24, 히브리서 7:25, 로마서 8:27, 마태복음 28:19, 고린도전서

12:4-6)

둘째, 각 위는 온전한 하나님이시다Each person is fully God. (요한복음

1:1-4 20:28 30-31, 로마서 9:5, 이사야 9:6, 고린도후서 2:9)

셋째, 하나님은 한 분이시다There is one God. (이사야 45:5-6 21-22, 디모데전서 2:5, 로마서 3:30, 고린도전서 8:6, 열왕기상 8:60)

원탁 회의장의 비유는 삼위 하나님의 상호관계를 설명하기에 좋습니다. 성부 하나님이 의장직을 맡고 계신다고 해서 성자 하나님과 성령 하나님이 성부 하나님에게 종속되거나 일방적으로 지배를 받는 관계는 아닙니다. 삼위 하나님은 역할과 기능면에서 차이가 있을 뿐 성품이나 속성 그리고 능력 면에서 동등한 한 하나님이십니다.

믿는 자가 되고 나면 삼위 하나님과 삼위일체를 머리와 가슴으로 받아들입니다. 하지만 믿지 않는 자에게 이를 설명하는 일은 여간 힘든 것이 아닙니다. 사제로서 그리고 성서 주석가로 명성을 날렸던 성 아우구스티누스St. Augustine도 삼위일체를 이해시키는 것을 두고 깊이 고민했습니다. 『고백론Confession』의 제13권 11장 12절에서 그는 하나님의 형상에 따라 만들어진 인간의 내면에 삼위일체의 흔적이 있다고 주장합니다. 따라서 인간 정신의 삼중구조를 이해하면 삼위일체를 더 이해할 수 있다고 말합니다.

그는 인간의 정신을 구성하는 세 가지 요소인 자신의 존재, 지식(앎) 그리고 의지(뜻)에 대해 성찰해 보라고 권합니다. 이 세 가지는 하나이면서도 셋이요, 셋이면서도 하나입니다. 이런 깨달음이 삼위일체에 대해 말하는 것은 무엇일까요? 인간 정신의 삼중구조(존재-지식-의지)는 하나이면서도 셋이고 셋이면서도 하나인 성부, 성자, 성령 하나님을 반영하고 있습니다. 놀라운 사실은 삼위일체가 인간 정신의 삼중구조에 고스란히 반영됐음을 알 수 있습니다. 따라서 삼위일체와 삼위 하나님을 더 깊이 이해하기를 원하는 사람이라면 인간의

공병호가 만난 예수님

정신구조를 들여다봄으로써 가능합니다.

내가 바라기는 사람들이 자기 자신들 안에 있는 이 세 가지 것을 생각해
보았으면 합니다. 물론 이 세 가지는 삼위일체와는 전혀 다른 것입니다
만 사람들로 하여금 자신들과 삼위일체가 되신 하느님과 얼마나 다른가
를 생각해 보고, 이해하고, 느끼도록 하기 위하여 내가 말하는 것뿐입니
다. 이 세 가지란 인간의 존재(esse, being)와 지식(nosse, knowing)과 의
지(velle, willing)입니다. 나는 무엇을 알고(지식) 뜻(의지)을 펴며 존재하고
있습니다. 나는 내가 존재하며 뜻을 펴고 있음을 알고 있습니다. 또한 나
는 내가 존재하고 알기를 뜻(의지)하고 있습니다. 이 세 가지의 기능, 즉
존재하고, 인식하고, 뜻하는 것 속에서 나눌 수 없는 하나의 생명(하나의
생명, 하나의 정신, 하나의 본질)이 살아 움직임을 사람들로 하여금 알게 하
소서. 그러므로 이 세 가지는 서로 구별이 되지만 분리하여 있는 것이 아
님을 알아야 합니다. (…) 우리가 상상할 수 없는 방법으로 삼위일체가 되
신 당신은 한 분이시면서 여럿(셋)이시오.

Saint Augustine, 『Confessions』, 13,11,12, Oxford University Press, pp.279–280

이처럼 기독교의 하나님은 삼위를 가진 하나님 즉, '삼위 하나님'이
십니다. 반면에 유대교에서는 성부 하나님만을 모시기 때문에 유대
교의 하나님은 '성부 하나님'뿐이십니다. 사실 '삼위일체'라는 용어는
성경에 등장하지 않습니다. 따라서 초대 교회 시절부터 예수님의 신
성을 부인하는 세력들의 목소리가 높았던 것은 역사적 사실입니다.
1장에서 우리가 충분히 설명한 아리우스파가 대표적으로 신성을 부

정한 세력 가운데 하나입니다. 그밖에도 다양한 이단들이 활동했으며 이에 대해서는 조금 있다가 살펴볼 예정입니다.

삼위일체가 기독교의 공식 교리로 자리 잡게 된 것은 325년 니케아 공의회를 거쳐 381년 콘스탄티노플 공의회 때입니다. 콘스탄티노플 공의회에서 신학용어로서 비로소 '삼위일체'가 채택되게 됐습니다. 초대교회의 사도들이 가졌던 불완전한 삼위 하나님이 공식적으로 확인되고 추인된 것으로 보면 될 것입니다.

삼위 하나님 사이의 상호관계는 어떠할까요? 더 이상 가까울 수 없을 정도로 흠결 없는 친밀한 관계를 상상해 보면 될 것입니다. 세 위격을 가진 삼위 하나님은 서로 동등하시며, 서로 협력하시며, 서로 통일성을 이루어서 활동하시는 한 하나님이십니다. 삼위 하나님 사이의 관계는 인간이 상상할 수 없을 정도로 서로를 아끼고 끌어 주고 칭찬해 주는 아주 친밀한 관계입니다.

삼위 하나님의 한 가지 특성은 '상호 내주(內住, 페리코레시스, Perichoresis)'를 들 수 있습니다. 세 위격을 가진 삼위 하나님 상호 간의 침투를 표현하는 말입니다. 성부 하나님 안에 성자 하나님과 성령 하나님이 내주하시고, 성자 하나님 안에 성부 하나님과 성령 하나님이 내주하시고, 마찬가지로 성령 하나님 안에 성부 하나님과 성자 하나님이 내주하십니다. 성부, 성자, 성령이 독립적으로 존재하고 계신 것이 아니라 상호 침투하여 성부는 성자와 성령 안에, 성자는 성부와 성령 안에 그리고 성령은 성부와 성자 안에 거하는 것을 '상호 내주'라고 부릅니다.

삼위 하나님의 다른 두 가지 특성은 서로를 높이고, 서로를 사랑하고, 서로를 위하는 '상호 교제(코이노니아, Koinonia)'와 '상호섬김(디아모니아, Diamonia)'의 관계입니다. 세 위격을 가진 하나님 가운데 어느 한 분이라도 계시지 않는다면 제대로 임무를 수행할 수 없습니다. 예를 들어 성부 하나님이 천지창조의 원대한 계획을 세우시더라도 성자 하나님이 계시지 않는다면 실행에 옮길 수 없을 것이고 그 결과는 창조 사역이 이루어질 수 없었습니다. 마찬가지로 성자 하나님 역시 성령 하나님이 수행에 필요한 능력을 제공하지 않았더라면 창조 사역을 할 수 없었습니다.

성자 하나님이 십자가의 고난을 당했을 때도 성부 하나님과 성령 하나님도 함께 고난을 당하면서 구원의 사역을 함께 이루십니다. 그뿐 아니라 믿는 자가 구원을 받은 이후 예수님을 닮아 가는 성화聖化도 성령 혼자 행하는 것이 아닙니다. 성령 안에 계신 성부와 성령이 함께 이루는 공동 사역입니다. 세 위격을 가진 한 하나님은 하나님이 하시는 창조, 구원, 대속, 성화 등 모든 사역에서 서로 협동할 뿐만 아니라 통일성을 이루어서 계획하시는 사역들이 잘 이루어지도록 하십니다.

삼위 하나님의 상호관계를 성자 하나님을 중심으로 조금 더 자세히 살펴보겠습니다.

첫째, 성자 하나님은 성부 하나님과 하나이며 창세전에 성부 하나님으로부터 나셨습니다. 성자 하나님과 성부 하나님이 하나임을 흔히 '동일본질'이라고 표현합니다. 그러나 성자 하나님이 성부 하나님으로부터 비롯됐다는 것은 성경이 증언하고 있습니다. "하나님께서 어느 때에 천사 중 누구에게 너는 내 아들이다. 내가 오늘 너를 낳았다 하셨으며 또 다시 나는 그에게 아버지가 되고 그는 내게 아들이

되리라 하셨느냐."(히브리서 1:5)

둘째, 성자 하나님은 성부 하나님의 아들이지만, 인간관계의 아들과 다른 특별한 아들 관계에 있습니다. 이 점을 명확히 할 필요가 있는 이유는 흔히 성부 하나님과 성자 하나님을 생각할 때 우리는 손쉽게 인간적인 부자父子관계를 떠올리기 때문입니다. "하늘로부터 소리가 있어 말씀하시되 이는 내 사랑하는 아들my Son이요 내 기뻐하는 자라 하시니라"(마태복음 3:17)라는 말씀에서 '내 아들my Son'에 주목해야 할 것입니다. 보통의 부자관계라면 단순히 'my son'이란 소문자를 사용했을 것입니다. 유독 '하나님의 아들'이란 표현에서만 대문자 'Son'을 사용합니다. 헬라어로 '하나님의 아들'은 보통의 아들을 말하는 소문자 '휘오스huios'와 달리 대문자 '휘오스HUios'를 사용합니다.

터키의 에페소서 유적지를 관광할 때의 일입니다. 작은 돌 조각에 조각된 헬라어 ΙΧΘΥΣ 문장이 물고기 그림과 함께 조각돼 있었습니다. 이는 "예수 그리스도는 하나님의 아들이시오 구원자이십니다"라는 뜻입니다. 첫 글자를 모두 모은 약자인 ICHYHUS(익투스)는 물고기를 의미하는 헬라어로 예수 그리스도, 신의 아들, 구세주를 뜻합니다. 그래서 초대 그리스도인들의 주거지였던 카타쿰과 같은 고대 유적지를 다니다 보면 그리스도인들이 있었던 장소나 지하 동굴에서 물고기 형상을 만날 수 있습니다.

ΙΧΘΥΣ(ICHTHUS− 'Iesus Christus Theou Huios Sojomete')

Ι : Iesus(예수스, 예수)

Χ : Christus(크리스투스, 그리스도)

Θ : Theos(떼오스, 하나님)

공병호가 만난 예수님

U: Huios(휘오스, 아들)

Σ: Sojomete(소조메테, 구원자)

그런데 소문자가 아니라 대문자로 'H'를 사용하는 것은 더 특별한 의미를 갖습니다. 그것은 '똑같다'는 의미를 갖기 때문에 성자 하나님과 성부 하나님이 본질상 똑같다는 의미로 해석할 수 있습니다. 한마디로 성부 하나님과 마찬가지로 성자 하나님 역시 완전한 신성을 가진 분임을 알 수 있습니다.

셋째, 성자 하나님은 구원 사역을 위해서 하늘에서 내려오신 완전한 인성을 가진 하나님이십니다. "하늘에서 내려온 자 곧 인자the Son of Man 외에는 하늘에 올라간 자가 없느니라"(요한복음 3:13)라는 말씀에서 주목해야 할 표현은 'the Son of Man'이란 대문자들입니다. 단순히 사람의 아들이 아니라 신의 아들이라는 면에서 대문자를 사용하고 있습니다. 이는 성자 하나님의 완전한 인성을 말해 줍니다. 성자 하나님은 본질(본체)상 성부 하나님과 동일하지만 신성을 완전히 비우시고 완전한 사람으로 이 땅에 살다 부활 승천하신 분이십니다. 그래서 이 땅에 계시는 동안 보통 사람들처럼 고통을 당하고 슬퍼하시기도 했습니다. 인간의 모습을 하시고 이 땅에 계셨기 때문에 성자 하나님은 인간의 고통과 나약함을 더 잘 이해하셨을 것입니다.

성자 하나님은 성부 하나님이 보내서 이 땅에 오게 됐다고 말씀하십니다. "나는 스스로 온 것이 아니요 아버지께서 나를 보내신 것이니라"(요한복음 8:42)라는 말씀처럼 성부 하나님이 보내신 것은 맞습니다. 그러나 이 말씀에서 우리가 오해하지 않아야 하는 것은 성부 하나님의 일방적인 지시나 명령에 따라서 이 땅에 수동적으로 오신 것은 아니라는 점입니다. 원탁회의처럼 위격이 다른 삼위 하나님이 서로 의논하셨을 것이며 구원 사역을 직접 수행하는 역할을 맡은 예수님의 지상 파송이 결정됐을 것입니다. '나를 보내신 것이니라'와 같은 표현은 성부 하나님에 의한 일방적인 명령이 아니라 성자 하나님의 겸손과 성부 하나님에 대한 존경을 표하는 방식으로 이해하는 것이 바람직합니다.

넷째, 성자 하나님과 성부 하나님의 친밀한 관계는 '독생자 예수'라는 표현에 담겨져 있습니다. "하나님께서 세상을 너무나 사랑하신 나머지 외아들only begotten Son, only Son을 주셨으니, 그를 믿는 사람은 누구나 멸망하지 않고 영원한 생명을 얻게 하려 하심이라"(요한복음 3:16)라는 말씀에서 우리가 주목해야 하는 표현은 'Son'입니다. 소문자가 아닌 대문자로 표현하고 있는데 이 표현은 헬라어로는 '모노게네스Monogenes'입니다. '게네스genes'는 하나님이 낳으신 아들을 뜻합니다. 성부 하나님은 천지만물을 창조하셨지만 성자 하나님에 대해서만 유일하게 낳으셨다는 표현을 사용하십니다. 따라서 두 분은 특별히 친밀한 관계임을 알 수 있습니다. 결과적으로 우리는 '모노게네스'를 하나님이 유일하게 '오직 하나뿐인' 아들을 가졌다는 의미로 해석할 수 있을 뿐 아니라 한 걸음 더 나아가 계급이나 양, 질이란 면에서 '오직 이 두 분만이 같은 종류'로 해석할 수 있습니다. 아주 특별한 관계라는 의미로 해석할 수 있는 것입니다.

다섯째, 성자 하나님은 성부 하나님에 의해서 증거되십니다. 성부 하나님은 총 세 번에 걸쳐서 성자 하나님이 자신이 아들임을 증거하셨습니다. 두 번은 직접 성부 하나님이 말씀하셨고 한 번은 사도 베

공병호가 만난 예수님

드로의 입을 빌려서 말씀하셨습니다. 성부 하나님에 의한 첫 번째 증언은 세례 요한으로부터 예수님이 세례를 받고 나왔을 때입니다. "이는 내 사랑하는 아들이요 내 기뻐하는 자라"(마태복음 3:17) 말씀처럼 성부 하나님 스스로 성자 하나님의 신성을 증거하셨습니다. 두 번째 증언은 예수님과 세 명의 제자들이 변화산에 올랐을 때 "이는 내 사랑하는 아들이요 내 기뻐하는 자니 너희는 저의 말을 들으라"(마태복음 17:5) 말씀처럼 마치 구름 속에서 들리는 소리로서 예수님의 신성을 증거하셨습니다.

베드로의 입을 빌려 예수님의 신성을 증거하는 장면은 성경 속에서도 매우 중요한 대목입니다. 예수님이 여러 제자들에게 하신 "너희는 나를 누구라 생각하느냐"는 질문에 베드로만이 정답을 제시합니다. "주는 그리스도시요 살아계신 하나님의 아들이시니이다"(마태복음 16:16)라는 말씀이 바로 그것입니다. 이 말씀은 예수의 정체성을 확증하는 대단히 중요한 말씀입니다. 베드로가 스스로 머리를 써서 만들어 낸 것이 아니라 예수님이 베드로로 하여금 그렇게 말하도록 만드신 분이 성부 하나님임을 고백합니다. "이를 네게 알게 한 이는 혈육이 아니요 하늘에 계신 내 아버지시니라this was not revealed to you by man, but by my Father in heaven"(마태복음 16:17) 말씀처럼 성부 하나님에 의한 것임을 확인할 수 있습니다. 한마디로 성부 하나님이 베드로의 입을 빌려서 성자 하나님이 자신의 아들임을 확증하셨다는 것입니다.

여섯째, 성자 하나님은 성령 하나님에 의해서 증거되십니다. 예수님은 부활하신 이후 40일 동안 지상에서 사역하시면서 그리스도인들에게 네 번의 지상사명을 주십니다.(마태복음 28:19-20, 마가복음 16:15,

누가복음 24:47, 요한복음 20:21) 예수님이 승천하기 전에 마지막으로 다섯 번째 지상사명을 주셨는데 이는 오늘날도 믿음을 가진 자들에게 매우 중요한 지상사명입니다. "오직 성령이 너희에게 임하시면 너희가 권능을 받고 예루살렘과 온 유대와 사마리아와 땅 끝까지 이르러 내 증인이 되리라"(사도행전 1:8)는 말씀입니다.

예수 그리스도를 믿는다는 것은 성령 하나님의 역사하심에 의해 일어납니다. 초대 교회 이후에 수많은 사람들이 예수님을 믿게 된 것은 성령 하나님의 임재하심에 의해 이루어진 일입니다. 신학자 레이몬드 브라운Raymond E. Brown의 "보혜사(성령 하나님)는 예수의 부재 시 예수의 임재이다"라는 말은 성자 하나님과 성령 하나님 사이의 관계를 명쾌하게 정리하고 있습니다. 예수님은 잠시 동안 지상에서의 구원 사역을 위해 방문하셨기 때문에 영원히 머물 수 없었습니다. 예수님은 자신이 떠나간 이후에 보혜사 성령을 보내시기로 약속하셨습니다. "내가 떠나가지 아니하면 보혜사가 너희에게로 오시지 아니할 것이요 가면 내가 그를 너희에게로 보내리니"(요한복음 16:7)라는 말씀이 이를 증거하고 있습니다. 예수님이 떠나가신 자리에 보혜사 성령이 대신 오셨기 때문에 성령이 오신 것은 곧바로 예수님과 함께하는 것을 말합니다. 보혜사 성령이 예수님의 제자들과 함께 영원히 계신다는 이야기는 예수님과 제자들이 영원히 함께 계신다는 것을 말합니다. 성령과 함께함으로써 제자들뿐만 아니라 믿는 자는 모두 예수님과 영원히 함께하심을 알 수 있습니다.

일곱째, 성자 하나님은 성경의 중심인물이십니다. 삼위 하나님이 동등하지만 기독교는 예수님을 중심으로 삼습니다. 왜냐하면 삼위

공병호가 만난 예수님

하나님이 구원 사역을 준비하셨지만 직접 피를 흘려 자신을 희생물로 제공하신 하나님은 성자 하나님이시기 때문입니다. 믿는 자들이 주일마다 교회를 찾는 것은 예수님을 만나고 예수님에게 영광을 돌리기 위함입니다. 교회는 예수님의 삶을 배우고, 경험하는 곳이 돼야 합니다. 그뿐 아니라 교회는 예수님을 널리 증거하고 전도하기 위하여 존재하는 곳입니다. 그러나 놀라운 일은 어느 시대나 하나님 이야기를 하면 괜찮지만 예수님 이야기를 하면 강한 저항에 부딪힌다는 사실입니다.

예를 들어 유대인들은 오늘날 널리 사용되는 B.C.(그리스도 이전, before Christ)나 A.D.(주님의 해에, Anno Domini)를 의도적으로 사용하지 않습니다. 왜냐하면 이런 표현을 사용하는 것 자체가 예수 그리스도를 신으로 인정하는 것이라고 여기기 때문입니다. 유대인들이 이런 표현을 사용하지 않는 이유는 "우리는 예수를 신으로 인정하지 않는다"고 말하고 싶기 때문입니다. 따라서 유대인들은 B.C.E.(공동 연대 이전, before the Common Era) 혹은 C.E.(공동 연대, Common Era)의 사용을 고집하고 있습니다. 그뿐 아니라 유대인은 신약이란 표현을 사용하지 않을 뿐 아니라 싫어합니다. '신약'이란 용어가 구약의 약속들과 가르침이 성취된 것을 뜻하기 때문입니다. '구약'이란 표현 대신에 '히브리 성경'이란 표현을 즐겨 사용하는 이유도 신약의 존재 자체를 인정하고 싶어 하지 않기 때문일 것입니다.(랍비 Alfred J. Kolatch, 『유대인들은 왜?』, 2009, p.334)

예수님을 직접 만난 사람들의 증언

―

말씀이 육신이 돼 우리 가운데 거하시매 우리가 그의 영광을 보니
아버지의 독생자의 영광이요 은혜와 진리가 충만하더라.
The Word became flesh and made his dwelling among us. We have seen his glory,
the glory of the One and Only, who came from the Father, full of grace and truth.
요한복음 1:14

―

예수님이 누구신지 잘 알 수 있는 멋진 방법 가운데 하나는 직접 만났던 분들의 이야기를 들어 보는 것입니다. 예수님에 대한 목격자들의 진술은 신약에서 찾아낼 수 있는데 예수님의 행적을 상세히 기술한 4대 전기는 성경 속의 사복음서입니다. 이 가운데 요한복음은 목격자의 저술이고 나머지 마태, 마가, 누가복음은 여러 목격자들의 구술을 전사轉寫한 것입니다. 예수님은 12사도(제자, 예수 그리스도로부터 직접 선택돼 복음을 전파하는 권위를 위임받아 보냄을 받은 자)를 비롯해서 여러 사람들을 만났으며, 하나님 나라에 대한 말씀을 전한 공적 생활 3년 반 동안 설교와 기적(miracle, 역사나 자연에 하나님이 개입하여 상식으로 생각할 수 없는 기이한 일을 일으키는 것과 같은 외적 현상) 그리고 표적(sign, 기적을 통해 하나님이 어떤 목적과 의미를 가르치는 것)

공병호가 만난 예수님

을 통해서 많은 사람들을 믿는 자의 대열에 들어설 수 있도록 인도했습니다. 예수님이 부활 승천하실 당시에 기독교인 수는 이미 1만 명 정도에 이르렀다 합니다. '월드 크리스천 트렌드(World Christian Trends, AD30~AD2100)'의 추계에 의하면 기원후 33년의 세계 인구는 1억 7천만 명이었으며, 이 가운데 그리스도인은 1만 명(총 인구의 0.01퍼센트)이었습니다. 12사도에서 시작된 그리스도인의 규모가 1만 명에 이르렀다는 추정치는 놀랍습니다.

예수님을 직접 만났던 사람들의 증언은 정체성을 확인하는 방법치고 설득력이 있습니다. 예수님을 두 눈으로 직접 목격한 사람들에게 예수님은 어떤 분이셨을까요? 우선 예수님이 사랑한 제자 사도 요한의 증언을 들어 보겠습니다. 참고로 세례 요한의 말을 듣고 예수님을 따른 두 명의 사도 중 한 사람은 사도 요한이고 또 한 사람은 시몬 베드로의 형제 안드레이입니다.

사도 요한의 증언은 요한복음에 상세히 기록돼 있습니다. 요한은 예수님이 하나님의 아들로 이 땅을 방문하셨음을 여러 곳에서 증거하고 있는데, 그가 요한복음을 집필한 목적에 대해 "오직 이것(예수님이 표적들)을 기록함은 너희로 예수께서 하나님의 아들 그리스도이심을 믿게 하려 함이요"(요한복음 20:31)라는 점을 분명히 하고 있습니다. 요한은 "예수님께서 대답하시되" 혹은 "내가 진실로 진실로 너희에게 이르노니" 등과 같이 예수님이 직접 말씀하신 것을 토대로 예수님의 신성에 대해 증언하고 있습니다.

나와 아버지는 하나이니라 하신대 요한복음 10:30

내 이름으로 무엇이든지 내게 구하면 내가 행하리라. 요한복음 14:14

너희가 성경에서 영생을 얻는 줄 생각하고 성경을 연구하거니와 이 성경이 곧 내게 대하여 증언하는 것이니라. 요한복음 5:39

너희는 마음에 근심하지 말라. 하나님을 믿으니 또 나를 믿으라.
요한복음 14:1

한편 사도 요한은 예수님이 직접 말씀을 전하는 것 외에도 성령의 인도하심에 힘입어 예수님이 하나님의 아들 되심에 대해서도 증언하고 있습니다. 요한은 성령의 인도로 "태초에 말씀이 계시니라. 이 말씀이 하나님과 함께 계셨으니 이 말씀은 곧 하나님이시니라"(요한복음 1:1) 말씀처럼 예수님이 영원하신 분이시고 하나님이심을 강하고 담대하게 증언하고 있습니다. 요한복음 1장에서 요한은 예수님이 하나님 아들임을 반복해서 증거하고 있습니다.

그가 태초에 하나님과 함께 계셨고 만물이 그로 말미암아 지은 바 됐으니 지은 것이 하나도 그가 없이는 된 것이 없느니라.
요한복음 1:2-3

말씀이 육신이 돼 우리 가운데 거하시매 우리가 그의 영광을 보니 아버지의 독생자의 영광이요 은혜와 진리가 충만하더라. 요한복음 1:14

공병호가 만난 예수님

예수님은 이 땅에 33년 동안 계셨습니다. 우리는 예수님이 세례 요한으로부터 요단강에서 세례를 받으신 시점을 시작으로부터 부활하시기까지의 3년 반 기간을 공생애(公生涯, 27~30년)라고 부릅니다. 여기서 공생애는 공적 생애 즉, 하나님을 위해 사신 생애를 말합니다.

공생애 기간 동안 예수님을 만난 사람들이 예수님의 정체성에 대해 어떻게 증언하고 있는가를 살펴보겠습니다. 예수님은 3년 반 동안 군중들 앞에서 약 400회를 가르쳤으며, 비공식적인 가르침만도 20회나 됩니다. 예수님의 공생애 중에서 준비하시는 기간이나 공생애의 초기만을 살펴보더라도 예수님의 정체성에 대한 풍성한 증거를 확보할 수 있습니다. 여기서는 준비 기간 동안 이루어진 예수님의 정체성에 대한 증거만을 살펴보겠습니다.

예수님에게 세례를 베푼 세례 요한(기원전 4~기원후 28년)은 예수님이 인간의 몸으로 다니시기는 하지만 특별한 분임을 증언하는 내용이 복음서에 등장합니다. 예를 들어 세례 요한은 "내가 전에 말하기를 내 뒤에 오는 사람이 있는데 나보다 앞선 것은 그가 나보다 먼저 계심이라 한 것이 이 사람을 가리킴이라"(요한복음 1:30)라고 말하고 있습니다. 이는 세례 요한이 예수님을 특별한 분으로 받아들였음을 말해 줍니다. 그런데 비슷한 내용이 3복음서(마태, 마가, 누가 복음)에 모두 등장합니다. "나는 너희로 회개하기 위하여 물로 세례를 베풀거니와 내 뒤에 오시는 이는 나보다 능력이 많으시니 나는 그의 신을 들기도 감당하지 못하겠노라. 그는 성령과 불로 너희에게 세례를 베푸실 것이요"(마태복음 3:11) 말씀 이외에 복음서의 다른 곳(마가복음 1:7~8, 3:16)에도 비슷한 내용이 등장합니다. 이는 요단강변에서 예수님의 세례를 목격한 사람들이 다수였을 뿐만 아니라 그들이 예수님의 특별한 능력인 신성을 확인했음을 알 수 있습니다.

세례를 받으신 다음 예수님의 공생애는 40일간의 금식 기도와 마귀에 의한 시험으로 시작됩니다. 예수님의 사막행은 성령의 이끌림에 의해서 이루어졌다고 공관 복음서는 말하고 있습니다.(마태복음 4:1–11, 마가복음 1:12–13, 누가복음 4:1–12) 40일간의 금식기도로 인하여 극도로 신체가 쇠약할 때 찾아온 마귀는 누구든지 넘어갈 수밖에 없는 세 가지로 예수님을 유혹합니다. 하나님의 아들이 가진 능력으로 배고픔을 면하기 위해 돌을 빵으로 만드는 것, 성전 꼭대기에 뛰어 내리는 특별한 능력을 발휘하는 것, 세상 만물을 소유하고 지배하는 것입니다. 마귀는 "네가 만일 하나님의 아들이거든 해 보라"라고 유혹합니다만, 예수님은 "주 너의 하나님을 시험치 말라"(누가복음 4:12)고 꾸짖습니다. 예수님은 마귀와의 싸움에서 늘 승리하는 특별한 분임을 증언하는 내용입니다. 사막에서 마귀의 유혹을 물리치신 다음 예수님은 자신의 고향 지역인 갈릴리로 돌아가서 설교를 시작합니다. 성경은 마귀를 물리친 소문이 갈릴리 지방에 널리 퍼졌다는 사실을 전하고 있습니다.

공생애가 시작되고 난 다음 예수님의 첫 번째 설교 장소는 예수님이 나서 자란 나사렛의 회당이었습니다. 예수님은 선지자 이사야의 말을 인용해서 어두움 아래 있는 모든 사람에게 메시야가 오셔서 은혜를 베풀 것이며, 예수님 자신이 바로 오실 메시아임을 증거하셨습니다. 사람들이 모두 화가 나서 예수님을 산의 낭떠러지까지 끌고 가서 밀어 죽이려 합니다. 그러나 "예수께서 그들 가운데로 지나서 가

　　　　　　　　　　　　　　　　　공병호가 만난 예수님

시니라"(누가복음 4:30) 말씀처럼 기적을 행사하여 몸을 피하시게 됩니다. 이는 예수님이 기적을 행하시는 신성을 가지신 분임을 증명하는 작은 사례 가운데 하나입니다.

나사렛을 떠나 갈릴리 가버나움 동네에 내려온 예수님은 안식일 날에 특별한 능력을 보여 주십니다. 설교 중에 회당에 들어와 있던 더러운 귀신에 사로잡힌 사람이 큰 소리로 예수님에 대듭니다. "나사렛 예수여 우리가 당신과 무슨 상관이 있나이까. 우리를 멸하러 왔나이까. 나는 당신이 누구인 줄 아노니 하나님의 거룩한 자니이다."(누가복음 4:34) 귀신에 사로잡힌 사람의 행동이지만 그를 움직이는 것은 마귀들이나 귀신들입니다. 이들을 쫓아내 버리거나 멸할 수 있는 오직 한 분은 예수 그리스도뿐이십니다. 예수님은 마귀를 멸하는 참 왕의 직분을 수행하시기 때문입니다. 이때 예수님은 마귀를 쫓아내시고 질병을 고치는 이적을 행합니다. "예수께서 꾸짖어 이르시되 잠잠하고 그 사람에게서 나오라 하시니 귀신이 그 사람을 무리 중에 넘어뜨리고 나오되 그 사람은 상하지 아니한지라. 다 놀라 서로 말하여 이르되 이 어떠한 말씀인고 권위와 능력으로 더러운 귀신을 명하매 나가는도다 하더라."(누가복음 4:35-36)

예수님이 특별한 능력을 발휘해서 귀신을 쫓아냈다는 소문은 근처 사방에 널리 퍼지게 됩니다. 4복음서에는 예수님이 기적을 행한 사례들이 수십 건이나 소개돼 있습니다. 예를 들어 마태복음과 누가복음은 각각 20건의 기적(혹은 이적)을 기록하고 있습니다. 상대적으로 짧은 마가복음에만 18건의 기적을 기록함으로써 예수님의 기적을 기록한 복음서로 간주되기도 합니다. 하지만 예수님이 악령에 들린 사람을 고치는 기적, 마귀나 귀신을 쫓아내는 기적, 죽은 자를 살리시는 기적, 폭풍우를 멈추게 하는 기적, 바다 위를 걸으시는 기적, 무화과나무를 시들게 하는 기적 등은 마지못해서 행하신 기적임을 잊지 않도록 해야 합니다. 예수님은 자신이 신성의 중요한 부분인 초자연적인 능력을 갖고 있음을 잘 알고 있었지만 단 한 번도 이를 과시하기 위해 사용하지 않으셨습니다. 만일 그가 초능력을 과시하기를 좋아하셨다면, 공생애가 시작되기 전에 이미 악마의 유혹에 넘어가고 말았을 것입니다. 4복음서의 기적 사례들은 하나 같이 예수님이 하나님의 아들로서 신성을 가진 특별한 분이셨음을 증언하고 있음을 알 수 있습니다.

한편 예수님이 제자를 구하는 과정에서도 어떤 분이신지 확인할 수 있습니다. 예수님은 공생애가 시작되고 얼마 되지 않아서 게네사렛 호숫가에 있는 시몬 베드로의 배에서 사람들을 가르칩니다. 말씀 전하기를 마친 다음에 예수님은 시몬 베드로로 하여금 깊은 데로 가서 그물을 내리라고 말씀하십니다. 밤새 고기를 잡으려 했지만 성과를 거두지 못한 베드로는 예수님의 말씀에 큰 의미를 둘 수 없었습니다. 그러나 그는 말씀에 의지하여 그물을 내리겠다고 말씀하십니다. 이때 베드로는 '선생Master이여'라는 호칭을 사용하고 있습니다. "시몬이 대답하여 이르되 선생님 우리들이 밤이 새도록 수고했으되 잡은 것이 없지마는 말씀에 의지하여 내가 그물을 내리리이다 하고."(누가복음 5:5)

예상과 달리 그물이 찢어질 정도로 많은 고기를 잡자 시몬 베드로는 예수님의 무릎 아래 엎드려 "주Lord여, 나를 떠나소서. 나는 죄인

공병호가 만난 예수님

이로소이다"(누가복음 5:8)라고 고백하고 모든 것을 버리고 예수님을 쫒게 됩니다. 우리가 주목해야 할 것은 호칭의 변화입니다. 베드로는 예수님을 처음에는 '선생이여'라고 불렀지만 나중에는 '주여'로 바꾸어 부르게 됩니다. 베드로가 고기를 잡기 이전과 이후에 예수님이 단순히 훌륭한 인간이 아니라 신성을 가진 '구원하시는 분'임을 고백하고 있음을 알 수 있습니다. 여기서 구원자는 인간을 하나님과 화해시키고 죄와 죽음에서 구하기 위해 자기 목숨을 내어준 분을 말합니다.

선생과 (구원)주 사이의 차이는 매우 중요합니다. 오늘날도 믿는 자와 믿지 않는 자의 차이를 이야기해 주기 때문입니다. 교양 있는 대다수 사람들은 예수님이 부처나 공자처럼 훌륭한 분이라고 생각합니다. 그러나 훌륭한 분 이상이라고 생각하지는 않습니다. 하지만 믿는 자가 되면 예수님을 아주 특별한 분이라고 마음으로 믿고 입으로 시인하게 됩니다. 예수님은 훌륭한 사람일 뿐만 아니라 하나님의 아들이시고 하나님 그 자신일 뿐만 아니라 구원주라고 고백하게 됩니다.

사도使徒들을 선정하는 과정에서 예수님의 특별한 능력을 확인할 수 있는 또 다른 사례를 들어 보겠습니다. 예수님은 겉모습이 아니라 중심을 보는 분이십니다. 예수님은 사도들을 선정할 때 그들의 과거를 훤히 꿰뚫고 계셨기 때문에 사람들을 깜짝 놀라게 합니다. 나다니엘이 사도 빌립의 권유로 예수님을 보러 오는 광경이 인상적입니다.

빌립은 "나를 따르라"는 예수님의 말씀에 따라 사도가 된 사람입니다. 빌립이 예수님을 따르게 된 바로 그날 친구 나다니엘이 찾아왔습니다. 그러자 빌립은 "모세가 율법에 기록했고 여러 선지자가 기록한 그이를 우리가 만났으니 요셉의 아들 나사렛 예수니라"(요한복음 1:45)

라는 말씀을 나다니엘에게 전합니다. 나다니엘의 첫 반응이 인상적입니다. "나사렛에서 무슨 선한 것이 날 수 있느냐?"는 것이지요. 오늘날도 복음을 전할 때 나오는 반응은 대체로 이처럼 부정적입니다. 빌립은 "와 보라"고 나다니엘에게 권하는데, 오늘날도 전도를 할 때 "일단 와서 예수님을 만나보라"고 권하는 것은 바람직한 방법입니다.

나다니엘이 다가오는 것을 보자 예수님은 그를 가리켜 "참으로 이스라엘 사람이라. 그 속에 간사한 것이 없도다"고 말씀하십니다. 그러자 나다니엘이 "선생님이 저를 어떻게 아십니까"라고 반문하게 됩니다. 그러자 예수님은 "빌립이 너를 부르기 이전에 무화과나무 아래에 있을 때 너를 보았노라"라고 말합니다. 나다니엘은 자신의 과거를 훤히 알고 있는 예수님에게 이렇게 고백하고 맙니다. "랍비여 당신은 하나님의 아들이시요 당신은 이스라엘의 임금이로소이다."(요한복음 1:49) 예수님은 나다니엘에게 이 정도의 칭찬을 하실 뿐만 아니라 앞으로 대단한 일을 보게 될 것임을 예언하십니다. "또 이르시되 진실로 진실로 너희에게 이르노니 하늘이 열리고 하나님의 사자들이 인자 위에 오르락내리락 하는 것을 보리라 하시니라."(요한복음 1:51) 이 말씀은 앞으로 나다니엘을 비롯한 12사도들이 예수님의 신적 영광을 보게 될 것임을 증거하는 것입니다. 이처럼 4복음서는 제각각의 관점에서 예수님의 신성을 확인하는 내용들로 가득 차 있습니다.

공생애가 시작되고 나서 얼마 되지 않아 예수님의 신성에 대한 소문을 듣고 각지에서 사람들이 몰려들게 됩니다. 공생애의 초입 단계에 있었던 그 유명한 설교인 산상수훈이 있기 바로 전에 예수님의 신성을 증거할 수 있는 사람들이 얼마나 많았는지 성경은 증거하고 있

공병호가 만난 예수님

습니다. "예수께서 온 갈릴리에 두루 다니사 그들의 회당에서 가르치시며 천국 복음을 전파하시며 백성 중의 모든 병과 모든 약한 것을 고치시니 그의 소문이 온 수리아에 퍼진지라. 사람들이 모든 앓는 자, 곧 각종 병에 걸려서 고통당하는 자, 귀신 들린 자, 간질하는 자, 중풍병자들을 데려오니 그들을 고치시더라. 갈릴리와 데가볼리와 예루살렘과 유대와 요단강 건너편에서 수많은 무리가 따르니라."(마태복음 4:23-25)

이처럼 공생애 초입 단계에서 시작된 예수님의 정체성에 대한 증언은 사복음서의 곳곳에서 증거되고 있습니다. 예수님을 가장 잘 증언할 수 있는 사람들은 부르심을 받았던 12사도들입니다. 이들 가운데 세례 요한의 제자들이 있었습니다. 세례 요한의 말을 듣고 처음으로 예수님의 제자가 된 사람은 안드레와 사도 요한입니다. 안드레는 형제인 시몬 베드로에게 전도합니다. 안드레가 데려온 베드로를 알아본 예수님은 특별한 말씀을 해 주십니다. "네가 요한의 아들 시몬이니 장차 게바(베드로)라 하리라."(요한복음 1:42) 게바는 '반석'이란 뜻으로 시몬 베드로의 믿음이 반석같이 견고해질 것임을 예언하셨습니다. 훗날 베드로는 여러 가지 부족한 점에도 불구하고 반석 같은 믿음을 가진 인물이 됩니다. 또한 예수님이 직접 만나서 전도한 빌립은 친구 나다니엘을 전도합니다. 이처럼 말씀을 전하는 사람들의 활발한 활동을 통해서 복음이 널리 퍼져 나가게 됩니다. 물론 이런 활동은 성령의 역사하심으로 이루어지는 일들입니다. 복음을 전하는 것이 그리스도인과 교회의 궁극적인 사명이기에 흔히 전도를 '지상사명 Great Commission'이라 부르기도 하지요. 이것은 예수님이 승천하시면

서 "너희는 가서 모든 족속으로 제자를 삼으라"는 말씀으로 믿는 자
들 모두에게 주신 대사명입니다.

굵직한 만남 속의 예수님

예수께서 대답하시되 내가 내게 영광을 돌리면 내 영광이 아무것도 아니거니와
내게 영광을 돌리시는 이는 내 아버지시니 곧 너희가 너희 하나님이라 칭하는 그이시라.
Jesus replied, "If I glorify myself, my glory means nothing. My Father, whom you
claim as your God, is the one who glorifies me."

요한복음 8:54

예수님이 공생애 기간 동안 도움을 주었던 사람들은 부유하거나 권력이 있는 사람들은 아니었습니다. 예수님은 가난하고, 소외되고, 병든 사람들에게 특별한 관심과 은총을 베풀었습니다. 요한복음 9장 1절에서 38절에는 눈 먼 젊은 소경을 고치신 예수님의 이야기가 소개돼 있습니다. 이 이야기를 통해 우리는 예수님을 따르던 보통 사람들에게 예수님이 어떤 분이셨는지 짐작할 수 있습니다. 길을 가다 소경된 사람을 본 제자들이 예수님에게 소경이 된 것이 누구의 죄 때문인지 묻습니다. 자기의 죄 때문인지 아니면 부모의 죄 때문인지를 묻게 됩니다. 그러자 예수님은 소경의 눈을 뜨게 하는 이적을 행하십니다. 흥미로운 점은 바로 그다음에 정통파 유대인들인 바리새인들과 눈을 뜬 소경 사이에 벌어지는 언쟁입니다.

소경으로 태어난 젊은 사람이 눈을 뜨게 된 것은 분명한 사실입니다. 자신도 눈을 뜨게 됐다고 증언하고 그 부모도 증언했기 때문입니다. 그러나 바리새인들은 젊은 소경이 눈을 뜨게 됐다는 사실을 받아들이지 않고 눈을 뜬 사람을 집요하게 괴롭힙니다. 안식일에 일을 했으니 하나님께로부터 온 자가 아니지 않는가라고 묻기도 하고 안식을 지키지 않은 죄인이 어떻게 눈을 뜨게 만들 수 있는가라고 트집을 잡기도 합니다.

저는 두 번씩이나 눈 뜬 사람을 불러 눈을 뜨게 한 분이 예수님이라는 사실을 부인하라고 윽박지르는 바리새인들을 보면서 이런 생각을 해 보았습니다. 그 시대나 지금이나 예수님을 믿는 일은 쉽지 않다고 말입니다. 그리고 예수님에 대한 말을 증거하는 일 또한 쉽지 않다는 것입니다. "우리는 예수가 죄인이라는 것을 알기 때문에 너는 우리가 모시는 하나님을 찬양하라"는 바리새인들의 이야기에 눈을 뜬 젊은 소경은 단호하게 이야기합니다. "그가 죄인인지 내가 알지 못하나 한 가지 아는 것은 내가 맹인으로 있다가 지금 보는 그것이니이다."(요한복음 9:25)

이런 고백에도 불구하고 바리새인들은 "너는 그의 제자이지만 우리는 모세의 제자다"라고 계속해서 우깁니다. 그러자 젊은이는 바리새인들의 반박에 일격을 가하는 발언을 합니다. 요지는 창세 이후로 소경의 눈을 뜨게 한 자가 있다는 이야기를 들어 보지 못했다는 말입니다. "이 사람이 하나님께로부터 오지 아니했으면 아무 일도 할 수 없으리이다"(요한복음 9:33)라고 증언합니다. 그러자 화가 난 바리새인들은 그를 죄인이라고 정죄하면서 회당 밖으로 쫓아내 버립니다.

공병호가 만난 예수님

바리새인들의 입장에서 생각해 보면 이해되는 점도 있습니다. 그 어떤 것보다 율법 준수를 중요하게 여겼던 유대인들은 안식일을 무척 중요하게 여깁니다. 유대인들은 유대력에서 가장 중요한 날로 여기는 대속죄일보다 안식일을 더 중요하게 여깁니다. 성경은 대속죄일을 지키지 않으면 파문(멸절)시킬 것이라 하지만 안식일을 지키지 않으면 반드시 죽일 것이라고 말씀합니다.(출애굽기 31:15, 레위기 23:30) 따라서 율법 준수를 확고하게 믿는 사람들에게는 안식일에 소경의 눈을 뜨게 하는 일을 받아들일 수 없었을 것입니다.

요한복음 9장 1절에서 38절은 예수의 정체성과 관련해서 생각할 수 있습니다. 눈을 뜬 젊은이의 고백은 예수님이 인간들이 가진 수많은 문제의 해결자로 이 땅에 오신 것을 말해 줍니다. 오늘날도 예수를 믿고 따르는 사람들은 증언하고 싶은 것들이 있을지라도 주변의 시선을 의식할 때가 있습니다. 혹시 이런 이야기를 하면 나를 이단으로 정죄할 수 있다는 두려움 말입니다.

그런데 여기서 시력視力이란 것은 진리를 말하는 은유라 할 수 있습니다. 예수를 믿기 시작하면 우리는 "진리가 너희를 자유롭게 하리라"(요한복음 8:32)는 말씀의 진실됨을 확인할 수 있기 때문입니다. 여기서 주목할 점은 '진리'에 대한 해석이 문제가 될 때가 있다는 것입니다. 이따금 '이단'에 대한 정죄를 두고 벌어지는 논란이 있습니다. 하지만 예수님의 완전한 신성과 완전한 인성을 마음으로 믿고 입으로 시인하는 사람들이라면 교리 해석에서 발생할 수 있는 미묘한 차이를 두고 이단으로 정죄하는 일에 신중해야 할 것입니다.

한편 마태복음 9장 2절에서 7절에는 사람들이 침상에 누운 중풍병

자를 데리고 와서 치유를 받는 이야기를 소개합니다. 예수님은 환자의 믿음을 보고 "안심하여라. 네 죄를 용서받았느니라"고 말씀하십니다. 그러자 곁에 있던 율법학자가 "이 사람이 하나님을 칭하여 사람들을 미혹하게 하는 구나"라고 수군거렸습니다. 예수님은 그 마음을 꿰뚫어 보시고 "어찌하여 너희는 악한 생각을 품고 있느냐? '네 죄 사함을 받았느니라'는 것과 '일어나 걸어가라'는 말 가운데 어느 것이 쉽겠느냐"고 묻습니다. 그리고 나서 예수님은 곧바로 중풍병자에게 "네 침상을 가지고 집으로 가라"고 말씀하고 중풍환자는 일어나서 집으로 돌아가게 됩니다. 두 눈으로 기적적인 치유를 확인하게 되자 주변 사람들은 "이런 권세를 사람에게 주신 하나님께 영광을 돌리니라"(마태복음 9:8)라고 고백하게 됩니다.

이 이야기는 예수님의 정체성과 관련해서 주목할 만한 의미를 갖고 있습니다. 이 땅에 하나님의 아들로 오신 예수님은 죄를 용서하는 권한을 갖고 있음을 보여 주기 때문입니다. 예수님이 죄 사함을 가능하게 하는 제사장 직분을 갖고 있음을 말합니다.

마태복음 8장 28절에서 34절에는 귀신을 쫓아내는 이적 사례가 소개돼 있습니다. 갈릴리 호수 동쪽의 가다라 지방의 게르게사라는 마을에서 일어난 일입니다. 귀신 들린 두 사람이 무덤에서 살고 있었는데 이들은 포악해서 아무도 그 길을 갈 수 있는 사람이 없었습니다. 이들이 무덤에서 나오다가 예수님을 알아보고 대적하게 되는 사건이 일어나게 됩니다. 두 사람에게 들러붙어 살고 있는 마귀는 읍소하듯이 큰 소리를 지르면서 이곳을 떠나 달라고 읍소합니다. "하나님의 아들이여 우리가 당신과 무슨 상관이 있나이까. 때가 이르기 전에 우리를 괴롭게 하려고 여기 오셨나이까 하더니"(마태복음 8:29).

귀신들은 자신들을 쫓아낼 것이라면 근처에서 평화롭게 먹이를 뜯고 있는 돼지 떼 속으로 들어갈 수 있도록 해 달라고 예수님에게 청하게 됩니다. 예수님은 귀신들의 청을 들어서 두 남자를 떠난 귀신들이 돼지 떼 속으로 들어갈 수 있도록 명령합니다. 그러자 이천 마리나 되는 돼지 떼들이 비탈길을 내달려서 호수에 떨어져 모두 빠져 죽고 말았습니다. 이를 목격한 돼지치기는 읍내로 달려가서 두 남자에게서 귀신이 떠나게 된 일과 귀신이 돼지에게 들어가서 돼지가 몰살한 일을 전하게 됩니다. 그러자 온 읍내 사람들이 예수님에게로 와서 자신의 고향을 떠나 달라고 요구하게 됩니다.

예수님의 정체성과 관련해서 돼지 떼 몰살 사건은 귀한 메시지를 던지고 있습니다. 사람들 중에 귀신을 이길 수 있는 자는 없습니다. 그러나 하나님의 권능을 가진 예수님은 귀신이나 마귀를 멸할 수 있는 능력을 갖고 계십니다. 이는 예수 그리스도가 왕적 권능을 갖고 있고, 마귀를 멸하러 오셨다는 것을 말해 주는 사례 가운데 하나라고 할 수 있습니다. 예수님의 정체성을 드러내는 중요한 사례입니다.

공관복음서에 비해 요한복음에서 예수님이 행한 기적의 건수는 9건으로 상대적으로 적습니다. 그러나 나사로의 부활(요한복음 11:1-57)은 예수님의 정체성과 관련해서 매우 중요한 의미를 지닌 기적입니다. 이미 죽은 지 나흘이나 돼서 썩은 냄새가 나기 시작하는 나사로를 살려내는 일은 예수님의 부활을 예고하는 하나의 대사건이기 때문입니다. 나사로를 사랑했던 예수님은 사흘이 지나서야 문상객으로 방문합니다. 동생 마리아는 방 안에서 울고 있고 동생 마르다는 예수를 맞기 위해 밖으로 나오자 예수님과 마르다 사이에 이런 대화가 오고 갑니다. 마르다는 요한복음 8장 21절에서 27절에서 예수님이 하나님의 아들이실 뿐만 아니라 그리스도임을 담대하게 증언하고 있습니다.

마르다 주께서 여기 계셨더라면 내 오라버니가 죽지 아니했겠나이다.
예수님 네 오라비가 다시 살아나리라.
마르다 마지막 날 부활 때에는 다시 살아날 줄을 내가 아나이다.
예수님 나는 부활이요 생명이니 나를 믿는 자는 죽어도 살겠고 무릇 살아서 나를 믿는 자는 영원히 죽지 아니하리니 이것을 네가 믿느냐.
마르다 주는 그리스도시요 세상에 오시는 하나님의 아들이신 줄 내가 믿나이다.

예수님이 그리스도이심과 하나님의 아들로 이 땅에 오셨다는 것만큼 예수님의 정체성에 대한 확고한 답이 더 있을까요? 이렇게 사복음서를 꼼꼼히 읽다 보면 사복음서 전체가 예수님이 어떤 분이신지를 증언하는 내용들로 가득 차 있음을 확인할 수 있습니다.

한편 나사로의 부활은 기적miracle과 표적sign을 구분할 수 있도록 해 주는 귀한 사례입니다. 나사로가 부활한 것은 예수님의 개입하셔서 일어나게 된 일로 상식적으로 생각할 수 없는 기이한 일이기 때문에 기적에 해당합니다.

하지만 예수님은 기적과 같은 일을 통해 어떤 목적과 의미를 가르치게 됩니다. 이런 면에서 나사로의 부활은 예수님에 의한 대표적인 표적입니다. 주로 표적은 예수의 죽으심과 부활 그리고 영원한 생명

주심을 궁극적인 목표로 이루어지는 기적을 말하기 때문입니다.

초대교회의 이단 논쟁

—

그러나 백성 가운데 또한 거짓 선지자들이 일어났었나니 이와 같이 너희 중에도
거짓 선생들이 있으리라. 그들은 멸망하게 할 이단을 가만히 끌어들여 자기들을
사신 주를 부인하고 임박한 멸망을 스스로 취하는 자들이라.

But there were also false prophets among the people, just as there will be false
teachers among you. They will secretly introduce destructive heresies, even denying
the sovereign Lord who bought them-bringing swift destruction on themselves.

베드로후서 2:1

—

예수님의 정체성을 확인하는 한 가지 방법이 또
있습니다. 그것은 예수님 사후에 기독교 교리가 성립돼 가는 과정을
찬찬히 살펴보는 일입니다. 정통 교리가 자리 잡는 과정에서 여러 종
류의 이단들이 등장하게 됩니다. 콘스탄티노플 황제가 313년에 밀라
노 칙령으로 기독교를 공인할 때까지 초대 교회는 280년 동안 유대
교의 시기와 박해, 교회에 대한 로마 제국의 박해 그리고 이단의 침
투와 분파 등으로 어려움을 겪습니다.

이단은 대체로 세 가지 흐름으로 진행됩니다. 하나는 유대 전통에
서 나온 율법주의의 영향력을 수용하는 기독교인들입니다. 다른 하
나는 그리스 철학과 동방의 이원론이 혼합한 것의 영향력을 수용하
는 기독교인들, 마지막 하나는 현실 생활을 도피하여 지나치게 신비

공병호가 만난 예수님

주의적 가르침을 치중하는 기독교인들을 들 수 있습니다. 헬레니즘과 동방의 이원론의 결합으로 예수님의 인성을 부정하는 기독교인들은 가현설, 마르시온 주의를 들 수 있습니다. 예수님은 신격화된 인간일 뿐이라고 주장하는 대표주자는 에비온니즘, 종말론적이고 신비주의적인 이단으로는 2세기 중엽에 등장하는 몬타니즘을 들 수 있습니다.

이단들은 저마다의 논리적인 근거를 갖고 "우리는 예수님이 이런 분이라고 생각한다"는 주장을 펼칩니다. 이런 주장들 가운데 대부분은 이단으로 간주돼 정죄되고 말지만 예수님에 대해서 사람들이 어떤 의구심을 갖고 있는가를 확인할 수 있는 주장들입니다. 이런 주장들 가운데 일부는 현대인들이 갖고 있는 예수님에 대한 의구심과도 상당 부분 닿아 있습니다. 기독교 역사에서 등장했다가 사라진 예수님의 정체성에 대한 다양한 주장들을 시간 순서대로 살펴보겠습니다.

에비오니즘Ebionism: 신성을 부인하는 기독교인들

1세기에 인기를 끌었던 대표적인 이단은 에비오니즘입니다. '에비오니'의 뜻은 '빈궁(혹은 가난)'입니다. 카르타고 출신으로 '아프리카 최고의 신학자'로 불리기도 했던 초대 교부 터틀리안(Tertullian, 160~225년)의 해석에 따르면 에비오니즘은 예수님에 대한 인식을 빈궁하게 해석했습니다. 이들은 예수님을 하나님의 아들로 받아들이지 않고, 요셉과 마리아의 아들로서 신이 아닌 사람으로 받아들입니다. 예수님이 세례 요한으로부터 세례를 받을 때 그리스도께서 내려오셔서 그에게 메시아 권한을 주셨으나, 그가 십자가에 죽을 때 그리스도께서는 그를 떠나셨다고 주장합니다. 이러한 주장은 예수와 그리스도를 분리시킴으로써 예수님이 하나님임을 부정하는 것일 뿐만 아니라 성부 하나님과 예수님이 한 분이심을 부정하는 것입니다.

이 사상은 예수님의 신성을 부정하는 이단 사상으로 사도 바울이 개척한 갈라디아 교회 내의 유대인 크리스천들을 중심으로 퍼져 나가게 됩니다. 참고로 갈라디아는 바울이 1차 선교여행(47~48년) 때 복음을 전했던 루가오니아와 비시디아 지방, 비시디아의 안디옥, 이고니온, 루스드라, 더베처럼 오늘날 터키 동남북지역에서 남북으로 길게 늘어선 지역을 말합니다. 이들이 가진 사상은 유대교의 하나님에 바탕을 두고 있습니다. 이들은 예수님을 하나님이 아니라 거룩한 사람이자 선지자로 받아들였습니다. 이들의 구원관 역시 예수님의 신성을 인정하지 않기 때문에 예수님을 믿음으로써가 아니라 율법을 지킴으로써 구원받는 일이 가능하다고 말합니다. 그들은 기독교의 유대교화를 시도했습니다.

갈라디아서 3장 1절에서 5절에는 사도 바울이 갈라디아 교회의 성도들을 꾸짖는 장면이 나옵니다. 이유는 갈라디아 교인들이 거짓 형제들의 꾐에 빠져서 믿음이 아니라 율법의 행위를 강조하고 있기 때문입니다. 사도 바울은 "너희에게 성령을 주시고 너희 가운데서 능력을 행하시는 이의 일이 율법의 행위에서냐 혹은 듣고 믿음에서냐"(갈라디아서 3:5) 말씀에 기초하여 그들이 성령을 받게 된 일은 믿음으로 인한 것이지 율법의 준수로 인한 것이 아님을 증거하고 있습니다.

그런데 갈라디아 지방뿐만 아니라 당시에 많은 유대인들은 예수님의 신성을 받아들이지 않았습니다. 복음서에서도 그 증거를 찾을 수

공병호가 만난 예수님

있습니다. "나사렛, 내가 부모를 아는데 목수 요셉 아닌가? 아버지가 그런데 어떻게 좋은 것神이 나올 수 있겠는가"라는 의문을 가졌습니다. 에비오니즘의 핵심은 바로 이 말씀에 들어 있습니다. 다수의 유대인들은 그의 부모를 알고 있는데, 어떻게 예수가 하나님일 수 있는 가라는 의문으로부터 자유로울 수 없었습니다.

도케티즘(Docetism, 가현설): 인성을 부정하는 대표적인 기독교파

1세기에 에비오니즘과 비슷한 시기에 출현한 것이 도케티즘입니다. '도케오'는 '~처럼 보인다'는 뜻입니다. 우리말로 가현설假現說이라 불리는데, 예수님은 사람이 아니라 순전히 영靈이라고 주장하는 겁니다. 영으로 오셨다가 영으로 가셨다는 이야기이지요.

이들의 사상은 소박한 믿음에서부터 출현하게 됩니다. 이들에게 육체는 가짜고 영만 진짜입니다. 예수님이 인간처럼 보이지만 실제로는 인간이 아니라 영이라고 주장합니다. 물질은 악한 것인데 어떻게 예수님이 물질의 모습으로 이 땅에 나타날 수 있겠느냐는 것입니다. 그렇다면 초대 교회의 열두 사도뿐만 아니라 당시 사람들은 어떻게 예수님을 볼 수 있었을까요? 여기서 그들의 해석은 독특합니다.

예수님이 이 땅에 오실 때는 사람의 몸이었지만 요단강에서 세례를 받는 바로 그 순간에 하나님으로 변했다는 것입니다. 예수님이 물질의 모습을 취할 수 없기 때문에 그들이 가진 성육신에 대한 관점도 정통 그리스도교의 교리와는 아주 다릅니다. 그들은 성육신이 일어나지 않았다고 믿습니다. 사람들이 그리스도를 육신으로 보았다면 그것은 환영幻影 혹은 환각幻覺을 본 것에 지나지 않는다고 합니다.

즉, 도케티즘은 제자들과 동시대 사람들이 본 예수나 십자가에 못 박혀 죽은 예수는 모든 영이라는 환각을 본 것이란 사상입니다.

이 사상 역시 예수와 그리스도를 분리함으로써 예수님이 완전한 사람임을 부정합니다. 당시에 이런 사상이 유행하고 있었음을 간접적으로 확인할 수 있는 것은 사도 요한이 집필한 요한복음과 서신입니다. 여기에는 도케티즘에 관해 언급하면서 반박하는 내용들이 있습니다. "말씀이 육신이 돼 우리 가운데 거하매 우리가 그 영광을 보니 은혜와 진리가 충만하더라"(요한복음 1:14)는 예수님이 완전한 육신이었음을 분명히 증거하고 있습니다.

또한 요한일서와 요한이서에는 예수 그리스도가 인간의 몸으로 이 땅에 오셨음을 증거하고 있으며, 그리스도가 육체로 오신 것을 부인하는 적그리스도의 영을 경계하라고 말하고 있습니다. 여기서 적그리스도란 예수께서 그리스도이심을 부인하는 사람들을 말합니다. "예수 그리스도께서 육체로 오신 것을 시인하는 영spirit마다 하나님께 속한 것이요 예수를 시인하지 아니하는 영마다 하나님께서 속한 것이 아니니 이것이 곧 적그리스도Antichrist의 영이니라. 오리라 한 말을 너희가 들었거니와 지금 벌써 세상에 있느니라"(요한일서 4:2-3). "미혹하는 자가 세상에 많이 나왔나니 이는 예수 그리스도께서 육체로 오심을 부인하는 자라. 이런 자가 미혹하는 자요 적그리스도니"(요한이서 1:7).

그노시즘(Gnosticism, 영지(靈知)주의) : 인성을 부정하는 기독교인들

에비오니즘과 도케티즘보다 더 체계적이고 큰 영향력을 발휘하면

공병호가 만난 예수님

서 정통 그리스도교를 위협했던 것은 1세기에 출현했던 그노시즘입니다. '그노시스'는 '지식'을 뜻합니다. 우리말로 '영지주의'라고 불리는 이유는 이들의 독특한 지식에 대한 관점과 믿음 때문입니다. 이들은 동양의 이원론과 종교 그리고 헬라 철학의 영향을 받아 '그노시스'를 '신령한 영적인 지식'으로 이해했습니다. 그노시즘은 동방의 이원론과 신비 종교 및 헬라 철학의 혼합물이며, 시간이 가면서 기독교의 외투를 덮어 쓴 사상입니다. 이미 사도 바울이 활동하고 있던 당시 고린도 교회와 골로새서 교회에서 그노시즘이 출현했습니다. 이후 그노시즘은 더욱 체계화돼 80년에서 1250년 사이에 교회와 분리돼 독자적인 행보를 계속했습니다.

헬라 철학은 영혼과 육체를 엄격하게 구분하는 이원론을 주장합니다. 영혼은 거룩하고 순결한 반면에 육체는 부정하고 타락한 것일 뿐만 아니라 육체는 영혼의 감옥이라고까지 말합니다. 따라서 그들은 하나님의 아들인 예수님이 불결하고 타락한 육체의 몸으로 이 땅에 오신 것을 받아들일 수 없었습니다. 그노시즘에서 지식은 영적인 영역에 관한 것을 아는 것으로서, 보고 만질 수 있는 물질세계를 깨닫는 것을 말합니다. 반면에 비영적인 영역에 관한 것을 아는 것은, 보고 만질 수 없는 비물질 세계를 깨닫는 것을 말합니다. 이들은 예수님이 보고 만질 수 있는 인간의 모습으로 물질세계에 내려왔다는 말은 하나님이 진리가 아님 즉, 비진리라는 말로 받아들였습니다. 이들은 예수님뿐만 아니라 그리스도교는 영적 부분만을 소중히 여기는 종교라고 받아들였습니다. 그들에게 육체란 아무런 의미가 없었습니다. 따라서 예수님이 육신으로 이 땅에 내려오신 것은 도저히 받아들일 수 없는 일이었습니다.

이들은 육체를 함부로 그리고 소중하지 않게 대했을 뿐만 아니라 육체에서 벗어나는 것이 구원의 길이라고 생각했습니다. 구원을 고통과 금식처럼 육적인 부분을 함부로 대하거나 죽이면 죽일수록 더 거룩한 삶이 가능하다고 생각했고, 이를 받아들였던 지식인들 사이에 인기가 있었던 사상이었습니다. 영지주의는 정통 교리에 대항할 수 있을 정도로 큰 영향력을 갖고 있었고, 예수님의 인성을 부정하는 초대교부 발렌티누스(Valentinus, 100~160 혹은 180년)와 그를 추종하는 사람들 그리고 사도 도마를 교회 창시자로 받아들이는 신앙공동체, 성 토마스 그리스도인Saint Thomas Christians 등을 모두 포괄하는 세력들로 이해할 수 있습니다.

성경에는 영지주의를 경계해야 한다는 말씀이 여러 군데에 등장합니다. 더러운 것이기 때문에 혼인을 금하고 음식물의 섭취를 금하라고 주장하는 것(디모데전서 4:1-3), 부활이 이미 지나가 버렸다고 주장하는 것(디모데후서 2:16-18), 그리스도가 육체로 오신 것을 부인하는 자들에 대한 언급(요한일서 4:1-3, 요한이서 1:7) 등은 모두 영지주의 사상에 대한 경계의 말씀들입니다. "성령이 밝히 말씀하시기를 후일에 어떤 사람들이 믿음에서 떠나 미혹하는 영과 귀신의 가르침을 따르리라 하셨으니"(디모데전서 4:1) 말씀은 혼인과 음식물을 금하는 것처럼 지나친 금욕주의를 경계하라고 권합니다.

사도 바울은 영지주의로부터 비롯된 이런 미혹하게 하는 영과 귀신과 사상의 가르침을 주의하라고 말합니다. 사도 요한은 이들에 대해 '예수를 주로 시인하지 않는 자들' 혹은 '거짓말하는 자들'이라고

비판했습니다.(요한일서 2:22, 4:2-3)

금욕주의(Asceticism, 수덕(修德)주의): 극단적인 고행을 강조하는 기독교인들

금욕주의는 영지주의(그노시즘)와 비슷한 사상이지만 물질과 육체를 악한 것으로 간주하여 금식과 고행으로 육체에 고통을 가하는 것을 높게 여기는 사상입니다. 이 사상은 구원을 얻는 가장 확신한 방법으로 금욕주의를 들었기 때문에 자칫 믿음으로 의를 얻기보다는 행동으로 의를 얻는 것으로 흐를 수 있습니다. 바로 이 점 때문에 이단으로 정죄되기도 했습니다. 참고로 가톨릭에서는 능동적으로 자신을 엄격하게 훈련시킨다는 의미에서 금욕 대신에 수덕修德이란 표현을 사용합니다.

초기 기독교인들 중에도 기도, 금식, 구제, 선행 등과 같은 금욕주의 생활을 하는 사람들이 있었는데, 특히 이들 가운데서도 1세기와 2세기에 거쳐 시리아에서 은둔 생활을 하면서 극단적인 금욕주의가 올바른 기독교인의 길이라고 믿고 실천하는 사람들이 있었습니다. 시리아 지역에서는 종말과 세상 끝에 이루어지는 그리스도의 궁극적인 강림을 가속화하는 보조 수단으로 금욕주의를 받아들였으며, 시리아의 일부 기독교 집단들은 세례를 위한 선결조건으로 독신 생활을 요구하기도 했습니다. 시리아에서 시작한 금욕주의는 3, 4세기 이집트의 사막 시대에 많은 수도사들의 소집단에서 활발하게 발전되기 시작했으며, 이들 가운데 유명한 은수사 중에 한 사람이 성 안토니우스(Saint Antonius, 250~350년)입니다.

금욕주의는 기독교가 국교화 되면서 그리스도인의 숫자가 급속히 증가하고 성직자들이 막강한 권력과 부를 소유하는 데 반작용으로 등장하게 됩니다. 교회의 세속화에 대한 반발로서 생겨나게 된 것이지요. 3, 4세기에는 이집트의 광활한 사막을 배경으로 발전하게 되는데 이 운동의 의미에 대해 살라망카 대학의 역사교수인 헤수스 알바레즈Jesus Alvares는 다음과 같이 말합니다.

> (로마에 의해 기독교가 국교화 된 이후 즉,) 순교자의 시대 이후 교회가 자신의 본질을 망각하고 권력과 부를 향유함으로써 가난한 예수의 가시적인 표징이 되지 못하고 있을 때, 이런 상황에 맞추어 성령께서는 특정한 그리스도인들로 하여금 예수의 존재적인 자기부정의 가시적인 표징이 되는 역할을 맡기셨다. 이렇게 일어난 특정한 생활 방식이 수덕 생활이며, 이들 중에 특히 두드러진 형태는 동정, 절제, 금욕이다.
>
> 헤수스 알바레즈, 『수도생활 역사 I』, 성바오로, 2000, p.85

금욕주의가 후세대에 끼친 긍정적인 영향도 있습니다. 금욕주의가 과도하면 부작용이 많지만 고도화된 자본주의 사회에서 그리스도인이 물질과의 직절한 긴장감을 유지하도록 도와줍니다. 금욕주의에 대해 한 연구자는 "기독교 금욕주의의 본질은 참다운 그리스도의 제자로 살기 위해 끊임없이 자기를 쳐서 하나님 앞에 무릎 꿇게 하는 데 있다. 그렇기 때문에 누구든지 진정한 그리스도인으로 살고자 한다면 금욕주의의 영성을 간과할 수 없을 것이다."(한응준, 「사막교부들의

공병호가 만난 예수님

금욕주의 영성 연구」, 감리교신학대학원 석사학위논문, 2007, p.30)라고 주장합니다.

오로지 고행만이 구원을 받는 길이라는 주장은 진리와 거리가 멀지만 날로 물질화 돼 가는 세상에서 금욕주의가 일종의 소금 역할을 감당할 수 있다는 사실은 의미가 있다고 봅니다.

초대교회의 이단 논쟁
: 2세기부터 4세기까지

―

예수 그리스도께서 육체로 오신 것을 시인하는 영마다 하나님께 속한 것이요
예수를 시인하지 아니하는 영마다 하나님께 속한 것이 아니니 이것이 곧 적그리스도의
영이니라. 오리라 한 말을 너희가 들었거니와 지금 벌써 세상에 있느니라.

Every spirit that acknowledges that Jesus Christ has come in the flesh is from God,
but every spirit that does not acknowledge Jesus is not from God. This is the spirit
of the antichrist, which you have heard is coming and even now is already in the
world.

요한일서 4:2-3

―

2세기가 시작될 즈음 기독교 인구는 무려 80만으로 늘어나게 됩니다. 2세기 말엽이 되면 로마는 지중해 연안의 모든 국가를 정복하는 데 성공하는데, 이 시대를 우리는 '팍스 로마나(로마 지배하의 평화)'라고 부르기도 합니다. 로마인들은 제국을 효율적으로 통치하기 위하여 2세기부터 8만 킬로미터에 달하는 주요 도로망을 로마 제국의 곳곳에 건설했습니다. 속주와 제국의 중심부를 연결한 이 도로는 황제의 명령을 수행하고 반란이나 내란이 많은 지방에 로마군을 신속히 투입하기 위함이었습니다. 하지만 이 도로는 기독교가 퍼져 가는 데도 무척 중요한 역할을 수행하게 됩니다. 로마 제국이 이룩한 정치적 위업은 사도들이나 믿는 자들이 산적이나 지역 분쟁이란 위협 없이 전도 여행을 할 수 있도록 도왔습니다.

공병호가 만난 예수님

신약성서는 51~100년 사이에 헬라어로 쓰였습니다. 예를 들어 사도 바울은 기원후 49년에 갈라디아서, 51년에 데살로니가전후서, 55년에 고린도후서 그리고 57년에 신학총서이자 성서의 꽃봉오리로 불리는 로마서를 집필했습니다. 성서의 번역 작업은 2세기에 라틴어와 시리아어로, 3세기에 콥트어(고대 이집트어)로, 4세기에 그루지아어와 에티오피아어로 이루어지게 됩니다. 6세기에는 독일어와 슬라브어 그리고 프랑크어로, 8세기에 아랍어와 중국어, 영어 번역이 이루어집니다. 한글 번역은 부분적으로 이루어져 오다가 신약 전체를 번역하게 된 것은 1887년입니다.

고대 그리스와 로마는 다신교 국가였습니다. 하지만 이미 고대 그리스 시대부터 다신교가 이성적으로나 논리적으로 이치에 맞지 않는 종교라는 것이 많은 사람들 사이에 공감대를 형성하고 있었습니다. 다신교에서 철학으로 이동했지만 철학 역시 보통 사람들의 영적인 요구를 충족시키는 데는 효과가 없었습니다. 그리스도교가 퍼져나갈 수 있는 토대가 마련돼 있었다 할 수 있습니다. 하지만 교세가 확장되면서 기독교는 이단들의 거센 도전에 직면하게 됩니다.

마르시온니즘Marcionism: 2세기 출현한 가장 극단적인 기독교인들

2세기 중반에 출현한 가장 극단적인 이단은 마르시온니즘을 들 수 있습니다. 85년 흑해 연안의 항구 본도에서 부유한 선박 주인의 아들로 태어난 마르시온의 사상은 그리스도의 인성을 인정하지 않습니다. 마르시온니즘은 영지주의와 마찬가지로 그리스도가 육체가 없는 영적 존재라고 이해했으며 그리스도가 완전한 인간이었음을 부정하는 가현실假現實을 따릅니다. 따라서 마르시온니즘은 육체의 부활도 없고 최후의 심판도 없다고 주장합니다. 이런 주장만으로도 정통 기독교인들이 받아들이기 힘든 주장이었습니다. 또한 그는 육체와 물질이 악한 것이라고 생각했기 때문에 육식이나 부부 생활을 금하는 엄격한 금욕주의를 주장하기도 했습니다. 마르시온은 160년에 사망하지만 이후에 몇 세기 동안 마르시온니즘은 계속해서 살아남습니다.

마르시온의 주장 가운데 독특한 것은 예수의 선재설을 전면적으로 부정한 것입니다. 그는 극단적인 사도 바울의 추종자였습니다. 그는 다른 사도들은 모두 유대주의자들이기 때문에 받아들일 수 없고 오직 사도 바울만 예외라고 인정했습니다. 그래서 그는 엄격하게 구약과 신약을 구분했습니다. 구약은 유대인의 역사서일 뿐이며, 율법 모음집에 불과하다고 이해했고, 구약의 하나님은 무지와 분노와 복수의 마음을 지닌 하나님에 불과하다고 주장했습니다.

반면에 신약의 하나님은 사랑으로 충만한 참 하나님으로 우주적 구세주인 그리스도를 보내신 분으로 보았습니다. 마르시온이 정경正經으로 인정한 것은 바울의 10개 서신과 누가복음의 편집본뿐이었습니다. 이것을 가리켜서 '마르시온의 정경'이라고 부르기도 합니다.

그런데 마르시온이 끼친 긍정적인 영향도 있습니다. 마르시온의 성서 편집에 자극을 받은 나머지 초대 교회가 성경의 정경화 작업에 박차를 가했고, 393년 북아프리카의 히포 공의회와 397년의 카르타고 회의에서 27권의 신약의 정경 목록의 확정을 서둘도록 만들었습니다.

몬타니즘Montanism: 성령 하나님을 부인한 기독교인들

교회가 그노시즘(영지주의)과 힘겨운 싸움을 전개하고 있을 때 또 다른 극단주의가 출현했습니다. 2세기 후반부터 3세기 초반에 소아 시아의 프리지아Phrygia에서 유행했던 이 사상은 몬타누스Montanus에 의해 주장됐습니다. 그는 기독교로 개종하기 전에 동방의 풍요의 여신인 키벨레를 믿던 밀교의 사제였습니다. 프리지아는 전통적으로 키벨레Cybele와 그 배우자 아티스Attis를 도발적이고 흥분된 춤으로 섬기던 신비주의적 밀교의 중심이었습니다.

몬타누스는 성부 하나님과 성자 하나님을 인정했습니다만 교회가 그를 받아들이기 힘들었던 점은 성령의 사역에 대한 잘못된 견해였습니다. 그는 자신의 가르침을 '새 예언'이라고 부르면서 방언과 열광적인 엑스터시의 체험을 강조했습니다. 그는 성령의 강림이 1세기 마가의 다락방에서 일어난 것이 아니라 바로 자신을 통해서 성령이 임했다고 말합니다. 그는 자신과 자신을 돕는 두 여사제 프리스킬라와 막시밀라를 통하여 성령이 말씀하신다고 주장합니다. 그의 주장에 의하면 성령은 오로지 몬타누스 자신만을 통해서만 말씀하시기 때문에 자신만이 하나님과의 직통 계시를 할 수 있다고 주장했습니다. 정통 기독교인들이 받아들일 수 없는 성령에 대한 견해였습니다.

이 운동은 117년 경 황제 유스티니안 1세의 엄중한 법령으로 파문돼 쫓겨나고 말았지만 카르타고의 위대한 교부이자 뛰어난 라틴 신학자인 터툴리안Tertullian of Carthage을 208년에 이 일파로 개종하게 할 정도로 큰 영향력을 미치게 됩니다. 3세기에 들어 몬타니즘의 영향력이 커지면서 초대 교회의 종말론적 긴장이 되살아나고, 임박한 종말에 대한 확신과 성령의 자유로운 역사 그리고 성령의 특별계시가 강조되면서 소아시아 교회의 감독들은 위협을 느끼게 됩니다. 소아시아 교회의 감독들은 160년을 전후하여 교회 회의를 소집하여 177년에 몬타누스를 이단으로 결정합니다. 교회의 결속을 위하여 감독의 지위와 권한을 강화시킨 이 회의가 교회 역사상 최초의 공의회 Symod였습니다. 이후에도 비슷한 성령 운동이나 예언 운동이 일어나게 되는데, 그때마다 사도적 신앙의 전통과 권위를 계승하려는 교회와 계속해서 충돌을 일으키게 됩니다.

양태론적 단일신론 Modalistic Monarchianis : 삼위 하나님을 부인한 기독교인들

양태론적 단일신론은 3세기에 활동했던 사벨리우스에 의해 체계화됐기 때문에 '사벨리아니즘Sabellianism'이라 부르기도 합니다. 이 사상은 강력한 유일신 사상에 바탕을 두고 성부 하나님 이외에 다른 신은 없다고 주장하기 때문에 군주신론으로 불리기도 합니다. 하지만 처음 시작은 정통 교리에서 출발하다가 나중에는 반정통으로 기울어지고 맙니다.

양태론적 단일신론은 성부 하나님의 신성과 삼위의 일체성만을 지나치게 강조함으로써 세 위격의 구분이 없어지는 사벨리아니즘(사벨리우스주의)의 극단으로부터 나왔습니다. 양태론적 단일신론은 성부만 참 하나님이고 성자와 성령은 성부 하나님의 다른 양태appearance일 뿐이라는 것입니다. 이 사상은 한 하나님 속에 한 분의 위가 계실 뿐이라 믿습니다. 따라서 한 분의 위이신 성부 하나님이 상황에 따라

공병호가 만난 예수님

성부, 성자, 성령의 세 가지 기능으로 역사한다고 주장합니다.

예를 들어 한 하나님은 세 가지 서로 다른 양식 혹은 형태로 자신을 나타냅니다. 자신을 창조주로 나타내는 분이 성부이고, 구속자로 나타내는 분이 성자이고 정결케 하는 자로 나타내는 분이 성령입니다. 양태론적 단일신론은 성부, 성자, 성령을 세 가지 인격이 아니라 한 인격에 의해서 행해진 세 가지 역할로 이해했습니다. 즉, 성부 하나님이라는 한 인격에 의해 행하여진 세 가지 역할을 말합니다. 삼위를 부인했기 때문에 이단으로 정죄받았습니다.

아리아니즘Arianism : 삼위일체를 부인한 기독교인들

4세기와 그 이후까지 아리아니즘처럼 교회공동체를 혼란에 빠뜨린 이단은 드물 것입니다. 앞에서 충분히 설명했듯이 아리아니즘은 알렉산드리아의 장로인 아리우스(270~336)에 주장된 것으로 일명 '좌파 오리겐주의' 사상입니다. 그는 유대교에 의해 크게 영향받은 인물로 성부 하나님이 신성을 인정할 뿐, 성자 하나님의 신성을 부인하는 사상을 창안했습니다. 그에 의하면 예수님은 뛰어난 인간일 뿐 신성을 가진 분은 아니라는 것입니다. 이렇게 성부와 성자 사이에 명확한 종속관계를 주장하는 사상이 아리아니즘입니다.

아리아니즘은 종속주의적 신학과 아시아적 군주론적 신학의 두 흐름을 종합하여 극단적인 종속주의를 강조했습니다. 아리아니즘을 주장하던 사람들이 처음에 성부와 성자 사이의 구분을 명확히 하려고 했던 이유는 양태론적 단일신론을 주장하던 시벨리아니즘에 대한 반발 때문이었습니다. 그러니까 성부와 성자 사이에 위격의 구별을 없애 버린 시벨리아니즘이 영향력이 급속히 커지면서 이들에 맞서기 위해 성자가 성부보다 열등한 존재라는 주장을 펼쳤습니다. 아리아니즘은 이단으로 판단됐지만 오늘날까지도 면면히 그 전통을 이어 오고 있습니다. 예수님의 신성을 부정하는 여호와의 증인이 바로 그 대표 사례에 속합니다.

네스토리안니즘Nestorianism : 삼위일체를 부인한 기독교인들

5세기에 콘스탄티노플의 총대주교인 네스토리우스(Nestorius, 451년 경 사망)의 교설을 신봉하던 기독교인들이 네스토리우스파입니다. 이 교파는 예수님의 신성과 인성의 구분에 특별한 비중을 두었습니다. 이들은 인성이 신성을 담는 그릇에 불과하다는 주장을 펼칩니다. 말하자면 예수님의 신성은 인성과 연합한 것이 아니라, 성령이 그리스도인의 몸에 내주하는 것처럼 신성이 단지 사람 속에 거한다는 주장을 펼칩니다. 네스토리안니즘은 하나님을 완전한 신성과 완전한 인성이라고 인정하지 못하고 '사람 안에 계신 하나님' 정도로 이해하고 말았습니다. 이는 예수님이 한 인격이심을 부정하는 것일 뿐만 아니라 완전한 성육신을 부정하는 것을 말합니다. 이들은 431년에 에페소스 공의회와 451년 칼케돈 공의회에서 단죄받았습니다. 네스토리우스는 페르시아로 망명하여 그곳에 교회를 세우고 국왕이 보호를 받기도 했습니다. 훗날 중국의 경교가 이 종파에서 비롯됐습니다.

공병호가 만난 예수님

삼위일체의 정착 역사

초대 교회 가운데서도 맏형에 해당하는 교회는
30년 무렵에 세워진 예루살렘 교회입니다. 예루살렘 교회는 베드로
와 야고보를 중심으로 열두 제자들이 개척한 교회로서 기독교 역사
에서 최초의 교회에 해당합니다. 여기서 '교회'는 예배당이라는 건물
이 아니라 신앙공동체를 말하기 때문에 '교구'라는 용어로 대체할 수
도 있습니다.

처음 교회는 예수님이 부활하셔서 제자들과 사람들에게 나타난 이
후에 생겨나게 됐습니다. "성경대로 사흘 만에 다시 살아나사 게바(베
드로)에게 보이시고 후에 열두 제자에게와"(고린도전서 15:4-5)라는 말
씀에서 30년 부활절을 기점으로 신앙공동체인 교회가 태어났음을 알
수 있습니다. 이후 예수님이 승천하실 때 말씀하신대로 10일 동안 마

가다락방에서 120명이 성령 강림을 경험했습니다. 그리고 이방 나라에 나가 있다가 오순절을 지키기 위해 예루살렘을 방문한 디아스포라 유대인 삼천 명이 베드로의 설교를 듣고 회개하여 복음을 받아들이게 됩니다. 이런 사실들을 놓고 보면 예루살렘의 초대교회는 마가다락방에 모인 120명의 믿는 자들로부터 시작됐음을 알 수 있습니다. 사도행전에 나와 있는 11명의 제자, 예수님의 가족과 여성들 그리고 그 이외에 믿는 자들이 초대 교회의 그리스도인들이었습니다.

이후 예루살렘 교회는 크게 번성했습니다. 사도행전 2~5장은 예루살렘 교회의 성장을 증언하고 있습니다. 하지만 36년, 예루살렘 교회의 일곱 집사 가운데 한 사람인 스데반이 순교당하고 교회가 핍박을 받다가 마침내 70년, 예루살렘이 로마군에 의해 점령당하고 맙니다. 스데반의 순교 이후에 예루살렘 교회에 대한 박해는 믿는 자들을 주변으로 흩어지게 만듭니다. 그들 중에는 멀리 뵈니케와 구브로(키프로스), 시리아의 안디옥까지 가서 복음을 전하는 사람들도 나왔습니다. 성경은 "(스데반의 순교 현장에 있었던 개종 전의) 사울은 그(스데반)가 죽임 당함을 마땅히 여기더라. 그날에 예루살렘에 있는 교회에 큰 박해가 있어 사도 외에는 다 유대와 사마리아 모든 땅으로 흩어지느라"(사도행전 8:1)라는 역사적 사실과 "그 흩어진 사람들이 두루 다니며 복음의 말씀을 전할 세"(사도행전 1:4)라는 사실을 전합니다. 교회사 연구자들은, 인간의 눈으로 보면 예루살렘의 파괴가 비극적인 일이지만 하나님의 눈으로 보면 다르게 해석할 수 있다고 말합니다. 이방인 선교를 위하여 하나님이 계획하신 사건으로, 70년 예루살렘 교회가 파괴됨으로 인하여 복음이 유대인들에게 머물지 않고 이방지역으로

공병호가 만난 예수님

더 활발하게 전파될 수 있었기 때문입니다.

사도시대에 예루살렘 교회만 있었던 것은 아닙니다. 유대교 그리스도교 공동체는 갈릴레아 교회, 사마리아 교회, 요르단 강 서안지역 교회 등이 있었습니다. 초대 교회 가운데서 기념비적인 또 하나의 교회는 안디옥 교회를 들 수 있습니다. '안디옥'은 바울이 활동하던 당시 지명으로, 모두 16군데나 있었습니다. 여기서 말하는 안디옥 교회가 위치했던 곳은 수리아Syria 안디옥입니다. 오늘날 시리아와의 국경 부근에 있는 도시로, 지중해로부터 오론테스강을 따라 24킬로미터에 위치한 도시입니다. 오늘날은 크게 내세울 만한 것이 없는 소도시에 지나지 않지만 당시만 하더라도 로마, 알렉산드리아에 이어 로마 제국의 3대 도시로 손꼽히는 곳이었습니다. 바울 당시 이곳은 정치와 상업의 중심지일 뿐만 아니라 헬라출신의 이방인들과 디아스포라 유대인들이 많이 거주하고 있었습니다. 36년 스데반의 순교와 교회 핍박을 피해 온 디아스포라 유대인들이 유대인뿐만 아니라 이방인을 대상으로 복음을 전하게 됩니다. "스데반의 일로 일어난 환난을 인하여 흩어진 자들이 (…) 그중에 구브로와 구레네 몇 사람이 안디옥에 이르러 헬라인들에게도 말하여 주 예수를 전하니 주의 손이 그들과 함께하시매 수다한 사람이 믿고 주께 돌아오더라"(사도행전 11:19-20).

그 결과로 세워진 교회가 안디옥 교회입니다. 이 교회는 유대인과 이방인들이 공존하는 최초의 교회이자 훗날 기독교가 유대인을 넘어서 이방인들에게 퍼져가는 전초 기지로, 이방에 세워지는 교회들이 본받아야 할 모범 사례가 됩니다.

피신한 디아스포라 유대인들이 이방인들을 상대로 복음을 전하고 있다는 소식이 처음으로 예루살렘 교회에 전해졌을 때 예루살렘 교회는 놀라움으로 받아들입니다. 당시만 하더라도 복음은 할례받은 유대인들만이 누릴 수 있는 특별한 하나님의 은혜라고 생각한 유대인들이 많았기 때문입니다. 예수님을 믿는 유대인들의 분위기를 짐작할 수 있는 말씀은 "베드로와 함께 온 할례받은 신자들이 이방인들에게도 성령 부어 주심을 인하여 놀라니"(사도행전 10:45)입니다.

예루살렘 교회는 진상을 파악하고 교회를 지도하기 위해 바나바를 파송하게 됩니다. 현장에서 하나님의 역사하심을 알게 된 바나바는 동향 출신의 구브로인들과 구레네 사람들에게 계속해서 복음을 전파하라고 권면하고, 그러면서 안디옥 교회는 급속히 성장하게 됩니다. 안디옥 교회의 급속한 성장에 동역자가 필요했던 바나바는 고향 다소에 머물고 있던 사도 바울을 안디옥으로 데려와 1년간 함께 복음 전하기를 계속하게 됩니다.

여기서 우리는 예루살렘 교회의 성장에 대해 살펴볼 필요가 있습니다. 30년 무렵에 만들어진 예루살렘 교회에서 지도자로 있던 베드로는 43년에 예루살렘을 떠납니다.(사도행전 12:17) 이후 유대교 전통에 충실한 야고보가 예루살렘 교회의 지도자 역할을 맡게 됩니다. 이때부터 예루살렘 교회는 유대교 전통에 더욱 충실한 그리스도교 공동체로 자리 잡습니다. 62년에 야고보가 순교한 이후에는 예수님의 사촌인 시몬이 지도권을 이어받게 됩니다. 이때 중요한 정치·사회 환경의 변화가 일어나게 됩니다. 야고보 순교 이후부터 예루살렘에는 '반로마 메시아니즘Anti-Roman Messianism'이 형성되는데 예루살렘 교회의 다수를 차지하는 유대계 그리스도인은 이 같은 유대민족주의에

공병호가 만난 예수님

동참하기를 거부하게 됩니다.

제1차 유대전쟁(66~70년) 기간 동안 유대전쟁에 동참하기를 거부하는 유대계 그리스도인은 자기 민족으로부터 심한 박해를 받습니다. 유대민족주의에 동참할 것인가 말 것인가를 두고 벌어진 차이로 말미암아 유대교와 그리스도교는 완전히 결별하고 맙니다. 교회사를 연구한 한 연구자는 "이런 과격한 유대인의 애국심과 민족주의의 발생과 사도 바울의 이방계 그리스도교 공동체의 성장으로 인하여 그리스도교와 유대교는 완전히 결별의 길에 들어서게 됐다"고 말합니다.(김성태, 『세계교회사 I』, 1986, p.98)

이방계 그리스도인들이 모였던 안디옥 교회를 말할 때 빼놓을 수 없는 것은 '그리스도인' 혹은 '크리스천'이란 말이 안디옥 교회로부터 시작됐다는 사실입니다. 바나바와 바울의 복음 전파로 인하여 안디옥 교회는 부흥을 경험하게 되는데 이때까지만 하더라도 예수님을 따르는 제자들을 두고 '나사렛당Nazarences' 혹은 '도道의 추종자 followers of the way'라고 불렀습니다. 안디옥에서 예수를 전하는 사람들을 두고 '도를 유대인에게만 전하는데telling the message only to Jews'라는 표현이 등장합니다.(사도행전 11:19) 이런 표현을 미루어 보면 당시 사람들이 예수 추종자들을 '도의 추종자'로 이해했음을 알 수 있습니다.

안디옥에서는 '도'를 더욱 구체화하여 메시아라는 의미의 '그리스도'라는 명칭을 따라서 '그리스도인'이란 용어를 사용하게 됐습니다. 헬라어로 그리스도인은 '크리스티아노스Cristianos'라는 말로 '그리스도에게 속한 자'라는 뜻입니다. 당시에도 좋은 어감은 아니었고 비방

내지 조소 또는 이상한 자들이라는 뜻으로 받아들여졌습니다. 이렇게 해서 교회사 초기에 존재했던 '5대 교구들The Five District Churches' 가운데서 예루살렘 교구와 안디옥 교구가 만들어지게 됐습니다.

초대 교회의 전승에 따르면 예수님 사후 사도(복음 전파를 위해 보내심을 받은 자)들은 세 조로 나뉘어서 활동을 계시했다고 합니다. 흑해 일대를 선교 사역지로 삼은 제자들은 베드로와 안드레와 마태와 바돌로매입니다. 중앙아시아의 파티아로 가서 복음을 전한 제자들은 도마와 시몬, 다대오였습니다. 소아시아로 간 사람은 빌립과 요한이었습니다. 베드로는 로마, 바벨론, 안디옥, 고린도, 갈라디아, 갑바도기아, 바두니아, 브리튼, 갈리아 등으로 돌아다니면 복음을 전하다가 64년에 로마에서 거꾸로 십자가에 매달려 순교를 당하게 됩니다.

이들의 활발한 전도 활동으로 인해 추가적으로 세 개(알렉산드리아 교구, 콘스탄티노플 교구, 로마 교구)의 교구가 더 만들어집니다. 알렉산드리아 교구는 마가가 43년부터 58년 사이에 설립한 것으로 추정되는 교구입니다. 그는 교구에서 68년에 순교하게 됩니다. 사도 바울의 영적 후예들에 의해서 세워진 교회는 오늘날 터키 이스탄불에 있는 콘스탄티노플 교구입니다. 중세 초기에는 위조문서로 사도 안드레가 콘스탄티노플교회를 세웠다고 하는 주장도 있는데 사실이 아닙니다. 위조문서가 등장한 것은 콘스탄티노플 교회를 로마교회, 안디옥 교회 그리고 알렉산드리아 교회와 같은 반열에 놓고자 하는 의도였습니다.(윤상갑, 『12사도들 전승의 교회사적 의미 연구』, p.40) 그리고 사도 바울의 제자들에 의해 세워진 로마 교구가 있습니다. 5대 교구(예루살렘 교구, 안디옥 교구, 알렉산드리아 교구, 콘스탄티노플 교구, 로마 교구)는 이단

공병호가 만난 예수님

논쟁을 공동으로 헤쳐 나가면서 오늘날의 정통 교리를 정착시키는 데 큰 역할을 담당합니다. 정통 교리의 기초 중에 기초이자 예수님의 정체성을 명확히 하는 삼위일체 하나님은 5대 교구의 교부들이 모인 4차례에 걸친 공의회에서 확정됩니다.

1차 니케아 공의회(325년)

이는 예수님의 신성을 부정하는 아리우스파가 알렉산드리아 교구를 중심으로 혼란을 불러일으키자 콘스탄티노플 황제의 종교 문제 고문 감독이었던 코르도바 감독 호시우스의 설득에 의해 황제가 325년에 소집한 종교회의입니다. 당시에는 교회가 로마제국으로부터 종교의 자유를 얻은 지 얼마 되지 않았을 때이고 오늘날의 로마 가톨릭처럼 주교의 수위권이 없었습니다. 따라서 황제가 공의회를 소집했습니다. 당시 니케아는 황실이 있는 니코메디아에서 불과 32킬로미터 떨어진 곳으로, 오늘날 터키의 이스탄불에서 동남쪽 방향으로 70킬로미터 떨어진 장소입니다. 로마 제국 전체의 감독 가운데 6분의 1인 318명의 감독들이 325년 5월 20일부터 7월 25일까지 토론을 벌였습니다.

처음에 아리우스파는 예수님의 신성을 부정하는 자신들이 승리할 것으로 예상했습니다. 이들에 맞선 사람들을 아타나시우스파라고 부릅니다. 이들은 예수님의 신성에 대한 확고한 믿음을 가진 자들이지만 수적으로 소수에 불과했습니다. 대부분은 중도 노선을 취하던 감독들이었고 이들은 예수님의 신성을 부인하는 일이 기독교의 교리에서 얼마나 중요한지를 잘 알지 못했습니다. 그런데 처음으로 발언하게 된 아리우스파는 큰 실수를 범하고 맙니다. 예수님이 아무리 위치가 높더라도 결국은 성부 하나님이 창조한 피조물에 지나지 않는다는 발언이 바로 그것입니다. 이 발언은 중도파 주교들의 강한 반발을 사고 맙니다.

결국 아리우스파를 이단으로 정죄해야 한다는 결론이 납니다. 참석자들은 예수님의 신성을 확증하는 표현 즉, 성부 하나님과 성자 하나님이 동일하다는 '동일본질'이라는 말을 기존의 로마신조에다 포함시켜 니케아신조로 발표하게 됩니다. 오늘날 사도신경으로, 개신교의 대부분 교단들이 신앙고백문으로 채택하고 있는 것이 통과돼 확증된 공의회입니다.

2차 콘스탄티노플 공의회(381년)

380년 국교로 인정한 테오도시우스 1세 황제가 동방 주교들로 구성된 공의회를 381년 5월에 콘스탄티노플에서 소집했습니다. 당시 기독교는 니케아신조라는 기초 위에 서 있었습니다.

참석자들은 동방교회 대표자 150여 명이었습니다. 성령이 성부나 성자보다 열등할 뿐만 아니라 성령은 하나님이 아니라고 주장하는 마케도니우스파를 이단으로 정죄하고 성부, 성자, 성령이 위격, 질, 양에서 동일하다는 것을 확정했습니다. 이로써 삼위일체를 부인하는 아리우스파와 유사 아리우스파의 주장을 철저히 배격하는 결정을 내립니다. 이를 명문화하기 위하여 니케아신조를 개정하여 니케아-콘스탄티노플 신조를 확정하고 발표했습니다. 니케아-콘스탄티노플 신조는 성령을 아버지와 아들과 동등한 위격으로 조항 첨부한, 니케아신조나 사도신경보다 더 균형 잡힌 삼위일체 하나님에 대한 고백서입니다. 명실상부한 의미에서 삼위일체론이 확립된 공의회였습니다.

3차 에베소서 공의회(431년)

로마가 기독교를 국교로 인정한 이후에도 이탈리아 본토에서는 기독교의 확산이 더디게 이루어집니다. 문화라는 면에서 보면 이탈리아는 다른 지중해 국가들에 비해 어머니 중심주의의 문화가 깊게 자리 잡고 있었습니다. '위대한 지중해 어머니(the Great Mediterranean Mother, 에트루리아와 이탈리아 문화에 존재하는 여성상으로써 강력한 소유욕과 보호와 의존 그리고 신뢰의 상징)'가 바로 그것입니다. 정통 기독교는 어머니뿐만 아니라 예수님의 어머니 마리아에 대해 어떤 특별한 지위를 부여하지 않습니다.

종교라는 면에서 보더라도 이탈리아 본토에 기독교를 받아들일 여지는 적었습니다. 로마인들이 섬겨 왔던 토착 종교인 바벨론 종교는 아들 보다는 어머니 신을 더 섬기는 종교입니다. 그렇기 때문에 로마교구가 기발한 아이디어를 제시합니다. 로마교구에 속해 있던 성 어거스틴(354~430년)을 중심으로 한 신학자들이 제시한 마리아 숭배 사상입니다. 이에 대해 황용현 목사는 로마교구의 움직임에 대해 "예수님의 어머니인 마리아를 바벨론 종교의 어머니인 세미라미스로, 예수님을 바벨론 종교의 아들인 담무스로 토속화시켜서 믿도록 하면 많은 사람들이 기독교를 받아들일 것이라고 생각했다"고 이야기합니다.

이렇게 해서 431년 에베소서 공의회에서 '마리아 성모설'과 '마리아

종신처녀설'이 안건으로 제출됩니다. 그러나 나머지 4대 교구의 대표는 있을 수 없는 이야기라고 이를 일축하고 말았습니다. 그들의 판단은 아무런 성서적 근거가 없는 숭배사상이고, 이를 단순히 선교 목적으로 채택하는 것은 올바른 일은 아니라고 판단했기 때문입니다. 강한 반대를 받았던 이 교리는 로마교구의 지속적인 노력으로 20년이 지나 451년의 칼케돈에서 채택돼 가톨릭의 정식 교리로 받아들여지게 됩니다. 1517년에 일어난 종교개혁 이후의 개신교에는 성모 마리아 숭배사상이 받아들여지지 않았습니다.

성모 마리아 역시 하나님이 만든 피조물에 지나지 않기 때문에 신성을 가질 수는 없다고 봅니다. 그러나 이따금 당혹스러운 경우를 만나게 됩니다. 아래와 같은 주장은 성서적으로 볼 때 올바른 주장이 아니라고 봅니다.

"다른 어떠한 피조물의 중개나 도움에도 의지하지 않고 하나님으로부터 직접 은총을 입으신 분은 마리아 단 한 분뿐이시다. 그 후로예나 지금이나 또 앞으로 하나님의 은총을 받으려는 사람은 누구나 마리아를 통하지 않으면 안 된다. (…) 마리아는 인류를 영원한 생명으로 인도하는 문이시며, 마리아의 능력과 사명은 세상 끝 날에 가장 명백히 드러나게 될 것이다."(몽포르의 성 루도비코, 『봉헌을 위한 33일간의 준비』, 2009, p.181)

성경은 "하나님은 한 분이시며 또 하나님과 사람 사이에 중보도 한 분이시니 곧 사람이신 그리스도 예수라"(디모데전서 2:5)라고 말씀하시고 계십니다. 믿는 자를 위한 중보자는 딱 한 분, 예수님이란 사실을 증언합니다. 황준식 목사는 "마리아를 우리의 중보자로 믿고 예수님

대신 그녀를 믿는다면 십자가에서 이루신 예수 그리스도의 구원 사역을 잃는 것으로서 우리의 구원의 근거를 사라지게 된다"고 문제점을 지적합니다.(황준식, '마리아 숭배사상', 코람데오닷컴, 2013. 10. 5.) 마리아 숭배사상이 나중에 마리아 무죄잉태설(1854년 피우스 9세 교황이 선포, 14년 후 바티칸 회의에서 확정), 마리아 부활승천설(1950년 12월 1일, 피우스 12세 교황이 선언) 등으로 확대돼 간 것은 올바른 일이 아니라고 봅니다. 흥미로운 점은 교회사에서도 헤게모니를 쥐기 위한 인간의 움직임이 활발했다는 사실입니다. 특히 5대 교구 가운데 로마 교구는 전도 목적과 자신들의 우월적인 위치를 굳히기 위하여 성경적 진리에 손을 댄 사례가 있습니다.

4차 칼케돈 공의회(451년)

콘스탄티노플에서 얼마 떨어지지 않은 칼케돈에서 열린 회의에는 5대 교구를 대표하는 500~600명의 대표들이 참석했습니다. 이 공의회에서 예수님의 완전한 신성과 완전한 인성이 다시 한 번 인정됐습니다. 또한 로마교구가 주도하여 제안한 마리아 성모설과 마리아 종신처녀설이 정식으로 채택돼 로마가톨릭뿐만 아니라 동방 교회들이 마리아 숭배사상을 교리로 채택되는 계기가 됐습니다.

우리는 정통 기독교 교리에서 어떤 것들이 문제가 됐을 때, 어떤 과정을 통해서 그런 논쟁들이 정리돼 왔는가를 살펴보면서 예수님의 정체성에 대해 정확한 이해를 할 수 있게 됐습니다. 기독교의 토착화 과정에서 불가피한 점을 충분히 고려하더라도 성서적 진리가 무엇인지를 정확히 아는 일은 신앙의 토대를 굳히고 올바른 믿음을 갖기 위해 중요한 일입니다.

3부

예
수
님
의

능
력

내가 너희에게 주는 것은 세상이 주는 것과 같지 아니하리라.
I don't give to you as the world gives. I do not give to you as the world gives.

로마서 6:8

예수님은 창조주 하나님

———

만물이 그로 말미암아 지은 바 됐으니 지은 것이
하나도 그가 없이는 된 것이 없느니라.
Through him all things were made; without him nothing was made that has
been made.
요한복음 1:3

———

🕊 **예수님은 창조주 하나님이십니다.** 예수님의 많은 능력들 가운데서도 첫 손가락에 꼽을 수 있는 것은 창조 사역을 들 수 있습니다. 창조주 하나님으로서의 예수님은 성경적 시각에서 바라본 예수님입니다만 믿지 않는 분들은 하나님에 의한 창조 자체를 인정하지 않습니다.

종교학 분야의 한 전문가는 구약의 창조에 대한 부분을 읽을 때 느끼는 감정을 격하게 표현합니다.

불교인들이 구약성서의 창세기를 읽을 때 그것이 기독교인들에게 진지한 것으로 나타날 리가 없다. 일종의 신화 또는 동화와 같은 것으로 생각되어지지 않는다. (…) 구약을 읽으면, 신을 도저히 이해할 수 없다. 그리고 신에 대한 존경이나 감사, 사랑 등의 감정은 조금도 느낄 수 없다. 우리에게 나타나는 신은 앞뒤 일은 아무것도 모르는 무지, 아무것도 하지 못하는 무능, 자기에게 복종하는 자만을 사랑하고 도와주는 편애, 자기 일만을 생각하는 이기주의, 잘못을 저지를 때는 가차 없이 벌을 주는 무자비, 독재적이고 폭군적이고, 옹고집장이 노인의 모습이다.

윤효진, "불교인이 본 기독교", 「종교신학연구 6」, 서강대학교 신학연구소, 1993, pp.133–144

스스로 그리스도인이라고 말하는 사람들도 창조주 하나님을 인정하지 않는 경우도 있습니다. 대표적인 자유주의 신학자 칼 바르트Karl Barth는 "성경의 창조 이야기들은 오직 순수한 사가(saga, 신화 혹은 전설과 비슷한 개념)이다"라고 주장합니다. 그뿐 아니라 라인홀드 니이버 역시 "창조는 충분히 합리적으로 표현될 수 없는 하나의 신화적 개념이다"라고 주장합니다. 스스로 그리스도인으로 불리기를 좋아하는 분들 가운데도 이런 분들이 있는데, 신학에 대해 공부를 많이 한 분들도 예외는 아닙니다.

이런 비판에도 불구하고 정통 교리를 믿는 그리스도인들은 하나님이 천지만물을 창조하셨다고 믿습니다. "태초에 하나님이 천지를 창조하시니라"(창세기 1:1)는 창세기의 첫 말씀을 진리로 받아들입니다. 이때 하나님은 삼위 하나님이십니다. 그래서 대개 하나님이 창조를 하셨다고 말합니다. 맞는 말이지만 이를 구체적으로 표현하면 "창조의 주역은 성자 하나님(예수님)이십니다"라고 말하는 것이 더 정확합니다.

"태초에 말씀이 계시니라. (…) 만물이 그로 말미암아 지은 바 됐으니"(요한복음 1:1,3) 말씀에서 창조 사역을 직접 수행하는 역할을 맡은 분이 성자 하나님 즉, 예수님임을 알 수 있습니다. 이미 설명한 바와 같이 삼위 하나님은 한 분 하나님이시지만 역할 면에서는 뚜렷한 차이가 있습니다. 성부 하나님은 계획하시는 하나님이시고, 성자 하나님은 실행하시는 하나님이시고, 성령 하나님은 성자 하나님에게 능력을 공급하시는 하나님이십니다.

성경은 성자 하나님이 직접 천지만물을 창조하는 역할을 수행하셨음에 대해 여러 곳에서 증언하고 있습니다. 선언의 형식으로 증거하기도 하고 특정 인물의 입을 통해서 증거하기도 합니다. 성자 하나님의 창조 사역에 대한 선언은 다음의 세 부분을 대표 사례로 들 수 있습니다.

"태초에 말씀(예수님)이 계시니라. 이 말씀이 하나님과 함께 계셨으니 이 말씀은 곧 하나님이시니라. 그(예수님)가 태초에 하나님과 함께 계셨고. 만물이 그(예수님)로 말미암아 지은 바 됐으니 지은 것이 하나도 그가 없이는 된 것이 없느니라."(요한복음 1:1-3) 여기서 말씀은 성자 하나님인 예수님입니다. 성경은 예수님이 직접 천지만물을 지으시는 분 즉, 창조하시는 분임을 분명하게 선언하고 있습니다. 지은 것 가운데 어느 하나도 예수님을 통하지 않고 만들어진 것은 없다고 제자 요한이 성령에 힘입어 선언하고 있습니다.

출애굽기 20장은 십계명 장입니다. 하나님은 십계명에 대해 차근차근 말씀하시는 중에 모세를 통해 예수님이 창조 사역의 주역임을 언급합니다. 칠일 째 되는 날 안식을 취하기 전에 예수님이 천지만물을 만드셨다고 말하고 있습니다. 그리고 안식일을 복되게 하는 분도

공병호가 만난 예수님

예수님임을 선언하고 있습니다. "이는 엿새 동안에 나 여호와(예수님)가 하늘과 땅과 바다와 그 가운데 모든 것을 만들고 일곱째 날에 쉬었음이라. 그러므로 나 여호와가 안식일을 복되게 하여 그날을 거룩하게 했느니라."(출애굽기 20:11)

선지자 이사야는 하나님이 지상에 예수님을 파송하실 것임을 약속할 뿐만 아니라 그 예수님이 어떤 일을 하실 지에 대한 하나님의 말씀을 대신해서 전하고 있습니다. 여기서도 우리는 계획하시는 분은 성부 하나님이지만 계획을 직접 실행하시는 분은 예수님임을 확인하게 됩니다.

> 내(예수님)가 산들과 언덕들을 황폐하게 하며 그 모든 초목들을 마르게 하며 강들이 섬이 되게 하며 못들을 마르게 할 것이며 내가 맹인들을 그들이 알지 못하는 길로 이끌며 그들이 알지 못하는 지름길로 인도하며 암흑이 그 앞에서 광명이 되게 하며 굽은 데를 곧게 할 것이라. 내가 이 일을 행하여 그들을 버리지 아니하리니
>
> 이사야 42:15-16

여기서 '산들과 언덕들'은 이스라엘을 괴롭히는 크고 작은 외부 국가들을 말합니다. '맹인'은 하나님이 선택하신 이스라엘 백성들을 말하며, 그들이 영적 소경 상태에 놓여 있음을 비유해서 말씀하신 것입니다. 이방나라들을 멸망하게 하는 일, 하나님 백성을 인도하는 일, 백성들을 잘못된 길을 벗어나 올바른 길을 향하도록 하는 일 등을 모두 예수님이 수행하시게 될 것임을 증거하고 있습니다.

한편 성경은 하나님을 제대로 믿었던 중요한 인물들 스스로가 예수님이 창조의 주인공이었음을 증언하는 내용들이 나옵니다. 욥, 다윗, 사도 요한 그리고 사도 바울의 증언을 들어 보도록 하겠습니다.

욥은 상상할 수 없을 정도의 고난을 당하던 중에 예수님께 기도를 드립니다. 자신을 창조하신 예수님이 창조 목적을 다시 생각하셔서 예수님의 긍휼로 자신을 구해 달라고 간구합니다. 욥은 견딜 수 없는 고통에 처한 자신을 구할 분은 창조주 하나님뿐임을 고백합니다. 그러나 욥은 자신을 창조하신 분도 예수님이시지만 자신을 한 주먹의 흙으로 돌아가게 만드실 분도 예수님임을 고백합니다. 신앙이 깊은 사람들은 어려움을 만났을 때 욥처럼 "주여, 내 뜻이 아니라 주의 뜻대로 하소서"라고 기도를 드립니다. "주의 손으로 나를 빚으셨으며 만드셨는데 이제 나를 멸하시나이다. 기억하옵소서. 주께서 내 몸 지으시기를 흙을 뭉치듯 하셨거늘 다시 나를 티끌로 돌려보내려 하시나이까."(욥기 10:8-9)

다윗이 대자연의 아름다움 속에 나타난 하나님의 영광을 찬양하며 감사하는 시 가운데 한 대목을 소개하겠습니다. "주의 손가락으로 만드신 주의 하늘과 주께서 베풀어 두신 달과 별들을 내가 보오니"(시편 8:3). 마치 인간이 손가락으로 물건을 만들 듯이 예수님이 만드신 천지만물들 중에 다윗 자신이 살아가고 있음을 찬양하고 있습니다. 다윗은 예수님이 만들어 주신 모든 것들에 대해 감사를 표현하고 있습니다.

사도 요한은 자신이 본 힘센 천사에 대한 환상을 전합니다. 하늘에서 내려온 힘센 천사는 손으로 펴 놓은 작은 책을 들고, 발은 바다와

공병호가 만난 예수님

땅을 밟고, 하늘을 향하여 오른손을 들고 아래의 말씀을 증거합니다. "세세토록 살아 계신 이(예수님) 곧 하늘과 그 가운데에 있는 물건이며 땅과 그 가운데에 있는 물건이며 바다와 그 가운데에 있는 물건을 창조하신 이를 가리켜 맹세하여 이르되 지체하지 아니하리니(시간이 더 이상 없으리니)"(요한계시록 10:6). 사도 요한에게 나타난 천사는 예수님이 하늘과 땅과 바다에 있는 모든 것을 창조하신 창조주 하나님임을 담대하게 증거하고 있습니다. 그리고 '지체하지 아니하리니'라는 표현처럼 하나님의 비밀의 일(하나님의 심판, 구원과 그리스도의 재림으로 구성되는 하나님 나라의 완성)이 시간을 지체하지 않고 곧바로 임박할 것임을 증거하고 있습니다.

한편 사도 바울이 골로새서에 있는 성도들에게 보낸 서신 중에는 예수님이 인간과 천지만물뿐만 아니라 천사들도 창조하신 분이심을 증언하고 있습니다. "만물이 그(예수님)에게서 창조되되 하늘과 땅에서 보이는 것들과 보이지 않는 것들과 혹은 왕권들이나 주권들이나 통치자들이나 권세들이나 만물이 다 그로 말미암고 그를 위하여 창조됐고"(골로새서 1:16). 사도 바울은 천지만물 가운데 예수님으로 인하지 않고 만들어진 것은 아무것도 없음에 대해 담대하게 증언하고 있습니다.

지금까지 우리는 성경적 시각에서 세상의 모든 피조물들은 예수님에 의해 창조됐음을 확인할 수 있습니다. 그런데 왜 예수님은 천지만물을 창조하신 것일까요?

창조의 목적

—

내 이름으로 불려지는 모든 자 곧 내가 내 영광을 위하여 창조한 자를 오게 하라.
그를 내가 지었고 그를 내가 만들었느니라.
Everyone who is called by my name, whom I created for my glory,
whom I formed and made.
이사야 43:7

—

왜 하나님은 피조물을 창조하신 것일까요? 누구든지 이런 의문을 가질 수 있습니다. 인간적인 너무나도 인간적인 답 가운데 하나로 하나님의 필요에 따른 창조를 들 수 있습니다. 지상의 나라처럼 하나님 나라에도 백성이 필요할 것이고, 그런 필요 때문에 하나님이 천지만물을 창조하셨다고 말하고 싶은 분들이 있을 것입니다. 인간이 필요에 따라서 무엇인가를 만들어 내는 것처럼 하나님도 마찬가지일 것이라는 생각입니다. 저도 하나님에 대한 공부를 하기 전에는 필요에 따른 창조의 가능성에 대해서도 생각했던 적이 있었습니다. 누구든지 생각해 낼 수 있는 직관적인 답입니다.

하지만 필요에 따른 창조는 정답이 아닙니다. 필요에 따른 창조는 자신의 이익을 위한 창조와 같은 이야기입니다. 인간과 마찬가지로

공병호가 만난 예수님

하나님이 필요 때문에 피조물을 창조했다는 이야기는 하나님의 속성인 완전성과 독립성을 부인하는 것입니다. 성경은 여러 곳에서 하나님이 존재하기 위해서 혹은 그 어떤 이유에서도 피조물을 필요로 하지 않는다는 사실을 증거하고 있습니다. 하나님은 철두철미하게 독립적이고 자존적인 분이십니다. 완전한 하나님은 그 어떤 것도 필요로 하지 않습니다. 따라서 사도 바울은 아테네(아덴) 사람들에게 하나님의 완전성과 독립성을 이렇게 설파한 적이 있습니다.

> 우주와 그 가운데 있는 만물을 지으신 하나님께서는 천지의 주재시니 손으로 지은 전에 계시지 아니하시고 또 무엇이 부족한 것처럼 사람의 손으로 섬김을 받으시는 것이 아니니 이는 만민에게 생명과 호흡과 만물을 친히 주시는 이심이라. 사도행전 17:24-25

이 말씀은 하나님은 사람과 같은 피조물처럼 그 어떤 것도 필요로 하지 않으시는 분임을 증거하고 있습니다. 하나님의 속성을 미루어 보면 하나님은 피조물을 필요로 하지 않을 뿐만 아니라 필요로 할 수 없을 정도로 독립적이고 완전한 분이십니다.

하나님의 창조 목적에 대한 답은 위의 인용문 이사야 43장 7절에 들어 있습니다. 바로 '내 영광을 위하여 창조한 자whom I created for my glory'라는 것입니다. 천지만물은 하나님께 영광을 돌리기 위해 만들어진 피조물들입니다. 또한 하나님은 천지만물을, 자신의 영광을 온 세상에 나타내기 위해 만드셨습니다. 하나님께서 우리를 만드실 필요는 없었지만 순전히 그분의 의지대로 창조하셨을 뿐만 아니라 우리로 하여금 하나님을 영화롭게 하기 위해 창조하셨습니다.

창조에 대해 더 생각해 보겠습니다. 여러분이 일을 할 때 반복적인 일을 하는 것보다 새로운 것을 창조하거나 창작하는 데서 큰 기쁨을 누릴 것입니다. 저도 새로운 주제에 대해 책을 쓰거나 강연록을 만드는 일을 무척 좋아합니다. 무엇인가 새로운 일을 만들어 내는 활동을 그 어떤 취미 활동보다도 좋아합니다. 사업을 하는 사람이나 음악가나 화가나 연구원이나 간에 그들은 기계적으로 반복하는 일보다는 새로운 것을 만들어 내는 일을 좋아할 것입니다. 왜 그럴까요? 성경적 시각에서 충분히 설명이 가능합니다.

인간은 하나님의 형상을 본받아 지어진 자이기 때문에 창조적인 활동을 하면서 기쁨을 누리기 때문입니다. 모든 피조물 가운데 창조하는 기쁨을 누리는 존재는 인간뿐입니다. 이는 인간이 나눠 가진 하나님의 속성 가운데 한 부분일 것입니다. 여기서 우리는 하나님의 창조 목적을 충분히 추측할 수 있습니다. 하나님은 자신의 형상을 본받아 만들어진 인간이 창조하는 것을 보면서 기쁨을 누리십니다.

이 점에서 성부 하나님만을 오랫동안 모셔온 유대인들은 우리에게 귀한 정보를 제공합니다. 유대인들은 정말 많은 분야에서 괄목한 만한 성과를 누리고 있습니다. 불과 1,340만 명(2010년 기준, 'The North American Jewish Data Bank' 추계치)에 불과한 유대인들이 노벨상 수상자의 23퍼센트를 차지하고 있다는 사실은 그들이 그저 똑똑한 사람들이라고 여기는 정도로 넘어갈 일은 아니라고 봅니다. 무엇인가 특별한 것이 그들 속에 숨겨져 있습니다.

유대인들은 어린 시절부터 자신의 분야에서 창조적인 활동을 펼치

공병호가 만난 예수님

는 일은 지금도 계속되고 있는 하나님의 창조 사역에 동참하는 것으로 받아들입니다. 그러니까 잘 먹고 잘살기 위해서만 창조하는 것이 아니라는 이야기입니다. 유대인 연구자인 현용수 박사는 유대인들에게 왜 공부하느냐고 물으면 그들은 "하나님이 창조하신 세계를 더 선하고 아름답게 가꾸기 위해서"라고 답할 것이라고 말하고 있습니다. 유대인들은 스스로 생의 중요한 목적이나 사명을 창조 사역에서 답을 찾도록 가르치고 있습니다. 한마디로 차원이 다른 목표를 갖고 살아가는 것입니다.

어떤 사람이 그냥 잘 먹고 잘살기 위해서 사업을 하는 것과 하나님의 창조 사역에서 자신이 맡은 바 임무를 수행하기 위해서 한다고 가정해 보세요. 삶을 살아가는 자세가 크게 달라질 것입니다. 원대한 목표를 갖고 살아가는 사람과 작은 목표를 갖고 살아가는 사람 사이에는 일을 대하는 태도나 몰입 정도가 크게 다를 것입니다.

성경은 여러 곳에서 하나님에 의한 창조 사역의 목적을 증언하고 있습니다. 성경은 하나님이 인간과 같은 피조물을 창조하신 목적에 대해 명쾌하게 제시합니다. 예를 들어 사도 바울은 로마서 9장에서 자신이 저주를 받아 그리스도에게서 멀어질지라도 자신의 형제이자 골육의 친척인 이스라엘 사람들이 하나님을 알고 구원받기를 간절히 기도합니다. 바울은 예수님이 이스라엘 사람들처럼 유대인 자손으로 태어났음을 언급하면서 예수님이야말로 '세세 동안 찬양을 받으실 하나님'임을 증언하고 있습니다. 바로 이 부분에 창조 사역의 목적이 들어 있습니다. "조상들도 그들(이스라엘 사람)의 것이요 육신으로 하면 그리스도가 그들에게서 나셨으니 그(예수님)는 만물 위에 계셔서 세세에 찬양을 받으실 하나님이시니라. 아멘."(로마서 9:5) 또한 성경은 하나님이 이스라엘 백성을 창조하신 목적이 하나님을 찬양하기 위함임을 분명히 밝히고 있습니다. "이(이스라엘) 백성은 내(예수님)가 나를 위하여 지었나니 나를 찬송하게 하려 함이니라."(이사야 43:21)

시편에는 다윗이 창조주 하나님을 찬양하는 시가 여러 편 들어 있습니다. 다윗은 천지만물의 창조가 창조주 하나님을 찬양하기 위한 일임을 고백하는데, 이는 그가 믿음의 영안靈眼이 매우 뛰어났음을 말해 줍니다. 다른 사람들이 좀처럼 깨우칠 수 없는 것을 볼 수 있었던 사람이 바로 다윗이기 때문입니다. 그는 피조물이 하나님을 위해 무엇을 해야 하는지 정확히 알고 있었던 사람입니다. 한마디로 "찬양하고 찬양하라! 경배하고 경배하라!"는 것입니다. "새 노래로 여호와께 노래하라. 온 땅이여 여호와께 노래할지어다. (…) 하늘은 기뻐하고 땅은 즐거워하며 바다와 거기에 충만한 것이 외치고 밭과 그 가운데에 있는 모든 것은 즐거워할지로다. 그때 숲의 모든 나무들이 여호와 앞에서 즐거이 노래하리니"(시편 96:1, 11-12).

여기서 우리는 피조물의 의무가 무엇인지 묻게 됩니다. 인간의 자유의지와 선택을 강조하는 시대에서 인간의 존재 이유가 하나님을 경배하고 찬송하는 것이라고 말하는 것은 거부감을 낳을 수 있는 주장입니다. 그럼에도 불구하고 성경은, 모든 피조물은 창조 목적에 충실하게 살아야 한다고 말씀하고 있습니다. 모든 피조물은 창조주 하나님을 찬양하고, 경배하고, 존귀를 드리는 의무를 갖고 있습니다. 독자에 따라서는 겉으로 보기에 인간을 더 없을 정도로 낮추는 일로 보이기 때문에 불편함을 느끼는 분들도 있을 것입니다. 그러나 성경

공병호가 만난 예수님

적 시각에서 창조 목적은 모든 피조물이 하나님을 숭배하기 위해 존재하는 것입니다.

진정으로 믿는 자라면 창조 목적을 잊지 않아야 합니다. 언제 어디서나 자신의 행위를 통해서 창조주 하나님을 찬양하고, 경배하고, 존귀해야 한다는 판단 기준이 모든 언행의 기준이 될 것입니다. 교회에 가서 예배를 드리는 일은 창조주 하나님을 경배하는 일입니다. 찬송가를 부르는 것도 마찬가지입니다. 치열한 삶의 현장에서도 창조 목적을 잊지 않는 것이야말로 믿는 자가 취해야 할 삶의 자세입니다. 기도도 간구하는 일에 포함될 수 있지만 일상의 모든 것에 대해 감사하고 창조주 하나님에게 경배하는 활동이기도 합니다. 창조 목적을 잊지 않고 늘 기억하는 것만으로 우리는 올바른 길에서 멀어질 가능성을 크게 줄일 수 있을 뿐만 아니라 교만이나 허무감과 같은 인간적인 어두움이 눈을 가리는 일을 피할 수 있습니다. 또한 창조 목적을 잊지 않는 것은 참다운 행복을 누리는 지름길이기도 합니다.

성경은 하나님이 어떻게 살아가는 것을 좋아하는지 말씀하고 계십니다. 하나님을 경배하는 멋진 방법은 "무슨 일을 하든지 마음을 다해 주께 하듯 하고 사람에게 하듯 하지 말라"(골로새서 3:23)고 권합니다. 늘 창조 목적을 기억하는 일은 한없이 자신을 낮추는 일이기도 합니다. 세상 기준으로 많은 것을 성취한 사람이라 할지라도 순간순간 자신을 낮추는 일은 진정으로 행복한 삶을 살아가는 기초를 제공해 준답니다. 기도를 통해서 창조주를 만나고 일상에서 창조 사역의 의미를 자주 새겨 보는 일은 작은 겨자씨만한 믿음이 뿌려지는 것을 말합니다. 믿음은 소망을 낳기 때문에 지상에서 자신이 쌓은 것들이 금방 없어질 수 있는 것임을 잊지 않도록 해 준답니다. 이 땅의 영화榮華라는 것이 잠시라고 생각하면 이 땅에서 현재와 미래를 바라보는 시각도 크게 달라질 것입니다.

예수님은 만유의 통치자

여호와께서 그의 보좌를 하늘에 세우시고
그의 왕권으로 만유를 다스리시도다.
The LORD has established his throne in heaven,
and his kingdom rules over all.

시편 103:19

좋은 결과를 얻게 됐을 때 사람마다 반응에 차이가 있습니다. 어떤 사람은 "하나님의 은혜(恩惠, grace)에 깊이 감사합니다"라고 말하지만 또 어떤 사람은 "운(運, luck)이 좋았습니다"라고 답합니다. 이 같은 반응의 차이는 믿는 자와 믿지 않는 자의 중요한 차이를 보여 주는 사례입니다.

어떤 사람이 하나님을 믿게 되면 어떤 좋은 결과에 대해서도 "이건 하나님의 은혜입니다"를 입으로 시인하는 일들이 자주 일어나게 됩니다. 정말 큰 변화 가운데 하나입니다. 그리스도교에서 은혜는 흔히 은총과 같은 의미로 하나님이 값없이 주신 선물을 말합니다.

이 같은 반응의 차이는 하나님에 대한 믿음을 가진 자와 그렇지 않은 자에 대한 중요한 사실을 말해 줍니다. 믿지 않는 자는 창조를 믿지 않을 뿐만 아니라 하나님이 피조물을 통치하는 것도 믿지 않습니다. 창조주로서의 예수님뿐만 아니라 통치자로서의 예수님도 믿지 않습니다. 믿지 않는 분들은 하나님의 섭리(攝理, providence)와 같은 것이 어디에 있느냐고 되물을 것입니다. 모든 것은 노력의 결과물이거나 아니면 재수 혹은 운의 결과물이라고 말할 것입니다.

하지만 그리스도인은 예수님이 창조 사역을 마친 다음에도 그분이 만든 피조물과 계속적으로 인격적인 관계를 가진다는 사실을 받아들입니다. 믿는 자는 모든 일이 하나님의 섭리 안에서 일어난다고 말합니다. 또한 온 우주에서 일어나는 모든 일을 인격적인 하나님이 주관하는 일로 받아들입니다. 세상에는 그냥 발생하는 일이 어느 하나도 없다는 이야기이지요. 일상생활에서 일어나는 모든 일들은 그것이 궂은일이든 좋은 일이든 간에 하나님이 사랑하는 자들을 위해 모든 것이 협력하여 선을 이루도록 보존하시고 협력하시고 통치하신다는 이야기입니다. 한마디로 하나님은 '세상의 주인Master of the World'이 되십니다.

그렇다면 하나님이 창조 사역을 마친 이후에 창조주와 피조물 사이에는 어떤 일이 벌어지게 됐을까요? 여호와 하나님을 송축하는 노래인 시편 103편에서 다윗은 통치자로서의 하나님을 증거하고 있습니다. "여호와께서 그의 보좌를 하늘에 세우시고 그의 왕권으로 만유(모든 것)를 다스리시도다."(시편 103:19)

창조 사역을 마친 예수님은 자신이 만든 천지만물에 대한 통치권을 행사하시며, 통치 영역은 온 우주입니다. 하나님의 통치는 어떻게 이루어지는 것일까요? 하나님은 이 세상에서 행하는 모든 일을 통해

공병호가 만난 예수님

자신의 목적을 이루시기 위해 계획하시고 행동하십니다. 하나님의 계획과 행동은 크게 보존 활동, 협력 활동 그리고 통치 활동으로 나눌 수 있습니다. 하나님은 자신이 만든 우주에 있는 모든 것들을 보존하시고, 협력하시고 때로는 통치하는 일을 하십니다. 이를 두고 하나님의 섭리라 부릅니다. 다시 말하면 섭리는 하나님의 선택과 예정하에 세계와 인간이 유지되는 것을 말합니다.

따라서 정통 교리의 길잡이 소요리문답 제11문답은 "하나님의 섭리의 일들은 그의 모든 피조물들과 그들의 모든 행위들에 대한 그의 가장 거룩하고 지혜롭고 능력 있는 보존하심과 통치하심입니다"라고 말하고 있습니다. 조직신학자 웨인 그루뎀Wayne Grudem은 하나님의 섭리를 이렇게 정의합니다.

하나님은 지으신 모든 것들을 존재하도록 하시고 유지되도록 하시며 그것들의 모든 활동의 원인이 되시고 그렇게 활동하도록 지시하시며 하나님의 목적을 이루도록 인도하심으로 창조된 모든 것들과 지속적으로 관계하신다.

웨인 그루뎀, 「조직신학: 상」, p.465

하나님은 창조하신 다음에 알아서들 하라고 피조물에게 맡겨 버리는 것이 아니라 지속적으로 보존하고 협력하고 통치하십니다. 성경에는 만물의 통치자로서 예수님을 증거하는 말씀들이 여러 곳에 소개돼 있습니다. 사도 바울은 "만물을 저(예수님)의 발아래 두셨다"(고린도전서 15:27)고 말합니다. 시편은 "땅의 모든 거민을 없는 것 같이 여기시며 하늘의 군사에게든지 땅의 거민에게든지 그(예수님)는 자기 뜻대로 행하시나니 누가 그의 손을 금하든지 혹시 이르기를 네가 무엇을 하느냐 할 자가 없도다"(다니엘 4:35)라고 말합니다. 하나님은 "모든 일을 마음의 원대로 역사하시는 분"(에베소서 1:11)으로서 궁극적으로는 "하늘에 있는 자들과 땅에 있는 자들과 땅 아래 있는 자들로 모든 무릎을 예수의 이름에 꿇게 하시고 모든 입으로 예수 그리스도를 주라 시인하게"(빌립보서 2:10–11)하려고 하십니다.

통치자로서 예수님을 받아들이는 일은 단순한 일이 아닙니다. 그분이 우리의 모든 생사화복生死禍福을 주관하신다는 사실을 받아들이는 것을 뜻하기 때문입니다. 예수님을 마음으로 믿고 입으로 시인하는 분들조차 완전한 통치자로서 예수님을 받아들이는 것은 쉽지 않습니다. 그래서 기독교 교파 사이에서도 하나님의 섭리의 범위와 완전성 정도를 두고 다양한 의견이 존재합니다. 우리의 모든 것을 하나님께서 통치하신다는 메시지는 선지자 예레미야의 고백인 "여호와여 내가 알거니와 인생의 길이 자기에게 있지 아니하니 걸음을 지도함이 걷는 자에게 있지 아니하나이다"(예레미야 10:23)라는 말씀에 담겨 있습니다. "사람이 마음으로 자기의 길을 계획할지라도 그 걸음을 인도하는 자는 여호와시라"(잠언 16:9)는 말씀이나 "마음의 경영은 사람에게 있어도 말의 응답은 여호와께로서 난다"(잠언 16:1)는 말씀도 통치자로서의 예수님을 잘 말해 주고 있습니다.

믿음의 순도가 더해질수록 그리스도인들은 일을 계획하고 추진하는 것은 사람의 뜻과 의지 그리고 노력이지만, 이를 이루게 하시는 분은 하나님이라는 사실을 깊이 받아들이게 됩니다. 인간의 노력과 행운이 모든 것을 결정할 수 있다는 관점에 일대 혁명이 일어나게 되는 것입니다. 계획하고 노력하는 자는 인간일지라도 일을 이루게 하시는 분은 하나님이라는 고백을 거듭하게 됩니다.

우리는 예수님이 선하고 고결한 목적을 이루기 위해서 통치하신다는 점을 늘 기억해야 합니다. "하나님은 늘 선하신 분"이라는 것이지요. 때로는 목적을 명확하게 드러내는 경우도 있지만 대부분의 경우에는 인간의 눈으로 이해하기 힘든 경우가 많습니다. 우리는 흔히 예수님을 믿으면 모든 것이 다 척척 잘 풀려 나갈 것이라고 믿습니다. 그러나 살다 보면 이런 저런 어려움들을 만나게 됩니다.

사람들은 누구나 편한 것을 원하기 때문에 어려움을 만나면 힘들어하고 때로는 예수님을 원망합니다. "내가 이렇게 열심히 신앙생활도 하고, 주일 예배도 꼬박꼬박 참가하고 교회 일이라면 열일을 제쳐두고 열심히 해 왔는데, 주님 이게 뭡니까?"라고 대들 수도 있습니다. 사람의 인지능력이란 것이 극히 제한적이기 때문에 하나님의 섭리를 제대로 알 수 없을 때가 자주 있습니다.

세월이 흐르고 난 다음에 "아, 그때 하나님이 나를 찾아오신 것이구나" 혹은 "그때 하나님의 깊은 뜻이 계셨구나"라고 뒤늦게 깨우칠 때가 있습니다. 그래서 성경은 선한 목적에 따라 행해지는 예수님의 통치를 받는 것을 믿는 자가 누릴 수 있는 특권이라 합니다. "하나님을 사랑하는 자 곧 그 뜻대로 부르심을 입은 자들에게는 모든 것이 협력하여 선을 이룬다."(로마서 8:28)

때로는 기다려야 할 때가 있고, 때로는 이겨 내야 할 때가 있고, 때로는 열심히 준비해야 할 때가 있습니다. 통치자로서의 예수님을 기꺼이 인정하는 우리는 늘 하나님의 뜻을 알아내기 위해 노력해야 합니다. 그때마다 인간의 인지 능력으로 하나님의 뜻을 완전히 이해하는 일은 불가능하다는 한계를 인정하면서 말입니다. 그런 사실을 받아들이게 되면 우리는 이따금 소나비처럼 퍼붓는 삶의 고통 속에서도 고통 너머의 세계를 볼 수 있는 용기와 지혜 그리고 인내심을 가질 수 있습니다. 이것이 하나님의 섭리를 인정하는 자만이 누릴 수 있는 특별한 은혜 가운데 하나입니다.

믿는 자들에게 통치자로서 하나님을 가슴 깊이 새길 때는 아마도 어려움을 당하게 됐을 때일 것입니다. 믿지 않는 자라면 역경을 설명할 수 있는 것은 오로지 자신의 과실과 불운이란 우연적인 요소에 원인을 돌리고 말 것입니다. 불평하지 않을 수 없는 일이지요. "왜 나에게만 이런 일이 있어야 하지"라고 말입니다.

그러나 믿는 자라면 하나님의 섭리에 대한 확신을 가질 것이며 이렇게 고백할 것입니다. "내가 지금은 어려움을 겪고 있지만 두려워할 필요는 없다. 왜냐하면 예수님이 어떤 목적을 갖고 이런 시련을 감당하게 하시지만 이런 시련조차 합하여 선이 되고 훗날 더 큰 쓰임을 위한 연단의 시기로 예수님이 계획하시는 것이리라." 베드로의 고백은 이를 잘 드러내고 있습니다. "너희가 이제 여러 가지 시험으로 말미암아 잠깐 근심하게 되지 않을 수 없으나 오히려 크게 기뻐하는도다. 너희 믿음의 확실함은 불로 연단하여도 없어질 금보다 더 귀하여 예수 그리스도께서 나타나실 때에 칭찬과 영광과 존귀를 얻게 할 것이니라."(베드로전서 1:6-7)

우리가 두려워할 필요가 없는 것은 모든 것을 통치하시는 예수님

공병호가 만난 예수님

을 믿기 때문입니다. 또한 예수님이 가진 큰 계획에 따라 세상의 모든 것을 움직이고 있다는 믿음 때문입니다.

하나님의 통치와 인간의 자유의지

성경은 하나님이 세상의 모든 것을 우연에 맡겨 두시는 것이 아니라 적극적으로 개입해서 보존하고 협력하시고 통치하고 계신다는 말씀을 전합니다. 하지만 믿지 않는 분들은 이런 말씀을 받아들이기가 쉽지 않습니다. 스스로 그리스도인이라고 말하는 사람들 중에도 고개를 갸우뚱하는 분들이 있을 것입니다. 한 가지 예를 들어 보겠습니다. 우연한 사건 중의 하나가 동전 던지기나 제비뽑기와 같은 일인데 성경은 제비뽑기에 대해서 흥미로운 말씀을 담고 있습니다. "제비는 사람이 뽑으나 모든 일을 작정하기는 여호와께 있느니라."(잠언 16:33) 옛날에 제비뽑기는 하나님의 뜻을 알기 위한 방법으로 사용됐습니다. 따라서 이 말씀은 세상의 모든 일은 사람의 뜻이나 우연에 의해 이루어지는 것이 아니라 하나님의 뜻과 작정에 따

공병호가 만난 예수님

라 이루어지는 것이라는 것을 말합니다. 우연처럼 보이는 일에서조차 하나님의 섭리를 생각해 볼 것을 권하는 내용으로 이해할 수 있습니다.

하나님의 섭리라는 표현을 떠올리면 오래전에 만났던 한 젊은이가 생각납니다. 그 젊은이는 대학 기숙사 생활을 하면서 신실한 그리스도인 룸메이트와 지내면서 느낀 불편한 감정을 털어 놓았습니다. "어떻게 사람이 언제 어디서나 모든 것을 하나님의 뜻이라고 이야기할 수 있는지 모르겠어요. 아주 작고 사소한 일조차 하나님의 뜻이라고 해석하는 것이 신기하기까지 했습니다." 이처럼 하나님의 섭리가 작은 일이나 큰일이나 간에 구석구석 미친다고 믿는 분들이 그리스도인 전부에게 해당하지는 않습니다. 그리스도교를 믿는 분들 중에서도 교파에 따라 혹은 개인적인 믿음에 따라 하나님의 섭리를 대하는 태도가 다릅니다.

하나님의 섭리에 대해 의문을 갖는 분들은 불신자들만이 아닙니다. 하나님의 섭리를 철두철미하게 믿는 교파 혹은 사람들을 '칼빈주의Calvinism' 혹은 '칼빈니안(칼빈주의자)'이라 부를 수 있습니다. 하나님의 섭리를 부분적으로 믿는 교파 혹은 사람들을 묶어서 '알미니안주의Arminianism' 혹은 '알미니안'이라 부릅니다.

야곱 알미니우스(Jakob Arminius, 1560~1609)는 그가 활동하던 시대에 네덜란드에서 주류를 이루고 있었던 칼빈주의자들과 의견을 달리했던 암스테르담 출신의 신학자였습니다. 그는 인간의 자유의지에 관한 문제와 그 밖의 여러 문제들에 대해 칼빈주의와 입장을 달리했습니다. 그는 보통 사람들이 흔하게 가질 수 있는 하나님의 섭리에 대해 의문을 가졌습니다. 어떻게 모든 일들을 하나님이 일일이 통치하실 수 있는가? 만일 칼빈의 주장이 올바르다면 인간은 기계처럼 움직이는 로봇에 불과하지 않는가? 인간의 자유의지는 어디로 실종돼 버렸는가?

알미니안 입장과 칼빈주의자 사이의 차이는 하나님의 섭리 속에서 인간의 자유의지가 어떤 위치를 차지하는가에 대한 것입니다. 우선 알미니안 입장을 지지하는 사람들의 주장을 3가지로 정리할 수 있습니다.

알미니안 주장 1 하나님은 구체적으로 모든 일들을 일일이 통치하지 않습니다. 하나님의 목적과 계획은 보편적인 것이지만 이는 사람들의 자유의지가 충분히 발휘되는 구체적인 활동이나 사건을 통해 성취될 수 있습니다. 알미니안은 인간의 자유의지나 선택이 차지하는 역할을 크게 강조하는 사람들입니다.

알미니안 주장 2 하나님은 미래의 사건들에 대한 청사진을 갖고 있지는 않습니다. 하나님의 목적과 계획은 인간의 자유의지와 선택에 의해 크게 좌우되게 됩니다.

알미니안은 하나님이 계획하시는 일의 성취 여부는 인간의 자유의지와 선택에 좌우된다고 말합니다. 그들에게 하나님이 목적과 계획을 이루어 간다는 것은 인간의 자유와 선택에 대한 반응을 가리킬 뿐입니다. 알미니안 입장을 대표하는 신학자 잭 코트렐Jack Cottrell은 "하나님께서는 창조 세계 안에 있는 사물, 심지어 아주 작은 입자들

공병호가 만난 예수님

을 위한 무조건적이고 구체적인 계획을 갖고 계시지 않다"는 점을 분명히 합니다.

알미니안 주장 3 하나님이 늘 원하시는 결과를 얻을 수 있는 것은 아닙니다. 알미니안은 하나님이 인간의 악을 원하지 않으셨음에도 불구하고 인간은 완전 타락 상태에 놓이고 말았다고 주장합니다. 그들은 하나님이 모든 일들을 뜻대로 할 수 있었다면 어떻게 인간의 완전 타락이 일어날 수 있느냐고 의문을 제기합니다. 따라서 하나님은 모든 것을 그분 뜻대로 할 수 없다는 것이지요. 알미니안의 이런 사실이야말로 하나님이 늘 원하는 결과를 얻을 수 있다는 칼빈주의자들의 주장을 반박하는 대표 사례에 속한다고 지적합니다.

통치자로서의 예수님을 받아들이는 것은 하나님의 절대 주권을 받아들이는 것을 말합니다. 따라서 칼빈주의와 알미니안의 대결은 '하나님의 의지(주권적 의지, 주권)'와 '인간의 의지(인간의 자유)' 사이에 어느 것에 더 우위를 둘 것인가의 문제입니다. 하나님의 의지는 크게 세 부분으로 구성됩니다. 하나는 창세전부터 발생하는 모든 일들이 일어나도록 결정하신 하나님의 영원한 계획(作定, decree), 창조 이후에 하나님이 피조물을 보존, 협력 그리고 통치하시는 섭리(攝理, providence) 그리고 인간의 구원을 계획하신 예정(像定, predestination)입니다.

알미니안은 인간의 자유의지에 큰 비중을 두고 있습니다. 결과적으로 하나님의 의지는 제한될 수밖에 없거나 인간의 자유의지에 맞춰 재해석될 수밖에 없습니다. 쉽게 말하자면 '인간의 자유의지 먼저, 하나님의 의지 나중'이라고 해석할 수 있습니다. 대표적인 알미니안 브루스 라이헨바흐Bruce Reichenbach는 두 가지를 주장합니다. 하나는 하나님은 피조물이 자유의지를 발휘할 수 있는 영역에 관해서 자신의 능력을 발휘하는 것을 억제해 왔으며, 다른 하나는 하나님은 인간을 선과 악 사이에서 선택할 수 있는 자유의지를 가진 존재로 창조했습니다.

> 주권적이라는 것이, 만사가 주권자의 의지와 일치되게 일어난다거나 주권자란 그가 원하는 바를 무엇이나 해낼 수 있다는 의미는 아니다. 주권자가 일의 결과를 이루어 내는 능력은 부분적으로 통치를 받은 이에게 허락하는 자유에 달려 있다. 만일 주권자에게 복속돼 있는 이들이 자유를 가지고 있다면, 주권자가 해낼 수 없는 어떤 일이 존재하는 셈이다. (…) 또 주권자의 자기 백성에게 더 많은 자유를 허락할수록—자신이 허락한 그 자유를 빼앗아 오지 않는 한—주권자는 자기백성들의 행위에 대한 통제력이 더욱 줄어들게 된다.

> Bruce Reichenbach, 'God Limits His Power', Predestination and Free Will, 1986, p.105

일반인들의 눈에 하나님의 주권과 인간의 자유의지 사이에 어느 것에 우위를 두는가는 그다지 큰 문제가 없는 것처럼 보일 수도 있습니다. 그러나 일단 하나님의 속성인 전지하심, 전능하심 그리고 완전하심이 허물어지기 시작하면 그리스도교 교리는 그 자체로 손상을 입을 수밖에 없습니다. 이때 우리는 성경적 진리가 어디에 있는지 살펴봐야 합니다. 성경에는 하나님의 절대 주권을 인정하는 내용이 그

공병호가 만난 예수님

렇지 않은 내용보다는 압도적으로 많습니다. 이처럼 성경의 해석에서 충돌이 있는 경우에는 신학자들 사이에도 교리 논쟁이 치열해지기 마련인데, 이런 경우에는 성경적 진리에 맞는 교리나 세월을 통해서 인정받은 의견을 수용하는 것이 바람직하다고 생각합니다. 웨스트민스터 신앙고백 제5장 제1항은 '섭리'에 대해 이렇게 말합니다.

> 만물의 위대한 창조주 하나님께서는 모든 피조물들과 행위들과 사물들을 가장 큰 것에서부터 가장 작은 것에 이르기까지 보존하시고, 감독하시고, 처리하시며, 통치하시고, 그의 가장 지혜롭고 거룩한 섭리에 의하여, 그의 무오한 예지와 그 자신의 의지와 자유롭고 불변하는 계획을 쫓아 그의 지혜, 능력, 공의, 선하심, 자비 등의 영광스러움을 찬미하도록 하기 위해 그렇게 하신다.

그렇다고 해서 칼빈주의자들이 하나님의 의지만을 일방적으로 주장하는 것은 아닙니다. 그들은 하나님의 의지가 최우선이고 인간의 의지는 보조적이며 이들 사이에 조화를 이루는 일은 어렵지 않다고 주장합니다. 이를 잘 대변하는 조직신학자는 루이스 벌코프Louis Berkhof입니다. 그는 인간의 합리적인 자기결정이라면 이는 신적 예지와 조화를 이룬 것이라는 점을 강조합니다. "인간의 의지란 우리의 본성 자체에 뿌리박고서, 우리의 깊숙한 본능과 감정에 연결돼 있다. 그리고 우리의 지성적 고려 사항 및 우리 자신의 성품에 의해 정해지는 그런 것이다. 그리고 만일 우리가 인간의 자유를 루벤티아 라티오날리스(합리적인 자기결정, rubentia rationalis, reasonable self-determination)로 생각한다면 우리가 그것을 신적 예지와 상충하는 것으로 언급하는 것은 정당화될 수 없는 바이다."(Louis Berkhof, 『Systematic Theology』, 1958, p.68)

한편 조직신학자 웨인 그루뎀은 하나님의 의지와 인간의 의지 사이에 조화가 가능하다고 말합니다. 그는 사람이 심사숙고 끝에 내리는 이성적인 선택은 신의 예지와 일치할 가능성이 높다고 봅니다. "첫째, 우리가 하는 모든 일들을 예정하셨고 둘째, 그럼에도 우리가 개인적인 의지를 사용하여 참되고 자발적인 선택을 하게 만드는 방법으로 우리를 만드셨다는 결론에 이르게 한다."(웨인 그루뎀, 『조직신학: 상』, p.509)

교회사는 하나님의 섭리와 인간의 자유의지 사이에 어디에 더 큰 비중을 둘 것인가를 두고 전개됐던 치열한 논쟁의 사례들을 자주 보여 줍니다. 이 논쟁이 그리스도교의 교리 확립에 얼마나 중요한 비중을 차지하는가에 대해 신학자 송인규 교수는 다음과 같이 말합니다. "기독교가 탄생해서 현재에 이르기까지 많은 신학적 이슈들이 있었지만 '하나님의 주권과 인간의 자유'라는 주제보다 더 근원적이고 더 영향력이 크고 더 불가사의한 주제는 찾아볼 수 없을 것이다."(송인규, '하나님의 주권적 의지와 인간의 자유', www.duranno.com)

이 가운데 하나가 16세기에 데시데리우스 에라스무스(1466~1536년)와 마르틴 루터(1483~1546년)가 맞붙었던 구원 문제에 대한 견해 차이입니다. 이 차이로 말미암아 두 사람은 갈라서게 됐습니다. 네덜란드의 인문주의자였던 에라스무스는 인간을 구원의 협조자라고 주장함으로써 인간의 자유의지에 무게 중심을 두었습니다. 그는 하나님

공병호가 만난 예수님

의 은총은 1차적 요소이지만, 2차적 요소인 인간의 자유의지가 협력
해야만 구원을 이룰 수 있다고 하면서, 구원으로 이끄는 하나님의 역
사에 협력하거나 반대를 선택할 수 있는 것은 인간의 자유의지라고
주장했습니다.(『자유의지론』, 1524)

반면에 루터는 칼빈과 마찬가지로 인간은 스스로 구원할 능력이 전
혀 없으면 그 영혼을 파멸에서 구하는 방법은 단 하나가 있는데 그것
은 예수가 십자가에 못 박혀 죽음으로서 인간의 죄를 사했다는 믿음
뿐이라고 주장합니다. 루터에게 구원은 오직 하나님의 은총으로 인해
가능한 것입니다.(『노예의지론』, 1525) 요한 칼빈(1509~1564년) 역시 구원
은 하나님의 절대주권에 따라 하나님이 선택하신 사람들에 한해서만
허락하는 은총임을 분명히 했습니다. 당연히 구원받지 못하는 사람들
이 등장하는데 이들 역시 하나님이 은총을 베풀기를 거절했다는 주장
입니다. 이것이 바로 예정 구원설입니다.

개신교와 가톨릭 사이의 구원론에서도 에라스무스와 루터 사이의
충돌과 비슷한 차이를 확인할 수 있습니다. 가톨릭에서는 구원을 '인
의(인간이 실제로 의롭게 됨)'로 보지만, 개신교는 '칭의(의롭다 칭함을 받
음)'로 받아들입니다. 가톨릭에서 인의는 하나님의 의가 인간에게 주
입되고, 이 주입된 의에 토대를 둔 인간이 자유의지를 활용하여 덕을
쌓으면 궁극적으로 영원한 생명이라는 구원을 얻을 수 있다고 믿습
니다. 반면에 개신교는 구원을 법적 선언으로 이해합니다. 개신교는
인간이 선행을 통해서 아무리 덕을 쌓더라도 의롭게 되는 것은 불가
능하다고 봅니다. 인간은 의롭지 못하지만 하나님의 은총에 의해 믿
음으로 의롭다 하심을 받는 것 즉, 이신칭의以信稱義에 의해 구원받는

다고 여깁니다. 가톨릭의 구원관이 인간의 자유의지에 상당한 비중을 두는 반면에 개신교의 구원관은 절대적으로 하나님의 은총에 의지하고 있음을 알 수 있습니다.

마르틴 루터가 구원을 하나님의 은총에 돌린 것은 강한 의지도 죄와 마귀의 노예에서 벗어날 수 없다는 체험에서 나온 것입니다. 그는 수도원 생활을 통해 자신이 아무리 노력하더라도 소망하는 상태에 도달할 수 없음을 깊이 깨닫게 됩니다. 루터의 자각은 우리가 세상을 살면서 체험할 수 있는 바로 그것입니다. 루터의 다음과 같은 체험담을 읽는 분들이라면 가슴에 큰 울림이 있을 것입니다.

루터는 하나님을 기쁘시게 할 완전함에 도달하여 자기 영혼을 구원하기 위하여 수도원에 들어갔다. 그러므로 그는 수도원의 규칙을 글자 그대로 지켰으며, 또한 스스로 새로운 덕목을 만들어 지키기까지 했다. 그러나 이러한 노력에도 불구하고 마음의 평안은 오지 않았다. 루터는 노력하면 할수록 더욱 하나님을 기쁘시게 하는 일에서 멀어져 가는 것을 느꼈다. 사람들은 성사(聖事)의 은혜에 도움을 받아 하나님 앞에 공로를 쌓는 데 심혈을 기울여야 한다고 믿었다. 죄에 대한 투쟁으로 지친 영혼들에게 고해성사는 특히 유익하며, 신부에게 죄를 완전히 고백하면 모두 사죄가 되며 따라서 죄책감에서 해방된다고 했다. 그러나 루터에 있어서는 자신의 죄악성을 심각하게 느끼고 있었으며 그가 이를 극복하고자 하면 할수록 죄의식은 더욱 강해지는 것이었다.

한종욱, 「에라스무스와 루터의 의지론 논쟁에 관한 연구」, 베뢰아국제대학원대학교,

신학과 석사학위논문, 2006, pp.53-54

공병호가 만난 예수님

세월의 무게가 쌓이고 이런 저런 경험들을 하면서 저는 세상 사람들이 지혜로운 자라고 부르는 사람들조차 자신의 노력으로 마음의 평화를 얻을 수 있을까라는 의문을 갖게 됩니다. 이제까지 삶의 경험을 종합해 보면 인간이 자유의지를 벗 삼아 귀한 것을 이루기에는 죄의 성품이 너무 강하다는 사실입니다. 다른 고백을 하는 분들도 있겠지만 저는 루터와 비슷한 고백을 하지 않을 수 없습니다.

　만유의 통치자로서 하나님은 창조주 하나님과 마찬가지로 예수님의 절대 주권을 인정하는 것에 기초하고 있습니다. 하나님이 모든 것을 하실 수 있다는 속성에 대해 깊이 헤아려 보기도 하고, 인간 이성의 한계에 대해 헤아려 보기도 하고, 그동안 살면서 가진 개인적 체험을 되돌아보면, 우리는 자신의 자유의지보다는 예수님의 전지전능하심에 무게중심을 두지 않을 수 없습니다.

인간의 죄성에 대한 자각

만일 우리가 죄가 없다고 말하면 스스로 속이고
또 진리가 우리 속에 있지 아니할 것이요.
If we claim to be without sin,
we deceive ourselves and the truth is not in us.
요한일서 1:8

"내가 왜 죄인인가?"라고 되묻는다면 예수님이 들어설 여지는 없습니다. 인간의 뿌리 깊은 죄성罪性에 대한 자각과 각성 그리고 고민을 인정할 것인가? 이것은 믿는 자의 대열에 들어서는 데 필수적인 것입니다. 여기서 죄는 흔히 생각하는 일상의 크고 작은 죄만을 이야기하는 것은 아닙니다. 죄의 중요한 부분은 인간이 죄의 상태와 죄의 신분으로 태어남으로써 원죄原罪를 갖고 있음을 말합니다. 원죄는 인간이 태어날 때부터 가지고 있는 하나님의 도덕적 법을 위반하려는 강한 본성과 태도를 말합니다.

인간은 태어날 때부터 죄를 범하는 성향을 갖고 납니다. 예를 들어 죄로부터 전혀 오염되지 않은 것처럼 보이는 어린아이들에게서도 우리는 죄성을 발견하게 됩니다. 자식을 키우면서 부모가 일부러 자식

공병호가 만난 예수님

에게 잘못하는 것을 가르칠 필요는 없습니다. 저절로 배우게 되니까요. 바르게 살도록 끊임없이 조언하고 훈육하지 않으면 아이들을 손쉽게 죄의 구렁텅이에 빠지고 맙니다. 컴퓨터에 기본 값이 있는 것처럼 인간의 기본 값은 본성 깊이 뿌리내리고 있는 죄입니다.

또 다른 예를 들자면 이따금 국내외에 등장하는 성직자와 목회자들과 관련된 좋지 못한 사건들을 들 수 있습니다. 교계에서도 인정을 받아 왔고, 성도들의 존경을 받아 왔던 분들의 실족 소식을 접할 때면 저는 당사자에게 돌팔매질하기 보다는 사도 바울의 탄식, "오호라, 나는 곤고한 사람이로다! 이 사망의 몸에서 누가 나를 건져내랴" (로마서 7:24)라는 말씀을 떠올리게 됩니다. 인간적인 노력을 부인하는 것은 아니지만 사람이 자기 힘으로 정말 잘해 보려고 노력해도 이따금 뿌리 깊은 죄성 때문에 추락하고 만다는 사실에 안타까움을 느끼기 때문입니다. 원죄는 특별한 사람에게만 해당하는 것은 아니라고 봅니다. 때문에 성경은 죄의 보편성을 인정하고 있습니다.

> 선을 행하고 전혀 죄를 범하지 아니하는 의인은 세상에 없기 때문이로다. 전도서 7:20

> 주의 종에게 심판을 행하지 마소서 주의 눈 앞에는 의로운 인생이 하나도 없나이다. 시편 143:2

또한 성경은 인간의 전적 타락과 전적 무능력에 대해 말하고 있습니다. 인간의 본질상 전적으로 타락됐다는 사실을 인정하지 않을 수 없다는 이야기입니다. 이는 인간이 행하는 모든 일이 악하다는 것을 말하는 것은 아닙니다. 죄가 인간의 본질 전체를 부패시켰기 때문에 인간이 영적인 선을 행할 수 없도록 방해한다는 사실입니다. 사도 바울은 우리 모두가 본질상 '진노의 자녀'라고 말합니다.

> 내 속 곧 내 육신에 선한 것이 거하지 아니하는 줄을 아노니 원함은 내게 있으나 선을 행하는 것은 없노라. 로마서 7:18

> 전에는 우리도 다 그 가운데서 우리 육체의 욕심을 따라 지내며 육체와 마음의 원하는 것을 하여 다른 이들과 같이 본질상 진노의 자녀이었더니 에베소서 2:3

　이런 원죄는 어디에서부터 시작된 것일까요? 성경은 원죄의 뿌리를 에덴동산에서 아담과 하와가 범한 범죄에서 찾습니다. 아담과 하와가 하나님의 명령을 어기고 선악과를 따먹는 불순종이란 죄를 범함으로써 인간은 하나님의 형상을 완전히 상실하게 됩니다. 그런데 죄의 뿌리는 아담의 타락보다 역사가 깊습니다. 아담의 타락 이전에 이미 천사의 세계에도 죄가 존재하고 있었습니다. 타락한 천사들인 사탄과 마귀 그리고 그 졸개들(마귀들, 귀신들)이 이미 존재하고 있었음을 고려하면 죄의 역사는 무척 길다는 사실을 확인할 수 있습니다.
　아담은 모든 인류를 대표하기 때문에 그의 죄가 고스란히 후손들에게 전달됐습니다. 성경은 아담의 죄가 인류에게 끼친 심각한 영향에 대해서 "그러므로 한 사람으로 말미암아 죄가 세상에 들어오고 죄로 말미암아 사망이 왔나니 이와 같이 모든 사람이 죄를 지었으므로 사망이 모든 사람에게 이르렀느니라"(로마서 5:12)라고 증거하고 있습니다.

아담과 하와의 불순종 이야기는 원죄에 대한 생각과 우리가 어떻게 살아야 하는지를 정리하는 데 중요한 의미를 갖습니다. 조직 신학자 웨인 그루뎀은 '죄의 기원'이란 글에서 아담과 하와의 불순종을 세 가지 측면에서 접근하고 있는데 저는 이 부분을 보완해서 아래와 같이 재해석해 보았습니다.(웨인 그루뎀, 『조직신학: 상』, p.743-745)

첫째, 아담과 하와의 불순종은 "진리는 무엇인가?"라는 질문에 대한 답처럼 지식의 근본이 무엇인가를 생각하게 합니다. 하나님은 생명나무의 열매를 먹으면 아담과 하와가 죽을 것이라고 말씀으로 하나님의 진리에 대해 분명히 이야기했습니다.(창세기 2:17) 그러나 뱀으로 둔갑한 사탄은 "너희가 결코 죽지 아니하리라"(창세기 3:4)라고 사탄의 진리로 아담과 하와를 설득합니다. 하나님의 진리와 사탄의 진리가 충돌하는 이 부분은 진리와 거짓이 무엇인가에 대해 우리들의 숙고와 선택을 요구합니다. 아담과 하와는 하나님의 진리가 지닌 진실성을 의심하게 되고 결국 사탄의 설득에 속고 맙니다. 우리가 세상을 살면서 지금도 자주 범하는 실수 가운데 하나입니다.

멘토라고 지칭하는 사람, 지식, 이데올로기 그리고 종교에 속임수를 당하고 살아가지는 않는지를 자문해 보게 됩니다. 성경은 "여호와를 경외하는 것이 지식의 근본이다"(잠언 1:7)라고 증거하고 있습니다. 이는 제가 오랜 세월 동안 진리를 추구하던 나그넷길에서 50대에 접어들어 만난 깨달음입니다. 이재철 목사(100주년기념교회)는 병마와 싸

우던 중에 가진 한 인터뷰에서 진리에 대해 짧고 단호한 메시지를 던집니다. "사람이 하는 일로는 절대 힐링이 되지 않습니다. 진정한 감사는 절대자와의 관계에서만 나오지요." 진정한 감사 대신에 참된 진리, 참된 평화 그리고 참된 기쁨 등을 대체할 수 있습니다. 이 모든 것들이 흘러나오는 원천은 멀리 있는 것은 결코 아닙니다. 성경에 그 답이 들어 있습니다.

둘째, 아담과 하와의 불순종은 "어떤 것이 올바른 것인가"라는 질문에 대한 답처럼 도덕적인 기준을 다루고 있습니다. 하나님은 아담과 하와에게 선악과를 따 먹지 않는 것이 도덕적이라는 기준을 명확하게 제시하셨습니다. 그러니까 절대적인 도덕 기준을 제시한 것입니다. 그러나 뱀으로 둔갑한 사탄은 이상한 도덕 기준을 제시합니다. 열매를 따 먹으면 하나님처럼 지혜로운 자가 될 것이라고 유혹합니다.

지금은 상대주의의 거센 물결이 휘몰아치는 시대입니다. 옳은 것과 틀린 것이 흔들리는 시대입니다. "뭐가 문제인데"라고 되묻는 사람들이 많아지는 시대입니다. 도덕적 기준도 귀에 걸면 귀고리 코에 걸면 코걸이로 해석하는 사람들이 늘어나고 있습니다. 성경은 행동과 태도 그리고 생각에 대해 절대적인 기준을 제시합니다. 오늘날 개인적인 불행뿐만 아니라 사회적인 불행의 상당 부분도 도덕적 기준의 흔들림이 기여하고 있다고 봅니다.

셋째, 아담과 하와의 불순종은 "나는 누구인가?"라는 질문에 대한 답처럼 인간의 정체성 문제를 다루고 있습니다. 인간은 만물의 영장이기 때문에 자유의지에 따라 무엇이든 선택하고 그것에 따라 살아갈 수 있다고 생각하는 시대입니다. 또한 그런 삶을 높게 칭송하는

공병호가 만난 예수님

시대이기도 합니다.

성경은 인간의 정체성을 하나님이 만든 피조물에서 찾습니다. 하나님을 창조주로 섬기는 것이 행복의 지름길이라는 것이지요. 하나님을 떠나서 참 행복을 누리기는 불가능하다는 것이 성경의 해법입니다. 우리는 살면서 이 문제에 관해 큰 선택을 하게 됩니다. 하나님과 전혀 관련이 없는 삶을 살아갈 수도 있습니다. 실제로 그렇게 사는 분들도 많습니다. 세월이 흘러 육체가 쇠하고 내가 지상에서 한 일이 무엇인가를 되돌아 볼 날이 오게 되겠지요. 노년이 되더라도 인간이라면 "내가 누구인가?"라는 질문으로부터 결코 자유로울 수가 없습니다. 인간은 "내가 창조주 하나님이 만드신 피조물입니다"라는 정체성을 받아들일 수 있을 때 진정한 자유를 얻을 수 있습니다.

"네가 먹는 날에는 정녕 죽으리라"는 엄숙한 경고는 어떤 의미를 갖고 있을까요? 선악과를 따먹음으로써 인간의 육, 혼 그리고 영이 모두 죽는 것을 뜻합니다. 참고로 일부 신학자들은 아담의 타락 사건을 기원전 4000년 정도로 잡고 있습니다. 그렇다면 아담과 하와의 불순종 이전에는 인간은 어떠했을까요? 육과 혼과 영은 모두 하나님의 형상대로 지으심을 받아서 완전한 상태 즉, 이상적인 상태를 유지하고 있었습니다. 아담과 하와가 살았던 풍성한 열매가 있는 낙원, 에덴동산에서 에덴의 뜻은 '사랑스러움, 기쁨, 즐거움'을 뜻합니다.

아담과 하와의 불순종 이전에 인간의 육은 영원히 살았으며, 혼은 하나님의 인격을 닮은 혼이었고, 영은 하나님의 자녀가 되는 영을 갖고 있었습니다. 불순종으로 인하여 육과 혼과 영이 죽음을 맞는다는 것은 세 부분이 모두 변질되는 것을 말합니다. 육은 시간 속으로 들어와서 인간의 수명이 짧아지게 됐으며 아담의 혼은 마귀의 성품으로 변질됐습니다. 아담의 아들 카인이 질투심 때문에 형제 아벨을 죽이고 만 것도 마귀의 성품에서 비롯된 사건이었습니다. 인간의 영도 마귀의 영으로 바뀌고 말았습니다.

아담과 하와의 불순종으로 인한 죽음은 영적 죽음, 육신적 죽음, 영원한 죽음을 모두 포함합니다. 아담과 하와의 불순종은 하나님과 인간의 관계가 단절되는 영적 죽음을 뜻합니다. 영적 죽음은 인간의 영혼이 하나님과 단절됨으로 참 평안을 잃고 마음의 불안과 공포와 고통 속에 사는 것을 말합니다. 영적 죽음으로부터 벗어나지 못하면 참 평안을 누리기 힘듭니다. 이것이 세상 사람들이 제안하는 다양한 심리적 위안을 주는 방법들이 가진 효과가 제한적일 수밖에 없는 이유입니다. 육신적 죽음은 육신이 늙고 병들고 연약하다가 마침내 죽는 것을 뜻하는데, 이는 영적인 죽음이 겉으로 드러난 증상입니다. 영원한 죽음은 영과 육이 함께 지옥 불못에 던짐을 당하는 것을 말합니다.

"정녕 죽으리라"는 하나님의 말씀에도 불구하고 아담과 하와의 불순종이 인간에게 남긴 최종 결과물은 모든 인간이 죄의 상태에 놓여 사망에 이르게 되는 것을 말합니다. 하나님의 자녀가 마귀의 자녀로 탈바꿈해 버렸습니다. 인간의 몸에 흐르던 하나님의 피가 마귀(사탄)의 피로 대체돼 버리는 것을 말하기 때문에 인간은 사망을 피할 수 없는 구조적인 문제를 갖게 됐습니다. "죄의 값은 사망이다"(로마서 6:23)라고 성경은 죄의 상태에 놓인 인간의 운명을 말하고 있습니다. 창조만큼이나 아담과 하와의 불순종 사건은 성경에서 중요한 위치를

공병호가 만난 예수님

차지하고 있습니다. 믿지 않는 자에게 이 말씀은 설화나 신화와 같은 이야기로 밖에 들릴 수 없습니다. 그러나 믿는 자에게 불순종 사건은 창조만큼이나 역사적 사건으로 받아들여지고 있으며, 오늘날의 우리에게도 중요한 교훈을 지니고 있습니다.

구속주 되시는 예수님

—

우리가 아직 죄인 됐을 때에 그리스도께서 우리를 위하여 죽으심으로
하나님께서 우리에 대한 자기의 사랑을 확증하셨느니라.
But God demonstrates his own love for us in this: While we were still sinners,
Christ died for us.

로마서 5:8

—

왜 하나님은 인간이 죄를 범한 채 타락하도록 내버려 두셨을까요? 누구든지 하나님을 믿기 시작하면서 갖게 되는 궁금증입니다. 하나님의 전지전능하신 능력을 미루어 보면 얼마든지 아담과 하와의 불순종을 막을 수 있었기 때문입니다. 하나님은 인간이 죄를 범하게 될 것임을 일찍부터 알고 계셨고 그 죄를 즐거워하지 않으셨지만 인간이란 피조물이 자유의지에 따라 선택을 하도록 내버려 두셨습니다.

하나님이 아담과 하와의 불순종을 내버려 둔 것은 천사의 타락으로 마귀가 생겨나게 된 것과 같은 맥락에서 이해할 수 있을 것입니다. 누구든지 쉽게 얻은 것에 대해서는 감사하지 않습니다. 사람은 거저 주어지는 것을 당연하게 여기기 때문입니다. 공짜는 늘 문제를

가져옵니다. 힘들긴 하지만 마귀로부터 끊임없이 시험을 당하는 상태에서 사람들은 하나님에게 크게 의지하게 됩니다. 마찬가지로 하나님의 도움으로 죄의 상태를 벗어날 수 있게 된 것에 대해 하나님께 더 큰 영광을 돌릴 것입니다.

하나님은 죄와 사망의 늪에 빠져 버린 인간을 그냥 내버려 둘 수 있었을까요? 공의公義와 사랑의 하나님은 그냥 내버려 둘 수 없었습니다. 여기서 인간의 속죄贖罪 문제가 등장하게 됩니다. 죄로부터 인간을 자유롭게 하는 속죄는 성부, 성자, 성령 하나님의 합동 작전에 의해 펼쳐지게 됩니다. 하나님은 마귀의 자녀를 다시 하나님의 자녀로 되돌려 놓기 위한 속죄 사역을 펼치는데 성경 속에서 속죄 사역에 대한 선언이 처음으로 등장하는 것은 창세기 3장 15절입니다. 이곳에서 '여자의 후손'이 등장할 것임을 예언하십니다. 여자의 후손인 예수님을 지상에 파송해서 마귀의 자녀가 된 인간을 구하게 될 것임을 엄숙하게 선언하는 내용입니다. 성자 하나님인 예수님이 인간의 모습으로 이 땅을 방문하지 않을 수 없는 명백한 이유와 목적이 창세기 3장 15절에 나타나 있습니다. 성육신의 이유와 목적은 인간의 죄를 대신해서 갚기 위함입니다. 예수님이 인간의 죄 사함을 위해 십자가에 못 박혀 죽으실 때만이 비로소 인간은 하나님과의 정상적인 관계를 회복할 수 있습니다. 또한 인간은 하나님 앞에 바로 설 수 있습니다. 성부 하나님도 성령 하나님도 인간의 죄를 대신해서 죽으실 수 없는 분들입니다. 인간의 몸으로 오신 분만이 인간의 죄를 대신해서 죽으실 수 있고 여기서 예수님의 성육신이 일어나게 됩니다. 이미 창세기 3장 15절은 이를 오래전에 예언한 바 있습니다.

내가 너로 여자와 원수가 되게 하고 네 후손도 여자의 후손과 원수가 되게 하리니 여자의 후손은 네 머리를 상하게 할 것이요 너는 그의 발꿈치를 상하게 할 것이니라 하시고 창세기 3:15

마귀(사탄)의 피를 하나님의 피로 대체하고 인간의 죄를 대속하기 위해 예수님이 피를 흘릴 수밖에 없었습니다. 아무런 비용을 치루지 않고서 그냥 인간의 죄를 갚아 줄 수는 없는 일이었습니다. 왜냐하면 하나님은 공의의 하나님이시기 때문입니다. 죄 지은 자가 죗값을 치루지 않고 죄 사함을 받는 일은 정의로운 일이 아니기 때문입니다. 죄 사함의 대가는 엄청난 비용의 지불이었습니다. 그것은 예수님이 십자가에 못 박혀 죽으심으로 직접 피를 흘리는 것이기 때문입니다. 자신의 죄로 말미암아 예수님이 죽으심을 바라보는 사람이라면 무덤덤하게 넘기고 마는 사람도 있겠지만 믿음을 가진 사람은 "예수님이 나를 위해 죽으셨구나", "나 같이 보잘 것 없는 사람을 위해 그 귀한 피를 흘리셨구나"라는 사실을 깊이 새기게 될 것입니다.

삼위 하나님은 오래전부터 아담과 하와의 불순종에서 유전된 죄로 말미암아 모든 인간이 전적 타락과 전적 무능력 상태에 빠질 것을 알고 계셨습니다. 이렇게 예수님은 자신의 목숨을 죄의 값으로 지불하고 인간을 죄의 속박에서 구하는 구속주(救贖主, Redeemer) 하나님으로 우리를 위해 이 땅에 파송되신 겁니다. 예수님을 마음으로 믿고 입으로 시인하는 모든 사람은 죄 사함을 받게 됩니다. 성경은 인간의 죄를 없애는 예수님에 대해 증언하고 있으며, 예수님의 피 흘림만이 죄에 대한 유일한 치유책이란 진리를 이렇게 말합니다.

공병호가 만난 예수님

요한이 예수께서 자기에게 나아오심을 보고 이르되 보라, 세상 죄를 지고 가는 하나님의 어린 양이로다. 요한복음 1:29

그가 우리 죄를 없애려고 나타나신 것을 너희가 아나니 그에게는 죄가 없느니라. 요한일서 3:5

우리는 그리스도 안에서 그의 은혜의 풍성함을 따라 그의 피로 말미암아 속량 곧 죄 사함을 받았느니라. 에베소서 1:7

죄 사함을 받을 수 있는 다른 방법이 있을까요? 인간적인 노력, 활발한 선행 그리고 율법의 준수 등이 예수님의 보혈을 대신할 수 있을까요? 죄 사함을 받음에 있어서 선행과 같은 인간의 노력이 쓸모없음에 대해 성경은 "주 여호와의 말씀이니라. 네가 잿물로 스스로 씻으며 네가 많은 비누를 쓸지라도 네 죄악이 내 앞에 그대로 있으리니"(예레미야 2:22)라고 증언하고 있습니다.

여기서 기독교와 유대교의 차이를 살짝 언급하는 것도 가치가 있습니다. 랍비 조셉 텔루슈킨Joseph Teluskin은 『죽기 전에 한 번은 유대인에게 물어보라』에서 "유대교의 핵심은 무엇인가"라는 중요한 질문을 던집니다. 그는 "하나님이 우리들에게 가장 먼저 관심을 가진 것은 인간의 도덕성입니다"라고 말합니다. 유대교에서 모세 오경 공부를 중요하게 여기는 것은 어떻게 하면 인간이 완벽하게 도덕적인 존재가 될 수 있는가에 관심을 갖기 때문입니다. 기독교와 유대교가 구약을 함께 나누고 같은 뿌리를 두고 있지만 한쪽은 예수님에 대한 믿음을 다른 한쪽은 철두철미한 율법의 준수에 기초한 도덕적인 삶을 중요하게 여깁니다.

여기서 우리는 몇 가지 개념을 명확하게 정리해 두어야 합니다. 속죄, 구속, 구원이 번갈아 가면서 사용되기 때문에 혼란스러울 수 있기 때문입니다. 예수 그리스도는 속죄贖罪 사역을 담당하시는 분입니다. 여기서 속죄는 "예수 그리스도가 자신의 목숨을 죗값으로 지불함으로써 선택받은 자들을 죄로부터 자유롭게 만들어 주는 일"을 말합니다. 시편에는 바벨론으로 끌려가던 한 시인이 하나님께 드리는 기도문이 실려 있습니다. "우리 구원의 하나님이여 (…) 우리를 건지시며 우리 죄를 사하소서."(시편 79:9) 이때 '사하다to make atonement'는 히브리어로 '카파르kaphar'로, 제단에 흘려진 희생의 피를 통해 죄를 용서받고 하나님의 심판에서 벗어나는 것을 말합니다. 구약에서만 100회 이상 사용되는 표현인데, 죄를 덮거나 하나님의 진노를 가라앉히거나 하나님과 죄인 사이의 관계를 회복시킨다는 의미를 갖고 있습니다. 신약에서 속죄는 예수님의 희생 즉, 흠 없고 점 없는 어린 양과 같은 그리스도의 보혈에 의하여 성취됐습니다. 다시 말하면 예수 그리스도 희생의 피로 하나님의 진노가 가라앉고 하나님과 죄인 사이의 관계가 회복됐습니다.

존 머레이John Murray는 속죄를 4가지(제사, 유화, 화목, 구속)의 신학적 의미로 해석하는데, 그의 해석에 답이 들어 있습니다. 제사祭祀는 죄를 제물에 전가하여 제물이 죽음의 형벌을 받음으로써 제사 지내는 사람이 죄를 면하게 되는 것을 말합니다. 구약의 제사는 제사 드리는 사람과 제물 사이에 거리감이 있을 뿐만 아니라 구약의 제물로

공병호가 만난 예수님

서는 제사 드리는 사람의 죄책을 완전히 제거할 수 없었습니다. 반면에 예수 그리스도는 스스로 동시에 제사장과 제물이 됨으로써 구약 제사가 가진 한계를 완전히 벗어나게 됩니다.

유화(宥和, propitiation)는 '무마시킴', '진정시킴'의 의미를 갖습니다. 죄인에 대해 분노하시는 하나님을 진정시키는 것이 예수님이 죽음을 당하시는 속죄 사역입니다. 반대로 화목和睦은 하나님과 인간 사이의 적대 관계를 좋은 관계로 회복시키는 것을 말합니다. 끝으로 구속(救贖, redemption)은 '죄의 속박 상태에서 벗어나도록 하는 것'입니다. 성경은 예수 그리스도가 자신의 목숨을 내놓는 죽음이란 값을 지불했고 그 결과로 죄인들은 율법과 죄의 매임에서 벗어나게 됐다고 말합니다.

그렇다면 그리스도가 성취한 구속은 무엇일까요? 하나는 율법에 의한 구속이고 다른 하나는 죄에 의한 구속이 될 것입니다. 예수 그리스도는 구속 사역을 통해서 인간에게 두 가지로부터 자유함을 허락하셨습니다. 결국 구속 사역과 좁은 의미의 속죄 사역은 같다고 볼 수 있습니다.

한편 구원(救援, salvation)은 자주 속죄나 구속과 혼동돼 사용되지만 엄밀한 의미에서 구분할 필요가 있습니다. 구원은 "구속(좁은 의미의 속죄) 사역의 은혜로 의롭다함을 얻은 인간에게 성령이 역사해서 영원한 생명을 얻게 만드는 일"을 말합니다. 구속(속죄)은 구원의 전제 조건이기도 하며 수단이기도 합니다. 속죄 없이는 구원이 이루어질 수 없습니다. 그런데 속죄가 있다고 해서 성령의 역사함이 없다면 구원이 자동적으로 이뤄지는 것은 아닙니다. 구원은 하나님의 긍휼과 은혜에서 나오는 것으로, 인간이 의지와 노력으로 만들어 내는 것은 아닙니다.

지금까지의 이야기를 정리해 보도록 하겠습니다. 하나님께서 독생자 예수 그리스도를 보내 주셨습니다. 예수 그리스도는 하나님이 창세전에 선택한 인간들의 죄를 대신 지시고 십자가에서 피 흘려 죽으심으로 그 죗값을 지불하시고 사람들을 죄에서 해방시켰습니다. 따라서 우리는 예수님을 구속주求贖主 즉, '구속주 예수 그리스도'라고 부릅니다. 한 걸음 나아가 우리는 예수님을 구원주救援主 즉, '구원주 예수 그리스도'라고 부르기도 합니다. 구속과 구원을 가능하게 하시는 분은 예수 그리스도 이외에는 계시지 않기 때문에 우리는 예수 그리스도를 통해서만 구속과 구원을 받을 수 있다는 것이 성경적 진리의 핵심입니다.

공병호가 만난 예수님

구약의 속죄와 신약의 속죄

예수는 하나님께로서 나와서 우리에게
지혜와 의로움과 거룩함과 구속함이 되셨으니
It is because of him that you are in Christ Jesus, who has become for us wisdom
from God-that is, our righteousness, holiness and redemption.
고린도전서 1:30

예수 그리스도에 의한 속죄 사역을 제대로 이해하기 위해 오랜 역사를 가진 유대인의 속죄의식을 살펴봐야 합니다. 하나님은 유대인에게 거의 1,500년 동안 죄 사함을 받는 연습을 시켰습니다. 유대인의 속죄의식은 불완전한 제사 제도이었음에도 불구하고 예수님의 속죄 사역을 이해하는 데 결정적인 도움을 줍니다. 히브리서 9장 1절에서 10절에는 속죄를 위한 유대인들의 제사 제도가 설명돼 있으며, 히브리서 같은 장의 11절에서 22절에는 그리스도의 제사장직을 설명하고 있습니다.

예루살렘의 중심부에는 하나님에게 제사를 지내는 성전이 있었습니다. 사람들은 매일 또는 중요한 절기에 성전에 와서 기도를 했습니다. 자신이 거둔 수확물을 바치기도 하고 동물 중에서도 특히 암양을 번제로 드리는 희생 제사를 지내기도 했습니다. 수확물이나 동물은 번제단에서 완전히 태워버림으로써 하나님께 온전히 헌신함을 보였습니다.

성전은 처음에 임시건물인 성막에서부터 시작됐습니다. 이는 모세가 하나님을 직접 대면하고 난 뒤에 만든 것으로 하나님의 지시에 의해 만들어졌습니다. 하나님은 인간들 속에 계시는 방식으로 성막 속으로 들어오십니다. 그렇게 약 500년간 성막에서 동물의 피로 죄 사함을 받는 예배가 유지되다가 다윗 왕의 아들인 솔로몬에 의해 성전이 건축돼 1,000년간 계속됩니다.

솔로몬 왕이 지은 첫 번째 성전이 기원전 959년에 건축돼 400년간 유지됐지만 기원전 586년 바벨론의 느브갓네살 군대에 의해 파괴되고 맙니다. 이후 바벨론에 포로로 끌려갔던 사람들이 귀환하여 스룹바벨의 지도하에 기원전 535년에 착공하여 20년 만에 완성한 성전이 제2성전(스룹바벨 성전)으로 이후 500년간 유지됐습니다.

예수님이 계시던 당시의 성전은 제3성전(헤롯 성전)입니다. 헤롯왕은 기원후 19년에 시작하여 파괴된 제2성전을 대대적으로 재건축하게 되는데 핵심 건물은 29년에 완성됩니다. 이후 64년까지 대대적인 확장 공사가 계속됐습니다만 기원후 70년 로마에 의해 대부분 파괴되고 맙니다. 헤롯 성전은 남북으로 450미터, 동서로 500미터 되는 평탄한 지역에 높이 1미터 길이 5미터나 되는 거대한 돌들로 쌓아 만든 담벽으로 둘러싸여 있었습니다. 오늘날의 기준으로도 대단한 규모였음을 짐작할 수 있습니다. 오늘날도 유대인들에게 성스러운 장소로 통하는 '통곡의 벽'은 헤롯성전의 서쪽 벽 일부가 남은 잔해입니다.

공병호가 만난 예수님

유대교에서 예배는 원래 예루살렘 성전에서 드리는 제사였습니다. 예배는 '제단에 제물을 드리는 제사'와 '말로 드리는 마음의 제사'가 공존했습니다. 하지만 기원전 586년 예루살렘 성전이 바벨론에 의해 무너지자 이스라엘 민족은 제사를 드릴 장소를 잃어버리게 됩니다. 다시 성전이 지어지는 약 70년 동안 말로만 드리는 제사를 지냈습니다. 세월이 흐르면서 성전을 대신하여 기도하는 집이자 마을 회관과 같은 유대교의 회당이 등장하는데 이것이 오늘날의 시나고그synagogue입니다.

성전의 구조는 직사각형으로, 미문을 통과하면 정사각형 모양의 여인의 뜰이 널찍하게 자리를 잡고 있었습니다. 여인의 뜰을 지나 문을 통과하고 나면 성전의 중심 건물인 성소sanctuary와 지성소The Most Holy Place가 놓여 있었습니다. 성소의 바로 앞에는 제사장의 뜰이 있고 그곳에 제물을 바치는 제단이 놓여 있었습니다. 제사장은 매일같이 1년 된 어린 수 양 두 마리를 아침에 한 마리 그리고 저녁에 한 마리 바쳤습니다.

제사장의 뜰을 지나 첫 번째 문을 열고 들어가면 첫 번째 방인 성소가 있었습니다. 성소의 왼쪽에 일곱 줄기를 갖고 있는 금촛대(생명의 빛인 예수 그리스도 상징)와 물뚜멍(세례와 죄 씻김을 뜻하는 예수님 혹은 성령님 상징)이 놓여 있었습니다. 오른쪽에는 떡상(생명의 떡인 예수 그리스도 상징)이 있고 떡상 위에는 두 줄로 각각 6개의 떡덩어리(상 위에 놓인 12개의 떡은 이스라엘 열 두 지파 상징)가 있었습니다.

성소의 안쪽 즉, 성소와 지성소를 가로막는 휘장 앞에는 금향로가 놓여 있었습니다. 조각목을 금으로 둘러싼 정사각형(50cm×50cm×

1m) 모양의 금향로에는 아침과 저녁에 금촛대에 촛불을 켤 때마다 향을 피웠습니다. 피어오르는 향은 믿는 자를 위해 계속해서 기도하는 그리스도를 상징합니다. 금촛대는 밤에도 꺼지지 않으며 생명의 빛인 예수 그리스도를 상징합니다. 성소는 하나님과 인간의 대화가 가능한 장소로서 향으로 가득 차 있었습니다. 여기서 금향로가 놓인 위치는 성소이지만 기능상의 위치는 지성소에 놓여 있습니다.

성소와 지성소의 중간에는 장막(휘장)이 내려져 있었습니다. 휘장은 죄로 인해 하나님과 인간의 관계가 단절된 것을 말합니다. 장막을 열고 들어가면 금향로에서 피운 향의 연기로 가득 차 있었습니다. 성전의 가장 깊숙한 곳인 지성소의 중앙 정면에는 언약궤(증거궤, 법궤, The Art of the Covenant)가 있고 언약궤 안에는 아론의 싹이 난 지팡이, 만나 그리고 십계명 돌판이 있는데 이는 삼위 하나님을 뜻합니다. 만나는 성자 하나님(예수님), 지팡이는 성령 하나님, 돌판은 성부 하나님입니다. 여기서 언약궤는 성부 하나님이 계시는 하늘 보좌이며, 하나님의 주권 혹은 하나님이 백성을 만나는 곳을 상징합니다. 언약계의 지붕 위에는 속죄소The Mercy Seat가 있습니다. 언약궤 위의 속죄소가 중요한데 이곳에는 가장 높은 천사인 그룹 천사가 날개를 펴고 앉아 있습니다. 속죄소는 예수 그리스도가 죄인인 인간에게 속죄라는 자비를 베푸는 곳으로 성전에서 가장 성스러운 장소입니다.

제사장들은 매일 성소에는 들어가서 예물을 바치고 제사를 모시는 일을 할 수 있습니다만, 지성소에는 일 년에 딱 한 번 대제사장만 들어갈 수 있을 뿐입니다. 유대인들이 오늘날도 중시하는 7절기(유월절, 무교절, 초실절, 오순절, 나팔절, 속죄절, 장막절)가 레위기 23장에 소개돼

공병호가 만난 예수님

있는데, 하나님은 7절기를 통해서 예수 그리스도의 구원 사역을 충분히 가르쳐 주셨습니다. 따라서 우리는 유대인들의 속죄 제사(의식)를 좀 더 자세히 살펴볼만한 가치가 있습니다.

나팔절Feast of Trumpet은 유대 달력으로 새해 첫날을 기념하는 유대교의 절기로, 7월 1일(양력으로 9월 초나 중순에 해당하며 오후 6시에 나팔을 불기 시작함으로써 행사가 시작됨)을 말합니다. 나팔을 불어 전 이스라엘 민족을 모이게 하고 10일 동안의 회개하는 날을 가지다가 7월 10일 속죄절(Yom Kippur, 욤 키프)에는 유대민족 전체가 죄 사함을 받고 새로운 시작을 다짐합니다. 이 날은 일 년에 단 한 번, 대제사장이 지성소 안으로 들어갈 수 있는 특별한 날입니다. 레위기 16장에 나오는 속죄일에 대한 규례를 중심으로 대제사장이 무엇을 어떻게 해야 하는가를 정리했습니다.

첫째, 대제사장은 두 마리 염소를 속죄제물로 선택합니다. 대제사장은 제비뽑기로 두 마리 염소 가운데 한 마리를 선택하여 이스라엘 민족의 모든 죄를 염소에게 전가시킵니다. 죽임을 당한 염소로부터 얻은 피를 큰 그릇에 담습니다.

둘째, 대제사장은 수송아지 한 마리를 속죄제물로 선택합니다. 자신의 죄 사함을 위해 수송아지 한 마리를 죽여 얻은 피로 대제사장의 옷을 빨갛게 칠합니다. 만일에 피를 칠하지 않은 대제사장이 지성소로 들어가면 즉사하게 됩니다. 대제사장조차 죄로부터 자유로울 수 없음을 말합니다.

셋째, 대제사장은 그릇에 담은 수송아지의 피와 별도의 그릇에 담은 염소의 피를 손가락으로 찍어서 속죄소의 동쪽에 한 번 바른 다음

속죄소 앞에 일곱 번을 뿌립니다.

넷째, 대제사장은 죽은 염소를 번제물로 태우고 살아남은 한 마리 염소를 사람의 손길이 닿지 않는 황야로 끌고 가서 풀어 주도록 명령합니다. 대제사장이 염소를 끌고 가기 전에 두 손을 살아 있는 염소의 머리에 얹고 이스라엘 사람들의 죄를 염소에 떠넘기는 절차를 밟습니다. '속죄양scape goat'이란 표현이나 '세상 죄를 지고 가는 하나님의 어린 양'(요한복음 1:29)이라는 말씀은 죄를 대신한다는 의미를 갖습니다. 이때 속죄의식으로 말미암아 밖에서 기다리고 있던 200만 명의 유대인들의 죄가 사함을 받게 됩니다. 속죄일의 전통은 지금도 면면히 내려오고 있습니다.

여기서 중요한 점은 유대인들이 하나님께 속죄 제사를 드리려면 반드시 제사장이 필요했다는 점입니다. 백성들이 직접 제물을 들고 하나님께 나아갈 수 없지만 제사장은 성소와 지성소에 들어갈 수 있는 자격을 갖고 있었습니다. 제사장은 자신의 죄를 사하기 위해 죽은 수송아지의 피로 거룩한 사람이 될 수 있었기 때문입니다. "대제사장 아론이 성소에 들어오려면 수송아지로 속죄 재물로 삼고 (…) 아론은 자기를 위한 속죄제로 수송아지를 드리되 자기와 권속을 위하여 속죄하고 자기를 위한 그 속죄제 수송아지를 잡고"(레위기 16:3, 11).

제사장이 희생제물의 피를 입어 거룩하게 됐다는 말은 희생제물 자체의 거룩에 기인하기 때문이다. 백성들이 제사를 드림으로 거룩한 백성이 되는 것은, 거룩한 사람에 의해서 희생제물이 무사히 하나님께 드림이 됐기 때문이다. 비록 백성들이 신체나 옷에 희생제물의 피가 묻지 않더라

공병호가 만난 예수님

도 하나님께서 그들을 죄 없다고 간주하는 것은 제사장이 백성들을 대신했기 때문이다.

송은우, 「각 시대의 예배를 통한 현시대의 예배조명과 그 대안에 대한 연구」,

칼빈대학교 석사학위논문, 2004, p.41

우리는 유대인의 속죄의식에서 예수님의 속죄의식과의 유사성을 발견할 수 있습니다. 유대인들은 속죄제물과 제사장을 통하지 않고서는 죄 사함을 받을 수 없습니다. 유대인들은 동물의 피로 매년 속죄를 받아야 합니다. 그러나 예수님은 단 한 번 스스로 속죄제물이 되시기도 하고 동시에 대제사장이 되셔서 우리의 죄를 사하여 주셨습니다. 두 가지 사이에는 유사점도 있지만 큰 차이가 있음을 확인할 수 있습니다.

> 이 뜻을 따라 예수 그리스도의 몸을 단번에 드리심으로 말미암아 우리가 거룩함을 얻었노라. 제사장마다 매일 서서 섬기며 자주 같은 제사를 드리되 이 제사는 언제나 죄를 없게 하지 못하거니와 오직 그리스도는 죄를 위하여 한 영원한 제사를 드리시고 하나님 우편에 앉으사 히브리서 10:10-12

그런데 성경에는 우리가 예수님을 직접 만날 수 있는 극적인 광경이 등장합니다. 예수님이 십자가에 못 박혀 숨을 거두실 때 헤롯 성전의 성소와 지성소 사이의 장막(휘장)이 위에서 아래로 찢어집니다. 예수님을 마음으로 믿고 입으로 시인한 자들은 예수님의 피로 죄 사람을 받은 사람들입니다. 휘장이 찢겨지는 사건으로 말미암아 믿는 자라면 누구든지 제사장을 통하지 않고 직접 하나님을 만날 수 있게 됐습니다. 엄청난 능력이 주어진 것입니다. 휘장이 갈라졌기 때문에 우리는 이제 동물의 피를 필요로 하지 않고 곧바로 지성소로 직행할 수 있게 됐습니다. 믿는 자와 하나님 사이를 중재하는 제사장이 필요치 않게 된 것입니다. 이제 예수 이름으로 기도하면 지성소로 바로 들어갈 수 있습니다. 예수님의 도움으로 믿는 자마다 대제사장만 들어갈 수 있었던 지성소 즉, 하나님이 임재하시는 곳으로 언제 어디서나 들어갈 수 있게 됐습니다.

> 그러므로 형제들아 우리가 예수의 피를 힘입어 성소에 들어갈 담력을 얻었나니 그 길은 우리를 위하여 휘장 가운데로 열어 놓으신 새로운 살 길이요 휘장은 곧 그의 육체니라. 히브리서 10:20

어떻게 하나님을 만날 수 있을까요? 성전 구조와 마음의 구조가 비슷하다는 사실에 주목하시기 바랍니다. 하나님을 만날 수 있는 길은 복잡하지도 어렵지도 않습니다. "예수께서 이르시되 네 마음heart을 다하고 목숨soul을 다하고 뜻mind을 다하여 주 너의 하나님을 사랑하라 하셨으니"(마태복음 22:37) 말씀에 해답이 들어 있습니다. 예수님은 "너는 마음을 다하고 뜻을 다하고 힘will을 다하여 네 하나님 여호와를 사랑하라"(신명기 6:5)를 인용하면서 예수님은 "이것이 크고 첫째 되는 계명이요"(마태복음 22:38)라는 말씀을 더하셨습니다. 여기서 마음, 목숨, 뜻, 힘의 의미를 정확히 이해해 두어야 합니다.

마음 카르디아kardia를 말하며, 지성소 제일 깊은 안쪽에 있는 속죄소처럼 마음의 가장 깊은 곳을 말합니다. 흔히 영어로 '하트heart'를 뜻합니다.

목숨 푸쉬케psuke를 말하며, 성전의 가장 안쪽에 있는 지성소로 휘장으로 성소와 구분됩니다. 영어로 '소울soul'을 뜻합니다.

뜻 디아노이아dianoia로 성전의 첫 번째 방인 성소를 말합니다. 지적 능력으로 이해와 통찰력을 관장하는 곳을 말하며, 영어로 '마인드mind'를 뜻합니다.

힘 이쉬퀴스ishquis로 성전의 뜰에서 성소로 들어가는 문지방을 말합니다. 의지와 같은 것을 말하며, 영어로 '윌will'을 뜻합니다.

믿는 자가 죄 사함을 받는다는 것은 성소에 들어가는 것을 말합니다. 예수님의 보혈의 피가 문지방을 넘어서 성소에 도달했을 때 우리는 구원을 받았다고 이야기합니다. "내가 진실로 진실로 너희에게 이르노니 양의 우리에 문으로 들어가지 아니하고 다른 데로 넘어가는 자는 절도며 강도뇨."(요한복음 10:1) 예수님을 마음으로 믿고 입으로 시인하는 사람이라면 누구든지 구원의 첫걸음을 내딛기 시작하는 데 성공했습니다. 구원을 받는 다른 길 혹은 문은 존재하지 않습니다.

성화로 인해서 점점 예수님의 성품을 닮아 가는 사람이라면 예수님이 허락하시는 권세와 능력의 상당 부분을 누릴 수 있을 것입니다. 성령의 9가지 열매나 팔복(예수님이 복 있는 사람이 누구인가에 대해 가르친 8가지 설교)을 누리는 사람이 된다는 것은 무엇을 말하는 것일까요? 예수님의 보혈의 피가 문지방을 넘어서 푸쉬케(목숨)를 지나 카르디아(마음)까지 깊숙이 스며들어가는 것을 말합니다. 단순히 머리 혹은 마음으로 예수님의 죽음을 생각하는 것만으로 충분하지 않다는 말입니다. 그래서 세상에는 '주여, 주여'를 외치지만 주의 뜻대로 사는 사람들이 흔하지는 않습니다. 원죄가 예수님의 보혈의 피로 죄 사함을 받았다면 우리 자신의 자유의지에 따라 저지르는 자범죄의 부정적인 부분을 씻어내기 위해서 매일 매일 예수님의 성품으로 변해야 하고 이를 위해서는 예수님의 보혈이 매일 지성소 깊이 들어갈 수 있어야 합니다.

이를 위해 무엇을 해야 할까요? 매일 하나님과 깊은 인격적 만남을 가지면 됩니다. 분주함 속에서도 늘 하나님의 말씀을 공부하고 묵상하는 일을 게을리하지 않음으로써 우리는 그리스도의 보혈이 지성소와 속죄소까지 깊이 스며들어가는 것을 느낄 수 있을 것입니다. 하나님의 수직계명인 하나님을 사랑하는 일, 수평계명인 주님의 자녀들을 사랑하는 일 그리고 지상명령인 땅 끝까지 하나님 말씀을 전하는 일도 우리가 해야 할 일이라고 생각합니다.

공병호가 만난 예수님

제한속죄와 보편속죄

아들을 낳으리니 이름을 예수라 하라.
이는 그가 자기 백성을 그들의 죄에서 구원할 자이심이라 하니라.
She will give birth to a son, and you are to give him the name Jesus, because he
will save his people from their sins.
마태복음 1:21

하나님은 어떤 사람들의 죄를 속죄하신 것일까요? 모든 사람들에게 속죄를 허락하신 것일까요? 아니면 소수의 사람들에 한해서 속죄를 허락하신 것일까요? 그동안 속죄의 범위를 두고 치열한 교리 논쟁이 있었습니다. 예수 그리스도의 속죄는 모든 사람을 대상으로 하고 있다고 주장하는 사람들이 보편普遍속죄론자들입니다.

반면에 예수 그리스도는 선택받은 자들을 대상으로만 속죄 사역을 행했다고 주장하는 사람들이 제한制限속죄론자들입니다. 알미니안주의와 칼빈주의는 속죄의 범위를 두고 치열하게 논쟁을 벌였을 뿐만 아니라 지금도 여전히 그들 사이에는 간격이 남아 있습니다.

여러분은 어떻게 생각하세요? 예수 그리스도가 모든 인간을 속죄 사역의 대상으로 포함시켰다고 보는지요? 아니면 다른 의견을 갖고 계신지요? 알미니안주의는 '보편속죄Unlimited Atonement'를 주장합니다만, 칼빈주의는 '제한속죄Limited Atonement'를 주장합니다. 알미니안주의의 '보편속죄'는 예수 그리스도의 희생은 모든 사람들을 위한 것이며 그 은혜를 거절하는 것은 개인의 믿음에 달려 있다고 주장합니다. 그리스도는 모든 사람들을 위해 돌아가셨지만 오직 그를 믿는 자만이 속죄를 받을 수 있기 때문에 인간의 자유의지에 따라 속죄 여부가 결정된다는 주장입니다. 다시 말하면 예수님이 속죄의 문호를 개방했지만 스스로 믿기로 작정한 자에 한해서만 속죄가 가능하다고 말합니다.

반면에 제한속죄는 예수 그리스도가 모든 사람들의 죄를 대신해서 희생하는 것이 아니라 예정된 소수의 사람들만을 위해 구속하신다는 주장입니다. 알미니안주의와 칼빈주의를 비교한 한 연구는 두 가지 주장의 차이를 이렇게 말합니다.

알미니안주의는 그리스도의 구속사역은 모든 사람들로 하여금 구원받는 것을 가능케 했으나 실제적으로 모든 사람의 구원을 획득하신 것은 아니었다. 비록 그리스도가 모든 사람을 위하여 죽었지만 오직 그를 믿는 자들만 구원받는다. 그리스도의 구원은 인간이 그것을 받아들이도록 선택할 때에만 유효하다.

칼빈주의는 모든 것이 동일한 상태로 창조되지 않았다고 말한다. 오히려 어떤 사람에게는 영생이 예정됐고 또 어떤 사람에게는 영원한 멸망이 예정됐다고 했다. 또한 그리스도의 구속사역도 택한 자들만 구원하려는 것이며 또한 실제적으로 그들만이 구원을 획득했다.

강상대, 「알미니안주의 5대 교리와 칼빈주의 5대 교리의 비교연구」, 안양대학교 신학대학원, 1999, pp.22-23

인간의 자유의지를 강조하는 알미니안주의는 17세 중반에 출현했지만 그 뿌리를 추적해 들어가면 오랜 역사를 갖고 있음을 알 수 있습니다. 알미니안주의의 원조는 5세기에 활동했던 영국의 수도사이자 신학자인 펠리기우스(Pelagius, 354~418년)입니다. 그의 출발점은 인간의 자연적 능력에 대한 신뢰였습니다. 그는 원죄를 믿지 않았을 뿐만 아니라 인간이 죄인으로 태어나는 것을 부정했습니다. 그는 아담이 적극적인 선도 그렇다고 해서 적극적인 악도 아닌 중립적 상태로 창조됐으며, 그들의 자손도 마찬가지라고 주장했습니다. 성경적 시각으로 보면 정통 교리와는 크게 차이가 나는 주장입니다.

펠리기우스에게 죄는 인간의 자유의지에 따른 선택의 결과물입니다. 그는 인간이 자유자재로 악을 행할 수 있음과 마찬가지로 선을 행할 수 있다고 말합니다. 그뿐 아니라 그는 인간이 스스로 복음을 선택할 수 있는 능력을 자신의 내부에 갖고 있다고 주장합니다. 이런 주장을 거부하는 말씀을 성경에서 여러 곳에서 찾을 수 있습니다. "만일 우리가 죄 없다 하면 스스로 속이고 또 진리가 우리 속에 있지 아니할 것이요"(요한일서 1:8) 뿐만 아니라 "만일 우리가 범죄하지 아니했다 하면 하나님을 거짓말하는 자로 만드는 것이니 또한 그의 말씀이 우리 속에 있지 아니하니라"(요한일서 1:10)는 말씀에 주목하시기 바랍니다. 이들은 모두 인간이 죄인임을 분명히 하고 있으면, 죄인임을 자복하는 자만이 예수님과 함께 할 수 있음을 말해 줍니다.

반면에 칼빈주의는 걸출한 신학자였던 성 어거스틴(Saint Augustine, 354~430)에게서 뿌리를 찾을 수 있습니다. 그는 원죄로 말미암아 절망적 상태에 빠진 인간은 자신을 구원할 수 없을 뿐만 아니라 구속주인 예수 그리스도의 은혜가 아니면 구원받을 길이 전혀 없다고 주장합니다. 그는 구원이 전적으로 하나님의 무조건적인 은혜에서 비롯된다고 말합니다. 따라서 인간은 자유의지에 따라 율법이나 복음을 선택하거나 순종할 수 있는 능력을 갖고 있지 않다고 말합니다. 만일 죄인이 믿음을 갖는다면 이는 그의 의지에 의한 바가 아니라 하나님의 은혜 때문이고, 이 은혜는 하나님이 창세전에 영원한 생명을 주기로 예정하신 자들을 선택한 결과라고 말합니다. 그러므로 믿음은 죄인의 자유의지에서 나오는 것이 아니라 선택받은 자들에게 무조건적으로 주어지는 하나님의 은혜에서 나오는 것이라고 말합니다.

여기서 개인적 체험을 잠시 말씀드리겠습니다. 성경에는 이성과 지성의 시각으로 보면 쉽게 이해할 수 없는 말씀들이 제법 들어 있습니다. 예수 그리스도에 대한 믿음을 갖기 시작한 사람이라면 누구든지 자신의 노력으로 예수님을 믿는다는 표현보다는 믿어지기 시작한다는 표현을 선호할 것입니다. 그래서 믿음은 지성의 산물이 아니라 하나님의 주신 은혜라는 생각을 하게 됩니다.

이런 맥락에서 누군가에게 복음을 전할 때도 전달하는 사람의 의지적인 노력이 중요하지만 복음을 접한 사람이 믿을 것인가 말 것인가를 결정하는 일은 의지적인 노력이 차지하는 비중이 아주 적을 수밖에 없습니다. 남녀가 연애를 할 때 누군가를 억지로 사랑할 수 없

공병호가 만난 예수님

는 것처럼, 믿음 또한 상대방의 부탁이나 강제 혹은 지적인 노력으로 가능한 일은 아니라고 봅니다. 이 점이 참으로 불가사의한 부분입니다. 의지가 아니면 무엇 때문일까요? 성경은 성령의 역사함이라고 말합니다. 성령의 역사는 값을 치루지 않고서 곧바로 하나님이 주시는 엄청난 축복입니다.

한편 교리 논쟁의 중심에는 두 가지가 있습니다. 바로 자유의지free will와 원죄original sin입니다. 전자를 중시하는 주장을 펠리기우스주의로 그리고 후자를 중시하는 주장을 어거스틴주의라고 부르기도 합니다. 이후에 두 가지 주장을 절충한 반펠리기우스주의가 등장합니다. 이 주장은 아담의 원죄를 인정하고 원죄가 고스란히 후손들에게 전달된다는 것을 인정합니다. 그러니까 인간 본성이 원죄에 의해서 부패됐다는 사실을 받아들인 셈이지요. 하지만 반펠리기우스주의는 하나님이 은혜와 인간의 자유의지를 동등하게 보았습니다. 인간은 타락한 본성을 갖고 있지만 여전히 자유의지에 따라 얼마든지 구속과 구원이 가능하다고 보았습니다. 반펠리기우스주의가 펠리기우스의 입장을 두둔한 이유는 분명합니다. 하나님의 은혜를 받을 수 있는가의 여부를 결정하는 것은 하나님의 주권이 아니라 인간의 자유의지라는 것이지요.

우리는 알미니안주의와 칼빈주의 신학논쟁의 뿌리는 5세기부터 면면히 이어져 내려왔음을 확인할 수 있습니다. 이런 교리에 대한 견해 차이는 지금도 계속되고 있습니다. 두 계파 간의 충돌이 오랜 역사를 갖고 있음에 대해 신학자 헨리 미터Henry Meeter는 "칼빈의 신학적 교의들은 (…) 어거스틴 사상의 부흥이고, 어거스틴 사상은 그보다 수

세기 전의 바울 사상의 부흥이었다"고 말합니다.

칼빈주의의 핵심 교리는 하나님의 절대 주권을 인정하는 반면에 알미니안주의의 핵심 교리는 하나님과 인간이 협력하여 구속 사역을 추진하지만 헤게모니는 인간이 쥐고 있다는 것입니다. 알미니안주의에 대한 이단 결정은 개혁파 교회들이 함께 모여 개최한 유일한 공의회인 도르트Dort 공의회(1618~1619)에서 결정됐습니다. 예수님의 죽음은 모든 사람들을 위함이었지만 어떤 사람들은 그 값을 받아들이고 또 어떤 사람들은 이를 거부했다는 것이 알미니안의 주장인데, 이에 대해 에드윈 팔머Edwin Palmer 박사는 비판적 견해를 제시합니다. 요지는 알미니안주의를 진리로 받아들인다면 예수님이 하신 일 가운데 상당 부분이 낭비돼 버린다는 것이지요. 예수님의 전지전능함에 대한 비판적인 시각으로도 이해할 수 있기 때문에 칼빈주의를 옹호하는 팔머 박사는 이를 받아들일 수 없다고 말합니다.

알미니안주의자들은 그리스도가 행하신 것(그가 모든 사람들을 위해 죽으신 것)과 그리스도께서 성취하신 것(모든 자들이 다 구원받지 않은 것)을 구분한다. 그들에게는 속죄가 마치 보편적인 제비 주머니(요금을 내고 손만 넣어 물건을 잡아내게 하는 주머니)와 같은 것으로 보고 그 안에는 모든 사람을 위한 제비가 들어 있으나 오직 일부 사람들만이 그 제비를 뽑는다고 한다. 그리스도는 모든 사람을 구원하고자 했으니 일부만 구원을 받게 했다. 그리스도는 자신의 피를 흘리셨을 뿐만 아니라 쏟으시기도 했다. 그러므로 그의 피의 얼마는 허비가 돼 버렸다.

에드윈 H. 팔머, 『칼빈주의 5대 교리』, 성광문화사, 2002, p.20

공병호가 만난 예수님

개혁주의 신학과 함께 그리스도교의 정통 교리는 칼빈주의와 입장을 같이 합니다. 예수 그리스도의 속죄는 전적으로 하나님의 절대 주권에 달려 있을 뿐만 아니라 속죄의 범위도 제한적이라는 사실을 받아들입니다.

정통 교리가 제한속죄를 받아들이는 이유는 무엇일까요? 성경의 여러 증거를 들 수 있습니다. 그리고 논리적인 근거도 이를 뒷받침해 주고 있다고 봅니다. 속죄는 예수 그리스도가 죄인들을 위하여 죗값을 치루고 그 대가로 죄 사함을 사신 것입니다. 예수 그리스도의 죗값은 그분의 목숨이었습니다. 그런데 그 목숨과 피가 헛되게 낭비될 수 있을까요? 생명과 보혈의 낭비는 있을 수 없습니다. 그리고 전지전능하신 하나님이 낭비를 할 수 있다고 생각하지는 않습니다. 그러니까 어떤 사람을 위해서 분명히 피를 흘리셨는데 그 피가 헛돼서 일부 사람들이 영원한 생명을 얻지 못하는 것은 있을 수 없는 일입니다. 예수 그리스도의 보혈의 피로 죗값을 지불한 모든 사람들은 속죄와 구원 그리고 영생을 받는 것이 올바른 논리적인 결론이라고 볼 수 있습니다.

구원주 되시는 예수님

━━━

곧 창세전에 그리스도 안에서 우리를 택하사 우리로 사랑 안에서 그 앞에 거룩하고
흠이 없게 하시려고 그 기쁘신 뜻대로 우리를 예정하사 예수 그리스도로 말미암아
자기의 아들들이 되게 하셨으니 이는 그가 사랑하시는 자 안에서 우리에게 거저 주시는
바 그의 은혜의 영광을 찬송하게 하려는 것이라.

For he chose us in him before the creation of the world to be holy and blameless
in his sight. In love he predestined us to be adopted as his sons through Jesus
Christ, in accordance with his pleasure and will to the praise of his glorious grace,
which he has freely given us in the One he loves.

에베소서 1:4-6

━━━

예수 그리스도는 '구원주Saviors'이십니다. "하나
님이 세상을 이처럼 사랑하사 독생자를 주셨으니 이는 저를 믿는 자
마다 멸망치 않고 영생을 얻게 하려 하심이니라"(요한복음 3:16) 말씀
처럼 좁은 의미에서 구원은 '예수 그리스도를 마음으로 믿고 입으로
시인하여 영원한 생명을 얻는 것'을 말합니다. 예수 그리스도는 성령
하나님의 도움을 받아서 예수 그리스도의 구속 사역의 의미를 개개
인에게 알게 하시며, 개인이 구속 사역을 자신을 위한 일로 받아들
이도록 만듦으로써 구원을 받도록 만드시는 분이십니다.

그런데 넓은 의미에서 구원은 우리에게 구원을 적용시키는 사역들
의 목록 즉, 선택, 중생, 칭의, 성화 등 '구원의 서정Order of Salvation'
에 포함되는 모든 사역들을 이야기합니다. 삼위 하나님은 누구를 구

공병호가 만난 예수님

원하시기로 선택Election하신 것일까요? 그리고 어떻게 그런 결정을 내리신 것일까요? 성경은 하나님이 구원받을 자들을 이미 창세전부터 미리 예정하셨다고 말씀하고 있습니다. "그가 자기 백성을 그들의 죄에서 구원할 자"(마태복음 1:21)와 같은 말씀은 하나님이 이미 선택한 사람들에 한해서 구원을 허락하셨음을 말해 줍니다.

예를 들어 사도 바울과 바나바가 안디옥에서 이방인들을 상대로 복음을 전하기 시작할 때 의사였던 누가는 "이방인들이 듣고 기뻐하여 하나님의 말씀을 찬송하며 영생을 주시기로 작정된 자는 다 믿더라"(사도행전 13:48)라고 기록하고 있습니다. "작정된 자는 다 믿더라"는 문장이 창세전에 선택된 자들이 있었음을 말해 줍니다. 또한 "미리 정하신 그들을 또한 부르시고 부르신 그들을 의롭다 하신 그들을 또한 영화롭게 하셨느니라"(로마서 8:3) 말씀에서도 '미리 정하신 그들'이 선택의 범위에 대한 하나님의 주권을 확인할 수 있는 부분입니다.

하지만 예수 그리스도가 모든 사람들을 구원하신다는 만민구원론을 주장하는 분들도 있습니다. 이들은 앞에서 알미니안들로서 보편속죄에 바탕을 두고 만민구원론을 펼칩니다. 하지만 기독교의 정통 교리는 창세전에 하나님이 일부를 구원하시기로 결정하셨고 나머지는 포기하셨다는 주장을 펼칩니다. 이 주장은 칼빈주의의 제한속죄에 바탕을 두고 있습니다.

여기서 교파 간의 오래된 논쟁이 등장하게 됩니다. 앞에서 소개한 칼빈주의와 알미니안주의 사이의 대결입니다. 칼빈주의는 '무조건적 선택Unconditional Election'을, 반면에 알미니안주의는 '조건적 선택Conditional Election'을 주장합니다. '무조건적 선택'은 사람의 자유의지에 관계없이 창세전에 이미 하나님의 절대 주권에 의해 일방적으로 구원받을 자와 구원받지 못할 자가 결정됐다고 주장합니다. 구원과 멸망이 함께 결정된다는 점에서 이중예정二重豫定이라고 불리기도 합니다.

반면에 알미니안주의는 인간의 자유의지를 크게 강조하는 '조건적 선택'을 주장합니다. '조건적 선택'은 하나님의 예지豫知하심과 사람의 믿음의 순도에 따라 인간을 구원하시기로 창세전에 결정하셨다는 주장입니다. 인간이 가진 믿음 순도에 따라서 구원이 결정된다는 점에서 자유의지를 크게 반영한 주장입니다.

기독교의 정통 교리는 칼빈주의 입장에 서 있습니다. 어떤 사람이 구원받는 것은 인간의 선한 행위나 진정한 믿음과 같은 조건 때문이 아니라 하나님으로부터 일방적이고 무조건적으로 주어지는 은혜라는 점입니다. 여기서 인간의 이성으로는 다소 모순된 것처럼 보일 수 있는 현상이 생겨나게 됩니다.

왜 저 사람은 구원을 받을 수 있고, 또 다른 사람은 구원을 받을 수 없는 걸까요? 현대인들처럼 평등에 익숙한 사람이라면 얼마든지 하나님에 의한 무조건적 선택에 대해 의문을 가질 수 있습니다. 이성에 바탕을 둔 판단으로 이해하기 힘든 주장입니다. 그러나 하나님의 주권적인 의지라고 밖에 이야기할 수 없을 것입니다. 이런 점에서 하나님이 특정인을 구원하기로 선택하는 것은 무조건적일 뿐만 아니라 하나님의 절대주권에 속하는 일입니다. "하나님이 우리를 구원하사 거룩하신 소명으로 부르심은 우리의 행위대로 하심이 아니요 오직 자기의 뜻과 영원 전부터 그리스도 예수 안에서 우리에게 주신 은혜

공병호가 만난 예수님

대로 하심이라."(디모데후서 1:9)

믿지 않는 자들에게 '무조건적 선택'은 가슴에 울림이 없습니다. 어쩌면 다소 황당한 주장처럼 보일 수도 있습니다. 눈으로 볼 수도 없고 입증하기도 쉽지 않기 때문입니다. 하지만 믿는 자가 된 사람들 가운데는 가슴 깊이 울림을 느끼는 사람들이 있습니다. 자신이 믿게 된 일을 두고 "오랜 방황 끝에 자신이 믿게 된 일은 기적 같은 일이며, 이는 하나님이 자신을 선택하셨다"고 고백하는 사람들이 있습니다. 이런 분들은 자신으로 말미암아 후손들까지 세세손손 그리스도교를 믿게 된 일을 기적 그 이상의 일로 받아들이며, 이를 두고 하나님의 무조건적 선택으로 밖에 해석할 수 없음에 대해 고백하곤 합니다. 그들은 한결같이 자신이 특별히 선택돼 하나님의 자녀로 살아가게 된 일이나 그런 삶이 주는 특별한 혜택을 누려야 할 이유를 찾을 수 없기 때문입니다. 그러나 하나님에 의한 창세전의 선택이란 관점에서 보면 얼마든지 특별한 혜택을 이해할 수 있습니다. 두 가지 주장을 창세전의 선택이란 관점에서 살펴본 한 연구자의 글은 설득력이 있습니다.

알미니안주의는 조건적 선택 또는 예지 예정을 믿는다. 하나님은 자신이 미리 예정하신대로 믿음 안에서 그리스도를 보고 그 믿음을 끝까지 지속할 자에는 구원을 주시기로 결정하셨다. (…) 반면에 칼빈주의는 인간의 전적 무능력을 전제로 한 것인데, 그 인간에게 있어서 유일한 소망은 하나님의 '무조건적 선택'뿐이다. 따라서 하나님께 은총을 받아 선택된 사람은 구원을 받고, 하나님의 간과하심으로 선택을 받지 못한 사람은 멸망한다. 이 교리의 특정한 죄인들에 대한 하나님의 선택은 믿음, 회개 등과 같은 이런 예지된 반동이나 그들 편에 대한 순종에 근거를 둔 것이 아니다. 반대로 하나님은 그가 선택하신 각 개인에게 믿음과 회개를 주신다. (…) 이와 같이 하나님이 죄인을 택하심은 죄인이 그리스도를 선택한 것이 아니라 궁극적인 구원의 원인이다.

강상대, 「알미니안주의 5대 교리와 칼빈주의 5대 교리의 비교연구」,

안양대학교 신학대학원, 1999, p.22

다만 칼빈주의가 수동적인 복음 전달을 합리화하는 도구로 사용되지 않아야 한다는 점을 강조해 두고 싶습니다. 늦게 복음을 접한 저의 경험에 따르면 복음을 전하는 일을 적극적으로 해야 합니다. 우리는 누가 창세전에 하나님으로부터 선택받은 자인지를 사전적으로 알기는 힘듭니다. 믿는 자가 되려면 일단은 복음을 듣고 읽을 수 있어야 하기 때문입니다. 설령 창세전에 선택받은 자라 하더라도 복음을 접할 수 있는 기회가 주어지지 않는다면 복음을 받아들일 가능성은 아주 낮습니다.

칼빈주의를 비판하는 사람들은 하나님이 구원하기로 한 자에 대해서 하나님에 의한 무조건적 선택이 이루어진다면 굳이 전도를 하지 않아도 믿게 되는 것이 아니냐고 반문합니다. 그러나 이는 칼빈주의의 겉만을 이해하는 주장이라고 생각합니다. 믿음이란 결과물은 진공 상태에서 만들어지는 것이 아니라 세상의 모든 성과처럼 말씀이 전해질 때 가능한 일이기 때문입니다. 준비돼 있는 자라 하더라도 말씀이 전해질 때 비로소 믿기 시작합니다. 여기서 준비돼 있는 자는

공병호가 만난 예수님

하나님에 의해 창세전에 선택된 자라 부를 수 있습니다.

제가 예수님을 받아들이는 것도 준비된 자에게 말씀이 방송을 통해서 전해질 수 있었기 때문입니다. 말씀을 제대로 전달받을 수 없었다면 예수를 입으로 시인하고 마음으로 받아들이는 일은 더 긴 시간이 필요했거나 영영 불가능할 수도 있었을 것입니다. 삼성의 창업자 이병철 회장이 임종을 앞두고 던진 24가지 질문 가운데 하나가 "하나님의 존재를 어떻게 증명할 수 있나? 신은 왜 자신의 존재를 똑똑히 내 보이지 않는가?"이었습니다. 24가지 질문 대부분에 대해서 성경은 충분한 답을 제시할 수 있다고 봅니다. 임종 전이 아니라 들을 수 있는 시간과 건강을 갖고 있을 때 이런 질문들에 대한 질문을 던지고 답을 들을 수 있었다면 얼마나 좋았을까요? 그분이 이런 질문들에 대해 나름의 해답을 정리할 수 없었던 것은 누군가 전하는 사람이 없었기 때문이었을 것입니다. 세속적인 의미에서 대단한 성취를 한 분들이 자신을 내려놓고 보이지 않는 것들에 대해 찬찬히 귀를 기울이기는 쉽지 않습니다. 큰 어려움이 닥치기 전에는 말입니다.

설령 준비된 자라도 복음이 전해지지 않으면 하나님이 계시는지, 하나님이 어떤 분인지 그리고 나와는 어떤 관계에 있는지를 알 수 없습니다. 그래서 오늘날도 오지를 찾아서 복음을 전하는 데 열심인 선교사들은 정말 귀한 일을 하시는 겁니다. 믿음을 갖게 된 저는 예수님을 믿는다는 것이 자신의 삶만이 아니라 자식들의 삶에도 대단한 결과를 초래한다고 생각합니다. 뿌려진 복음의 씨앗이 어떤 결과를 낳게 될지는 오로지 하나님만이 아실 것입니다. 인간의 눈으로 측량할 수 없을 정도로 기적 같은 결과를 낳을 수 있습니다. 어쩌면 이 책

을 읽고 준비된 분들 가운데 믿음의 대열에 들어서는 분들도 나올 수
도 있을 것이라는 소망을 갖고 있습니다.

제사장으로서의 예수님

—

그리스도께서 대제사장 되심도 스스로 영광을 취하심이 아니요
오직 말씀하신 이가 그에게 이르시되 너는 내 아들이니 내가 오늘 너를 낳았다 하셨고
So Christ also did not take upon himself the glory of becoming a high priest. But
God said to him, "You are my Son; today I have become your Father."

히브리서 9:5

—

지금부터는 구속주로서의 예수님을 '제사장으로서의 예수님'이란 시각을 갖고 대하겠습니다. 카메라의 앵글을 살짝 조정하더라도 대상이 크게 다르게 보이기 때문입니다. 구약시대의 제사장은 백성들을 대표하여 하나님에 의해 임명된 자들입니다. 이들은 하나님 앞에 나아갈 수 있는 특권을 가진 사람일 뿐만 아니라 백성들을 대신하여 하나님께 말씀을 전하는 특권을 가진 사람입니다. 여기서 제사장들이 하나님께 하는 일은 크게 두 가지로 나눌 수 있습니다.

하나는 백성들을 위해 제사를 지냄으로써 죄 사함을 받고 거룩하게 만드는 일입니다. 거룩한 사람들만이 하나님 앞에 나올 수 있기 때문에 하나님 앞에 서기 위해서는 반드시 제사장이 주관하는 속죄

의식이 필요합니다. 다른 하나는 백성을 위해 중재(仲裁, 하나님과 인간 사이에 개입하여 화해시킴)의 역할을 맡아서 하는 일입니다. 제사장의 중재 사역 가운데 하나가 하나님께 백성을 도와달라고 기도하는 일입니다.

우선 죄 사함을 받기 위한 제사와 관련된 것에 대해 알아보겠습니다. 그리고 다음 장에서 백성을 위한 제사장의 중재에 대해 살펴보겠습니다.

구약은 구원주로 등장하는 하나님이 대제사장임을 여러 곳에서 전합니다. 예를 들어 시편 말씀 "여호와는 맹세하고 변하지 아니하시리라 이르시기를 너(메시아)는 멜기세덱의 서열을 따라 영원한 제사장이라 하셨도다"(시편 110:5)는 이를 말해 주고 있습니다. 하나님이 맹세하실 정도로 영구불변의 진리는 앞으로 나타날 메시아인 예수님이 멜기세덱의 모습을 한 제사장이 될 것이라는 것입니다. 멜기세덱은 아브라함의 조카 롯을 구출하고 돌아올 때 떡과 포도주를 갖고 아브라함을 맞았던 살렘 왕이며, '지극히 높으신 하나님의 제사장'을 말합니다. 히브리서 7장 1절에서 3장은 메시아가 살렘 왕이자 의의 왕, 평강의 왕인 멜기세덱일 뿐만 아니라 제사장이라고 증거하고 있습니다. 구약시대의 멜기세덱은 신약시대에 오실 예수 그리스도를 예표하고 있습니다.

구약의 제사장들은 소, 양, 염소 같은 짐승의 살을 태우고 피를 뿌려서 죄 사함을 구했습니다. 그러나 예수님은 자신의 생명을 제물로 내놓았습니다. 구약의 제사장들이 사용한 제물을 제사 때문에 매번 바쳐야 한다는 점에서 불완전한 제물로 볼 수 있지만 예수님의 생명

공병호가 만난 예수님

은 단 한 번의 제물로 모든 죄를 사한다는 점에서 완전한 제물로 볼 수 있습니다. 매번 희생제물을 바쳐야 하는 제사라는 점에서 구약의 제사장들이 지낸 제사는 불완전하고 잠정적인 제사이지만 예수님에 의한 제사는 단 한 번으로 끝나기 때문에 완전하고 최종적인 제사입니다.

앞에서 이미 강조한 바와 같이 예수님이 십자가에 못 박혀 죽으신 것은 예수님 자신을 제물로 드림과 동시에 제사장 직무를 수행하신 것을 말합니다. 죄 사함을 위한 최종적인 제사를 두고 히브리서는 여러 차례 그 의미를 강조하고 있습니다. 예를 들어 보겠습니다. "우리에게 큰 대제사장이 계시니 승천하신 이 곧 하나님의 아들 예수시라"(히브리서 4:14), "그(예수님)가 단번에 자기를 드려 이루셨음이라"(히브리서 7:27), "염소와 송아지의 피로 하지 아니하고 오직 자기의 피로 영원한 속죄를 이루사 단번에 성소에 들어가셨느니라"(히브리서 9:12), "예수 그리스도의 몸을 단번에 드리심으로 말미암아 우리가 거룩함을 얻었노라."(히브리서 10:10)

예수님의 희생제물 되심과 제사장직 수행은 역사적 사건이지만 과거는 물론이고 현대와 미래에도 계속되는 매우 중요한 의미를 갖고 있습니다. 개벽이라는 표현이 적합할 정도로 예수님의 희생 제사는 중요합니다. 단 한 번으로 마무리된 예수님의 희생 제사는 더 이상 믿는 자가 예루살렘 성전을 방문할 필요를 없애 버렸습니다. 또한 예수님은 더 이상 믿는 자와 하나님 사이에 제사를 대신해 주어야 할 제사장을 필요하지 않게 만드셨습니다. 예수님에 의한 단 한 번의 제사로 말미암아 믿는 자들이 하나님께 직접 나아갈 수 있는 길이 활짝

열렸습니다. 거룩해지기 위해 동물의 피를 뿌려야 할 필요도 없고 제사장과 같은 사람들에게 의지해야 할 필요도 없습니다. 그리고 예루살렘 성전을 찾아가야 할 필요도 없습니다. 오로지 예수님을 마음으로 믿고 입으로 시인하는 것만으로 언제 어디서나 하나님의 만날 수 있는 길이 열린 셈입니다. 구약시대와 견주어 보면 믿음을 가진 자들에겐 천지개벽과 같은 일이 일어난 것이지요. 누군가 저에게 예수를 구주로 받아들이고 나서 경험하는 것 가운데 가장 생생하고 강력한 것이 무엇이냐고 묻는다면 단호하게 이야기할 수 있습니다. 언제 어디서나 예수님의 이름으로 하나님에게 곧바로 나아갈 수 있다는 사실을 깊이 체험하는 것입니다. 비행기 안에서, 열차 안에서, 골방에서, 심지어 지하철 안에서도 눈을 감고 소음을 통제할 수 있다면 언제든지 가능한 일입니다. 이 얼마나 놀라운 일입니까?

앞에서 우리는 이미 성전을 이루는 성소, 지성소, 속죄소에 대해 알아보았습니다. 일반 백성은 세 군데 가운데 어느 것 하나에도 감히 범접할 수 없었습니다. 이들 장소에도 제사장들만이 접근할 수 있는 곳이었습니다. 특히 지성소에는 일 년에 딱 한 번 대제사장만 들어갈 수 있는 곳이었습니다. 구약시대에는 백성들과 제사장 사이에는 엄청난 신분의 격차가 있었습니다. 백성들은 제사장에게 전적으로 의존할 수밖에 없었습니다. 제사장들이 나를 위하여 혹은 우리를 위하여 하나님과 관련된 모든 것들을 주관하기 때문입니다. 힘이 한 쪽으로 쏠리면 늘 부패가 생기게 되는데 성경에는 우상을 숭배하거나 교만하여 부패한 제사장들과 왕이 자주 등장합니다.

그러나 예수님이 죽음을 당하실 때 지성소와 성소를 가로막던 성전의 휘장이 위에서 아래로 찢겨져 내리는, 초대형 사건이자 기념비적인 사건이 발생하게 됩니다. 누가복음은 예수님의 숨지기 직전에 예루살렘의 성전에 있는 성소의 휘장이 찢겨져 내린 상황을 "성소의 휘장이 한가운데가 찢어지더라"(누가복음 23:45)라고 전합니다. 이 사건을 기점으로 구약시대에는 제사장들만이 들어갈 수 있었던 성소에 누구든지, 언제든지, 어느 곳에서든지 예수 그리스도만을 의지하면 하나님께 나아갈 수 있게 됐습니다. 예수님이 자신의 생명을 바치는 대가를 치름으로써 우리는 하나님에 앞에 당당히 나아갈 수 있게 됐습니다. 히브리서는 "그러므로 우리가 긍휼하심을 받고 때를 따라 돕는 은혜를 얻기 위하여 은혜의 보좌 앞에 담대히 나아갈 것이니라"(히브리서 4:16)고 증거하고 있습니다. 예수님이 우리의 죄를 대신하여 죽음을 당하셨기 때문에 마음으로 믿어 의에 이르고 입으로 시인하여 구원에 이른 모든 사람은 언제 어디서나 하나님을 만날 수 있게 됐습니다.

> 그러므로 형제들아 우리가 예수의 피를 힘입어 성소에 들어갈 담력을 얻었나니 그 길은 우리를 위하여 휘장 가운데로 열어 놓으신 새로운 살 길이요 휘장은 곧 그의 육체니라. 또 하나님의 집 다스리는 큰 제사장이 계시매 우리가 마음에 뿌림을 받아 악한 양심으로부터 벗어나고 몸은 맑은 물로 씻음을 받았으니 참 마음과 온전한 믿음으로 하나님께 나아가자. 히브리서 10:19-22

여기서 우리가 주목해야 할 점은 모두가 하나님 앞에 나아갈 수 있지만 하나님을 만나거나 하나님으로부터 기도의 응답을 받기를 원하는 사람은 한 가지를 기억해야 한다는 것입니다. 사람 마음의 가장 깊숙한 곳인 카르디아heart까지 말씀으로 채워지고 성령으로 충만할 때만이 기도의 응답을 받을 수 있고 신앙생활의 기쁨을 누릴 수 있다는 점입니다. 아담이 죄를 지은 이후에 우리의 마음속은 알게 모르게 사탄의 성품들이 가득 차 있습니다. 질투심, 시기심, 열등감, 분노, 배반, 초조, 불안감 등이 깊숙이 자리를 잡고 있습니다. 이것을 얼마나 그리고 어떻게 제거할 수 있는지가 중요합니다.

우리가 말하는 성화는 예수님의 성품을 닮아 가는 과정은 말합니다. 이는 말씀이 마음의 깊숙한 곳인 카르디아까지 매일 매일 그리고 매 순간 순간 닿도록 노력하는 일입니다. 우리가 가진 좋지 못한 성품들이 하나님의 말씀과 성령의 역사로 씻어 내려가도록 만드는 일입니다. 대신에 예수님의 성품으로 그곳을 가득 채워 나가야 합니다. 머리로만 예수를 믿는 것이 아니라 온 마음을 다하여 제대로 예수님을 믿어야 하는 것을 말합니다. 이를 달리 생각하면 우리가 가진 사탄의 성품을 매일 매일 십자가에 못 박고 내가 사는 것이 아니라 내 안에 그리스도가 대신 살도록 만들어 가는 것입니다.

성경은 사탄의 성품을 '쓴 뿌리bitter root'에 비유합니다. 진정한 그리스도인이 되는 것은 '쓴 뿌리'를 말씀과 성령의 역사함으로 제거하는 일입니다. "(너희는) 쓴 뿌리가 나서 괴롭게 하여 많은 사람이 이로 말미암아 더럽게 되지 않게 하며"(히브리서 12:15). 쓴 뿌리를 제거하는 일은 우리 스스로를 매일 매일 거룩하게 만드는 일입니다. 성경에는 '거룩'이란 표현이 자주 등장합니다. 예수님은 직접 "내가 거룩하

공병호가 만난 예수님

니 너희도 거룩할지어다Be holy, because I am holy"(베드로전서 1:16)라고 말씀하십니다.

뿌리 깊은 죄를 가진 인간이지만 인간의 마음에는 또 다른 밝은 면이 있습니다. 참다움眞, 아름다움美 그리고 선함善을 추구하는 것입니다. 그래서 뛰어난 예술이 나오고, 아름다운 디자인이 나오고, 멋진 상품이 나옵니다. 인간은 진선미를 추구하는 것에만 만족하고 머무를 수 있는 존재는 아니라고 봅니다. 진선미를 극단적으로 추구하는 사람들은 그것이 충분하지 않다는 것을 알게 됩니다. 예를 들어 진리를 치열하게 추구하는 사람들은 그 자체로 멋진 일이기는 하지만 그것이 참다운 평안을 자신에게 가져다 줄 수 없음을 알게 됩니다. 진선미 위에 '성스러움(聖, holiness)'이 있음을 알게 되지요.

인간은 스스로 성스러움을 향해 나아갈 때 최고의 행복을 누릴 수 있습니다. 모든 학문의 궁극적 지향점은 성(聖, 성스러움)에 이르는 것이라고 하지만 그리스도교인에게 성스러움을 향해 나아가는 것은 성화를 말합니다. 하나님의 형상을 본받아 지음을 받은 존재는 원래의 형상에 다가갈 때 참 행복과 평안을 누릴 수 있답니다.

성스러움이란 단어는 우리들에게 성직자를 생각하게 합니다. 그래서 잠시 화제를 바꾸어서 개신교의 목사나 가톨릭의 신부라는 성직자에 대해 생각해 보겠습니다. 여러분 가운데 개신교에서 목사님은 어떤 위치를 차지하고 있는 분인지에 대해 궁금함을 가진 분들이 있을 것입니다. 구약에서 목사직의 기원은 제사장과 선지자들에게 찾아야 할 것입니다. 그리고 신약에서는 예수님이 12제자를 세우시고 "너희는 가서 모든 족속으로 제자를 삼아 아버지와 아들과 성령의 이름으로 세례를 주고 내가 너희에게 분부한 모든 것을 가르쳐 지키게 하라"(마태복음 28:19-20)와 "내 양을 먹이라. 내 양을 쳐라"(요한복음 21:15-17) 등의 말씀에서 나오는 12제자의 직분 즉, 사도직에서 찾아야 할 것입니다.

개신교 목사직의 뿌리에 해당하는 사도(使徒, apostle)는 복음을 전하기 위해 보냄을 받은 자들입니다. 사도는 세 가지 조건 즉, 모태에서부터 택함을 받아야 하고, 하나님으로부터 부르심을 받아야 하고, 복음 전파라는 임무를 제대로 수행하기 위해 일정한 준비 기간을 거쳐야 합니다. 현대의 사도인 목사는 하나님의 말씀을 잘 전하시는 분들이고 성도들의 영적 성장과 전도에 힘쓰는 분들입니다. 장로교 헌법 제5장 24조는 목사의 임무를 다름과 같이 밝혀 두었습니다.

교인을 양육하는 목자이며, 그리스도를 봉사하는 종 또는 사자이며, 교인의 모범이 돼 교회를 처리하는 장로이며, 그리스도의 말씀으로 교인들을 깨우치는 교사이며, 구원의 복된 소식을 전하는 전도인이며, 그리스도의 설립한 율례를 지키는 자인고로 하나님의 도를 맡은 청지기이다.

김준석, '대한예수교장로회 헌법', 1897, p.190

하지만 우리가 잊지 말아야 할 일은 목사님 역시 평신도와 마찬가지로 하나님의 선택된 종이란 사실입니다. 평신도와 달리 목사님의 경우는 대부분이 '귀 뚫린 종bond-servant'으로 평생 동안 예수님을 상전으로 온전히 섬기기로 결심하고 살아가는 분들입니다. 하지만 그리스도인들은 말씀을 듣고 배우는 일부터 여러 가지를 목사님으로부

공병호가 만난 예수님

터 배우고 도움을 받아야 하지만 하나님과 친밀한 교제는 믿는 자 스스로 할 수 있어야 합니다.

제가 이따금 교회에서 강연을 할 기회가 있습니다. 저는 거의 매일 강연을 하는 사람이지만 목사님이 설교를 하는 설교 단상 즉, 강대상에는 불편함을 느낍니다. 자주 서 보지 않아서 느끼는 불편함도 있지만 강대상을 성스러운 곳이라고 생각하기 때문입니다. 그런 불편한 느낌은 당연한 것이라 생각합니다. 왜냐하면 목사님의 설교 단상은 원래 성전 구조로 미루어 보면 지성소를 의미하기 때문입니다. 지금도 유럽의 웅장한 교회를 가면 평신도는 감히 범접할 수 없을 정도로 설교 단상이 높고 화려하고 위엄이 있음을 알 수 있습니다. 감히 신발을 벗고서도 들어갈 엄두가 나지 않습니다. 지금도 역사가 오래된 교회를 가면 강대상이 무척 높은 편입니다. 세월이 흐르면서 점점 강대상의 높이도 낮아지고 크기도 작아지는 것은 예배의 예식보다는 전하는 하나님 말씀의 의미가 중요하다고 생각하기 때문입니다.

이 책을 쓰는 기간 동안 미국 교계의 지도자 가운데 한 분이 헌금으로 220만 달러(23억 원) 상당의 호화 관저를 지었다가 여론의 뭇매를 맞고 사과하는 기사를 읽었습니다. 사과 성명에서 "나는 주택대출 이자와 등록금 그리고 다른 지출로 고통받는 신자 가족들에게 미칠 영향을 고려하지 못했다"고 사과를 했습니다. 이분의 연세가 66세임을 고려하면 그것은 범하지 말았어야 할 실수입니다.(Mark Davis, 'Archbishop apologizes for $2.2million home', ajc.com, 2014.4.1.)

성경에도 사도의 권리 즉, 사도권을 남용하는 '거짓 사도'들이 등장합니다. 사도권을 남용하는 사도들은 스스로 광명의 천사로 가장하지만 사도 바울은 이들을 사탄에 비유합니다. 오늘날도 사도의 이름으로 하나님을 위해 사용해야 마땅한 물질을 남용하여 자신을 위해 사용하는 사도들이 이따금 등장합니다. 헌금 남용은 초대 교회에도 문제가 됐습니다. 위의 호화 관사 건립도 그런 경우에 해당합니다. 이런 사건은 하나님의 자녀를 하나님으로부터 멀어지게 만들 수 있습니다. 이런 점에서 사도 바울이 고린도교회에 쓴 서신에서 돈 문제에 청렴함을 유지하기 위해 자신이 얼마나 노력해 왔는가를 역설하는 장면은 인상적입니다.(고린도전서 9장, 고린도후서 11-12장) 사도 바울은 자신이 헌금으로 결혼할 수도 있고 의식주의 필요를 채울 수도 있는 권리를 갖고 있지만 이를 행사하지 않았다고 말합니다. 또한 헌금을 사용할 권리가 있지만 이런 권리를 스스로 행사하지 않고 억제했던 이유에 대해 복음을 전하는 데 방해가 되기 때문임을 분명히 말합니다. "우리가 이 권리(교인들이 사도 바울을 물질적으로 지원할 권리)를 쓰지 아니하고 범사에 참는 것은 그리스도의 복음에 아무 장애가 없게 하려 함이로다."(고린도전서 9:12)

성직자도 인간이기 때문에 죄를 범할 수 있습니다. 그럼에도 불구하고 물욕이나 성욕 그리고 권력욕 때문에 자범죄를 범하는 성직자를 볼 때면 "만일 우리가 하나님과 사귐이 있다 하고 어두운 가운데 행하면 거짓말을 하고 진리를 행치 아니함이거니와"(요한일서 1:5) 말씀을 떠올리게 됩니다. 사도들은 그 어떤 사람보다도 하나님과 친밀한 인격적 교제를 나누는 분들입니다. 하나님은 빛이시기 때문에 하나님과 친밀하게 그리고 진정으로 교제하는 분들에게 어둠이 함께해서는 안 되는 일입니다.

공병호가 만난 예수님

중보자로서의 예수님

그러므로 자기를 힘입어 하나님께 나아가는 자들을 온전히 구원하실 수 있으니
이는 그가 항상 살아 계셔서 그들을 위하여 간구하심이라.
Therefore he is able to save completely those who come to God through him,
because he always lives to intercede for themd.

히브리서 7:25

다들 사는 게 힘듭니다. 겉으로는 아무 문제가 없는 것처럼 보이는 사람들도 저마다 인생의 묵직한 무게를 지고 살아갑니다. 삼성그룹 창업자 이병철 회장조차 생의 끝자락에서 신부님에게 던진 질문이 "삶은 왜 힘든가"였다죠. 여러분도 나를 도와주는 분이 계시면 참 좋겠다는 생각을 할 때가 있을 것입니다. 믿기 어려운 분도 계시겠지만 늘 여러분을 위해 기도하시는 분과 함께 인생을 살아갈 수 있습니다. 그리고 누구든지 삶의 중압감을 크게 내려놓은 채 살아갈 수 있습니다. 여기서는 인생의 짐을 덜 수 있는 일에 대해 설명하겠습니다.

구약의 제사장들은 제사 이외에 또 하나의 중요한 기능을 수행했습니다. 백성들을 위해 찬양하고 기도함으로써 하나님을 기쁘게 하

는 일이었습니다. 예수님은 구약 선지자들의 기도 기능을 맡아서 대신해 주십니다. 그런데 기도의 양과 질을 중심으로 보면 구약의 선지자들은 예수님과는 비교될 수 없습니다.

예수님의 기도에 대해 성경은 "그러므로 자기(예수님)를 힘입어 하나님께 나아가는 자들을 온전히 구원하실 수 있으니 이는 그가 항상 살아서 저희를 위하여 간구(懇求, 간절히 바람)하심이니라"(히브리서 7:25)라고 증언하고 있습니다. 또한 사도 바울은 "그리스도는 하나님 우편에 계신 자요 우리를 위하여 간구하시는 자시니라"(로마서 8:34)라고 말합니다. 과거에만 그렇게 하시는 것이 아니라 지금도 그렇게 하고 계시며 앞으로도 창세전에 선택받은 자들을 위해 계속 기도하실 것입니다. 여기서 믿는 자와 믿지 않는 자 사이에는 큰 차이가 있습니다. 예수님이 선택받은 자를 위해 하시는 기도를 역사적 사실에 불과하다고 보는 사람들도 있고 그런 일을 받아들일 수 없는 분들도 있을 것입니다. 그러나 믿는 자는 이를 역사적 사실일 뿐만 아니라 현재에도 계속되고 있으며 앞으로도 계속될 일로 받아들입니다. "자기(예수님)를 힘입어 하나님께 나아가는 자들은 온전히 구원하실 수 있으니 이는 그(예수님)가 항상 살아서 저희를 위하여 간구하심이니라."
(히브리서 7:25)

성경은 예수님이 죽임을 당한 이후에 부활하시고 승천하셔서 지금도 하나님 우편에 앉아서 믿는 자를 위해 간구하시고 계신다고 말씀하십니다. 이때 간구는 구체적인 청원이나 요청 그리고 바람에 대해 예수님이 우리를 대신해서 중보(仲保, meditate, 메시테스)기도하는 것을 말합니다. 그래서 제사장으로서의 예수님을 생각할 때면 속죄 사역

뿐만 아니라 중보기도를 생각하지 않을 수 없습니다. 그래서 예수님은 '중보자'라고 불리기도 합니다. 흔히 우리는 다른 사람을 위한 기도를 중보기도라고 부르기도 하지만 엄밀한 의미에서 중보기도는 예수님만이 할 수 있는 기도입니다. 왜냐하면 하나님과 사람 사이에 중보자는 유일하게 예수님뿐이시기 때문입니다. 대신에 우리가 다른 사람을 위한 기도는 도고(都賈, intercession, 엔톡시스)기도라고 부르는 것이 정확한 표현입니다. "내가 첫째로 하노니 모든 사람을 위하여 간구와 기도와 도고와 감사를 하되"(디모데전서 2:1).

구약시대처럼 제사장이 우리를 대신해서 하나님께 기도를 해야 하는 것은 아닙니다. 우리는 언제 어디서나 누구든지 예수님의 이름을 받들어서 기도를 할 수 있는 시대를 살아가고 있습니다. 성경을 마음껏 읽을 수 있는 것을 감사할 수 있는 것처럼 기도를 마음껏 할 수 있는 것도 크게 감사해야 할 일입니다. 그것도 성전인 예배당을 찾지 않고 '예수의 이름으로' 언제 어디서나 기도를 할 수 있게 됐으니 말입니다.

이 모든 것은 예수님의 보혈 때문에 가능하게 된 것입니다. 북한처럼 목숨을 내놓고 믿음을 지켜야 하는 사람에게 성경과 기도는 목숨과 맞바꿀 수 있는 것입니다. 자유 사회에 사는 우리는 성경과 기도를 그렇게 중요하게 생각하지 않습니다. 그러나 그 가치를 깊이 새길 수 있는 사람이라면 목숨에 필적할 정도로 소중한 것이 성경과 기도라고 생각합니다. 기도는 작은 방에서 혼자 할 수도 있고, 함께 모여서 할 수도 있고, 잠시 앉은 장소에서도 할 수 있고, 걸어가면서도 할 수 있습니다. 스스로 기도의 힘을 체험하는 사람들은 "세상에 이만한 것이 있을까"라는 감동을 맛보게 됩니다.

그런데 구약의 선지자가 행하는 백성을 위한 찬양과 기도는 엄밀한 의미에서 그리스도의 중재仲裁 사역에 해당합니다. 중재 사역에는 중보기도 이외에 예수님이 우리를 위해 행하시는 다양한 일들이 포함됩니다. 하나님 우편에 앉아 계신 예수님은 선택받은 자를 위한 중보기도 이외에 우리를 위해 대언하시는 일, 우리가 하나님께 나아갈 수 있도록 하는 일, 구속의 은혜 등을 행하십니다.

예수님의 중재사역을 할 수 있는 일은 그냥 이루어진 것은 아닙니다. 예수님이 자신의 생명을 바쳤기 때문에 가능한 일입니다. 아무런 값을 치루지 않고 하나님에게 이것을 해 달라 저것을 해 달라고 예수님도 요청하시기가 쉽지 않습니다. 그러나 성부 하나님의 명령에 따라 예수님은 자신이 가진 가장 귀한 것인 생명을 바침으로써 당당하게 자기 백성을 위한 축복을 성부 하나님께 요구할 수 있습니다. 그뿐 아니라 예수님은 사탄이나 율법이 백성들이 누려야 할 축복을 빼앗아 가는 것을 보호해 달라고 성부 하나님께 요구하실 수도 있습니다. 예수님의 중재 사역에 모든 기초에는 목숨을 바친 예수 그리스도가 있었음을 잊지 않아야 합니다. 그래서 교회는 죄인인 우리를 위해 가장 귀한 목숨까지 바친 예수님을 적극적으로 알려야 하는 사명을 갖고 있습니다.

흥미로운 점은 예수님이 중보기도를 하는 대상이 '지금' 믿는 자들인 것만은 아닙니다. 예수님은 창세전에 이미 선택받은 자들을 모두 중보기도의 대상으로 삼고 있습니다. 따라서 현재를 기준으로 믿지 않는 분이라 하더라도 창세전에 그분의 선택을 받았다면 당연히 중

공병호가 만난 예수님

보기도의 대상이 되는 것이지요.

여기서 우리는 다시 한 번 창조 사역의 목적에 대해 생각해 보았으면 합니다. 모든 피조물이 창조된 것은 하나님에게 영광과 경배와 찬양을 바치기 위함입니다. 하나님을 기쁘게 할 수 있어야 합니다. 하나님은 당신의 형상대로 지은 인간이 무엇을 할 때 기뻐하실까요? 기도는 하나님을 기쁘게 하는 활동 가운데 손에 꼽을 정도로 중요합니다. 정기적으로 기도하는 일은 자신을 위한 일인 것처럼 보이지만 실상은 하나님을 기쁘게 하는 예배입니다. 늘 기도하는 사람들은 늘 하나님을 기쁘게 하는 사람들입니다. 사도 바울은 중보자 예수님에 대해 기도해야 할 이유를 "하나님은 한 분이시요 또 하나님과 사람 사이에 중보도 한 분이시니 곧 사람이신 그리스도 예수라"(디모데전서 2:5)고 말합니다. 인간에게 죄 사함을 가능하게 해 주시는 분은 단 하나의 유일한 중보자이신 예수 그리스도뿐이십니다.

늦깎이로 신앙에 입문한 저는 기도를 통해서 차근차근 자기 중심의 생활에서 점점 하나님 중심으로 삶의 축이 움직여 가는 것을 느끼고 있습니다. 우리는 하나님이 기뻐하실 일일 뿐만 아니라 인간적인 측면에서 큰 힘을 기도로부터 얻을 수 있습니다. 하나님을 직접 만나는 즐거움이자 친밀한 대화를 나누는 기쁨은 그 어떤 행복감과 비교할 수 없습니다.

하나님은 자신에게 늘 의지하고 늘 물어보는 사람을 얼마나 좋아하실까요? 이런 사실을 왜 늦게 깨우치게 됐을까라는 생각을 자주 합니다. 우리가 게으름을 피우더라도 예수님이 우리를 위해 계속 기도하고 계신다는 사실은 큰 위안을 가져다줍니다. 그뿐 아니라 예수님은 우리가 기도할 수 있도록 중보하고 계십니다. 조직 신학자 루이스 벌코프는 기도에 대해 이렇게 말했습니다.

우리가 기도 생활에 태만할 때조차도 그리스도께서 우리를 위해 기도하신다는 것은 위로가 된다. 그는 우리의 마음에 없고 기도 중에 포함시키지도 않은 영적인 필요를 위해서도 하나님께 기도를 하시며 우리가 의식도 하지 못하는 위험으로부터 보호하고 우리가 알지도 못하지만 우리를 위협하는 원수로부터 우리를 보호하는 기도를 하신다. 그는 우리의 믿음이 사라지지 않고 결국에는 승리할 수 있기 위해서도 또한 기도하고 계신다.

루이스 벌코프, 『조직신학』, p.403

언제 어디서나 예수 그리스도는 여러분과 하나님 사이에 들어오셔서 화목하게 하시고, 대언하시고, 기도하시고, 보호하시는 등 다양한 중재 사역을 펼치시고 계십니다. 믿는 자는 중재자로서의 예수님 그리고 중보자로서의 예수님을 찬양해야 합니다.

공병호가 만난 예수님

왕으로서의 예수님

예수께서 총독 앞에 섰으매 총독이 물어 이르되 네가 유대인의 왕이냐
예수께서 대답하시되 네 말이 옳도다 하시고
Meanwhile Jesus stood before the governor, and the governor asked him, "Are you
the king of the Jews?" "Yes, it is as you say," Jesus replied.
마태복음 27:11

'왕으로서의 그리스도'는 우리가 예수님을 이해하는 데 중요합니다. 기원전 4년, 예수님이 유대 베들레헴에서 탄생하셨을 때 동방으로부터 찾아온 박사들은 "유대인의 왕으로 나신 이가 어디 계시냐. 우리가 동방에서 그의 별을 보고 그에게 경배하러 왔노라 하니"(마태복음 2:2)라고 말했습니다. 헤롯왕이 버젓이 있는 동안 그런 이야기가 나왔으니 소동이 일어날 법한 일이었습니다. 그래서 분노한 헤롯왕은 베들레헴과 그 부근에서 태어난 두 살 아래의 아이들을 모두 죽이라고 명령하기까지 했습니다.

성경에는 예수님이 보리떡 다섯 개와 물고기 두 마리를 갖고 오천 명쯤 되는 사람들을 먹이는 표적을 목격한 사람들이 예수님을 지상의 왕으로 만들려는 계획과 이를 거절하는 내용이 나옵니다. "예수께

서 그들이 와서 자기를 억지로 붙들어 임금으로 삼으려는 줄 아시고 다시 혼자 산으로 떠나가시니라."(요한복음 6:15) 세속적인 의미에서 왕권王權은 영토를 갖고 백성을 다스리는 힘을 말합니다. 하지만 예수님은 세속적인 의미의 왕권이 아니라 특별한 왕권을 갖고 계셨습니다. 왜냐하면 예수님은 하나님의 아들이시기 때문입니다.

예수님은 로마 총독 빌라도 앞에서 자신의 왕권은 세속적인 왕권이 아니라는 사실을 말씀하십니다. "예수께서 대답하시되 내 나라는 이 세상에 속한 것이 아니니라. 만일 내 나라가 이 세상에 속한 것이었더라면 내 종들이 싸워 나로 유대인들에게 넘겨지지 않게 했으리라."(요한복음 18:36)

예수님이 말씀하시는 '내 나라'는 어떤 나라일까요? 예수님의 나라는 하나님 나라를 말합니다. 예수님은 3년 반에 걸친 공적 생활 기간 동안 설교를 통해 하나님 나라가 임하게 될 것임을 여러 차례 말씀하셨습니다.

> 이때부터 예수께서 비로소 전파하여 이르시되 회개하라, 천국(the kingdom of heaven)이 가까이 왔느니라 하시더라. 예수께서 온 갈릴리에 두루 다니사 그들의 회당에서 가르치시며 천국 복음(the good news of the kingdom)을 전파하시며 백성 중의 모든 병과 모든 약한 것을 고치시니 그러나 내가 하나님의 성령을 힘입어 귀신을 쫓아내는 것이면 하나님의 나라(the kingdom of God)가 이미 너희에게 임했느니라. 마태복음 4:17, 23, 12:28

공병호가 만난 예수님

예수님은 지상 나라의 백성을 다스릴 수 있는 왕권을 가지신 분이 아니라 하나님 나라의 백성을 다스릴 수 있는 왕권을 가지신 분이십니다. 예수님만이 가질 수 있는 왕권은 두 가지로 구성됩니다. 하나는 자기 백성을 향한 통치권인 영적 왕권spiritual kingship이며 다른 하나는 삼층으로 이루어진 우주에 대한 통치권인 우주적 왕권universal kingship입니다.

우선 영적 왕권에 대해 이야기하도록 하겠습니다.

여러분이 예수님을 구주로 믿게 되면 여러분 자신이 교회가 됩니다. 제가 새벽 일찍 일어나서 작업실의 옆에 있는 작은 방에 큼직한 방석을 놓고 새벽기도를 위해 가부좌를 하고 앉을 때면 "내가 교회이구나. 이 시간도 하나님께 영광을 돌릴 수 있고, 대화할 수 있고, 만나 뵐 수가 있구나"라는 생각을 합니다. 이곳저곳을 이동할 때도 자주 "교회가 이동하고 있구나"라는 생각을 한답니다. 교회와 하나님 사이에 끼어들어야 할 특별한 사람이나 단체는 필요하지 않습니다.

믿는 자들이 모인 신앙공동체도 또 다른 교회가 되는 것이지요. 성도들의 모임도 교회라는 이야기입니다. 흔히 우리가 교회하면 건축물과 같은 하드웨어를 떠올립니다만 그것이 교회의 본뜻은 아닙니다. 저는 교회의 의미를 정확히 새기는 것이 올바른 신앙생활에서 중요하다고 생각합니다. 이따금 하드웨어로서의 교회 내부에서 발생하는 분규 때문에 고민하는 성도들을 만날 때도 있고 교회의 내분 때문에 눈살을 찌푸리게 하는 일들도 만나게 됩니다. 이때 신앙생활 자체에 회의를 느끼는 분들도 있습니다. 얼마 전에 만난 70대의 분은 저에게 이런 이야기를 하셨습니다.

"제 아내가 20년째 교회를 다닙니다. 교회를 개척한 원로 목사님이 선의를 갖고 은퇴하신 이후에 청빙한 목사님의 자격 시비를 두고 교인들 사이에 싸움이 났습니다. 분규가 보통 심각한 것이 아닙니다. 이런 경우는 아내가 어떻게 해야 하나요? 제가 교회에 나가고 싶은 마음을 갖더라도 이런 분규를 보면 나가고 싶은 마음이 싹 가시고 말거든요."

대화를 나눈 분은 교회를 예배를 드리는 장소 개념으로 받아들이고 있음을 알 수 있습니다. 저는 "믿음은 믿는 자와 하나님 사이에 개인적인 관계입니다"라는 말씀을 해 주었습니다. 제가 전하고 싶었던 이야기는 "믿는 자마다 교회가 된다"는 것입니다.

교회의 원래 뜻은 헬라어로 '에클레시아Ekklesia'입니다. 에클레시아는 '에크+칼레오'의 합성어입니다. 여기서 에크는 '~로부터'라는 전치사, 칼레오는 '부르다'는 동사입니다. 그러므로 에클레시아는 세상과 구분돼 하나님으로부터 불러냄을 받은 사람 혹은 죄 때문에 죽을 수밖에 없는 사람들로부터 부르심을 받은 사람이란 뜻입니다.

믿는 자마다 하나님이 거하시는 성전이 되는 것이지요. 그래서 교회의 정확한 의미는 하나님을 믿는 개인 혹은 개인들로 구성된 그룹 혹은 단체를 말합니다.

하나님의 자녀마다 교회가 된다는 근거는 어디에서 찾을 수 있을까요? 예수님이 "너희는 나를 누구라고 생각하는가"라고 물었던 질문의 답은 마태복음 16장 16절에서 18절 말씀에 있습니다.

공병호가 만난 예수님

시몬 베드로가 대답하여 이르되 주는 그리스도시요 살아 계신 하나님의 아들이시니이다. 예수께서 대답하여 이르시되 바요나 시몬아 네가 복이 있도다. 이를 네게 알게 한 이는 혈육이 아니요 하늘에 계신 내 아버지시니라. 또 내가 네게 이르노니 너는 베드로라. 내가 이 반석 위에 내 교회를 세우리니 음부의 권세가 이기지 못하리라.

마태복음16:16-18

예수님은 베드로의 고백(주는 그리스도시오 살아 계신 하나님의 아들이시니이다)이 교회의 주춧돌임을 말씀하셨습니다. 이 고백을 하는 사람과 사람들의 모임마다 교회라는 뜻입니다. 믿는 자는 모두 교회가 되며 교회의 주인은 예수 그리스도라는 이야기입니다.

또한 교회마다 하나님의 특별한 권세authority를 허락했습니다. 그 어떤 음부의 권세가 교회를 이기지 못한다는 것이지요. 예수님이 하나님의 자녀에 대해 확고한 보호를 약속하신 것입니다.

예수님의 왕권은 영적 영역에 속하며 믿음으로 하나님의 자녀가 된 사람들의 마음과 생활을 통치 대상으로 삼습니다. "하나님의 나라는 볼 수 있게 임하는 것이 아니요 또 여기 있다, 저기 있다고도 못하리니 하나님의 나라는 너희 안에 있느니라."(누가복음 17:20-21)

예수님의 왕권이 추구하는 목표는 무엇일까요? 구원으로부터 시작해서 성화를 통해 하나님을 닮아 가도록 함으로써 하나님에게 영광을 돌리고 경배하고 찬양하도록 하기 위함입니다. 예수님이 왕권을 가능하게 하는 수단은 무엇일까요? 말씀과 성령입니다. 예수님이 왕권을 어떤 방법으로 행사하나요? 바로 교회와 교회의 모임들이 하나님께 복종하게 만드시는 일과 하나님이 교회를 다스리고 보호하는 일입니다.

모든 교회의 주인은 예수님이십니다. 성경은 교회를 지체로, 몸을 예수님에 비유해서 설명하고 있습니다. 한 몸에 많은 지체가 있듯이 모든 교회들은 예수님의 지체입니다. "또 만물을 그의 발아래에 복종하게 하시고 그를 만물 위에 교회의 머리로 삼으셨느니라. 교회는 그의 몸이니 만물 안에서 만물을 충만하게 하시는 이의 충만함이니라." (에베소서 1:22-23) 그러나 교회사를 들여다보면 교회가 거대한 권력화의 길을 걷게 되고 세속 사회와 마찬가지로 부패하는 일들이 빈번히 일어났음을 알 수 있습니다. 성도의 수가 늘어나면서 필요에 따라 교회 건축물이 커지고 교권이란 이름으로 권력화의 길을 걸어가면서 부패하게 되고 이에 대한 반동으로 원래의 교회 의미를 되찾으려는 운동이 반복적으로 일어나게 됩니다. 교회는 늘 예수 그리스도에 초점을 두는 일을 잊지 않도록 해야 할 것입니다. 믿는 자마다 교회가 되면 교회의 주인은 예수님이시고 예수님의 왕권이 지배를 받는 하나님 백성이 되는 겁니다. 주인을 잊어버리고 여타의 것들을 경배하게 되면 교회는 변질됩니다. 그런데 교회사는 그런 일들이 자주 일어났으며 지금도 일어나고 있음을 증언하고 있습니다.

교회를 다른 시각에서도 접근할 수 있습니다. 아무리 유능한 인간도 단 한 사람도 구원할 수 없으며 사탄과 귀신들을 물리칠 수도 없습니다. 그러나 유일한 중보자이자 중재자인 예수님은 지상에 내려오실 때 계획하셨던 이런 일들을 모두 마치시고 승천하셔서 지금도 하나님 우편에 앉아 계십니다. 예수님의 십자가에 못 박혀 죽음을 당

하실 때 "다 이루었다"고 말씀하신 내용은 중요한 의미를 갖고 있습니다.(요한복음 19:30)

예수님의 중재 사역은 모두 완결됐습니다. 믿는 자가 해야 하는 일은 이미 완결된 일들의 효력이 발휘되도록 그리고 실생활에 적용될 수 있도록 구하는 것입니다. 결과적으로 교회의 임무는 예수님의 사역을 확장하는 일입니다.

성부 하나님은 예수 그리스도를 이 땅에 자신을 대표하는 사람으로 파송하셨습니다. 마찬가지로 예수님은 승천하시면서 믿는 자를 이 땅에 보내셨습니다. "아버지께서 나를 보내신 것 같이 나도 너희를 보내노라."(요한복음 20:21) 믿는 자 개개인으로 구성된 교회나 믿는 자의 모임인 신앙공동체인 교회는 모두 보낸 분을 대표합니다. 보냄을 받은 자들은 보낸 자를 대표할 뿐만 아니라 보낸 분이 가진 권위를 갖게 됩니다. 그렇다면 믿는 자는 예수님의 가진 권위를 누릴 수 있는 법적인 자격을 갖춘 사람들입니다. 우리가 늘 기억해야 할 것은 중보자로서 혹은 중재자로서 예수님이 교회와 늘 함께 한다는 사실입니다.

무찌르는 예수님

그가 모든 원수를 그 발아래에 둘 때까지 반드시 왕 노릇 하시리니
For he must reign until he has put all his enemies under his feet.
고린도전서 15:25

예수님은 영적 왕권도 갖고 계시지만 동시에 우주적 왕권도 갖고 계십니다. 우주적 왕권은 예수님이 온 우주를 다스릴 수 있는 권한을 말합니다. 우주에 대한 예수님의 통치권을 어떻게 확인할 수 있을까요? 성경의 여러 곳에는 우주적 왕권을 소유하신 예수님에 대한 증언이 등장합니다. 특히 우주적 왕권을 갖게 되는 시점을 주목해서 봐야 합니다.

예수님이 우주적 왕권을 갖게 되는 시점은 부활 이후부터입니다. 부활하신 이후에 성부 하나님은 예수님에게 교회와 우주를 다스릴 수 있는 더욱 큰 권세를 허락하십니다. "그(성부 하나님)의 능력이 그리스도 안에서 역사하사 죽은 자들 가운데서 다시 살리시고 하늘에서 자기의 오른편에 앉히사 모든 통치와 권세와 능력과 주권과 이 세상

뿐 아니라 오는 세상에 일컫는 모든 이름 위에 뛰어나게 하시고"(에베소서 1:20-22). 우주적 왕권은 예수님이 재림하시고 모든 원수들을 멸하신 이후에 다시 성부 하나님에게로 반환될 것입니다.

예수님의 우주적 왕권의 목표는 무엇일까요? 자신의 백성들인 교회를 사악한 세력들의 공격으로부터 적극적으로 보호하시기 위함입니다. 여기서 우리는 예수님이 왕권을 행사하는 우주의 구조를 살펴볼 필요가 있습니다.

성경은 하늘나라에 대해 말합니다. 성경에서 하늘나라는 단단한 반구형 물체처럼 생겼으며 모두 3층으로 구성돼 있습니다. 고대 히브리인들의 우주관이 반영된 견해입니다. 1층천은 지상으로부터 100킬로미터까지의 하늘을 말하며 공중 혹은 대기권으로 불립니다. 2층천은 궁창이나 우주로 불리며 인공위성이 갈 수 있는 곳을 말합니다. 3층천은 하늘 위에 있는 하늘로, 하나님이 계신 곳을 말합니다.

하늘나라에는 착한 세력과 악한 세력이 함께 더불어 살아가고 있습니다. 하나님을 믿음으로써 의인이 된 사람도 있지만 죄인 상태를 벗어나지 못한 사람들도 있습니다. 또한 천사들도 본래 하나님에 의해, 하나님에게 영광을 돌릴 목적으로 창조됐지만 타락한 천사들이 나옵니다. 이들은 하나님처럼 되고자 하는 교만함 때문에 타락하게 됩니다. 스스로 하나님처럼 되기를 원하는 천사와 그를 추종하는 세력들은 모두 타락하여 악한 세력이 됐습니다.

9개 계급으로 구성되는 천사조직에서 제1계급에 속하는 그룹 천사들 가운데 최고로 높은 천사는 천사장 직책의 '루시퍼'입니다. 그는 음악을 담당하고 있던 천사장인데 하나님처럼 되고자 교만해진 끝에 타락하고 맙니다. 타락한 천사 루시퍼를 우리는 '사탄Satan' 혹은 '마귀Devil'라고 부릅니다. 그리고 사탄을 따르는 졸개들은 귀신들(지상전 담당) 혹은 마귀들(공중전 담당)입니다. 모든 천사 가운데서 무려 3분의 1이 루시퍼를 따라 마귀들이나 귀신들이 됩니다. 하나님은 이들이 타락하자마자 3층천에서 쫓아내 버리는데 이들이 머무는 공간은 1층천과 2층천입니다. 사도 요한이 천사의 수에 대해 "(천사의) 수가 만만이요 천천이라"(요한계시록 5:11)라고 한 말씀을 미루어 보면 타락한 천사의 수가 무척 많을 것임을 짐작할 수 있고, 1층천과 2층천에 귀신들과 마귀들이 우글거리고 있음을 추측할 수 있습니다. 그러니까 우리가 살고 있는 세상도 몸에 들어와서 활동하는 귀신들로 가득 차 있다고 보면 됩니다.

왜 전지전능하신 하나님이 천사의 타락을 묵시적으로 인정하고 만 것일까요? 누구든지 의문을 가질 수 있습니다. 전지전능하신 하나님이 당연히 천사의 타락을 막을 수 있었을 텐데 왜 허락했을까. 이는 믿는 사람들의 믿음을 더욱 견고하게 만들기 위함입니다. 다시 말하면 믿음의 순도를 더욱 올리기 위함입니다. 외부로부터의 어떤 도전이 없이 그저 주어지는 믿음은 순도를 유지하기 힘들기 때문입니다.

사탄과 귀신들은 그냥 가만히 있는 존재가 아닙니다. 그들은 지금 이 순간에도 부지런히 움직이고 있습니다. 이들의 활동 목표는 하나입니다. 사람들이 하나님으로부터 더욱 더 멀어지도록 만드는 일입니다. 속이는 것이지요. 사람들의 눈을 가림으로써 하나님을 경배하는 일을 막기도 하고, 믿는 자의 눈을 가림으로써 하나님으로부터 멀어지도록 만듭니다.

공병호가 만난 예수님

이들이 특히 싫어하는 일은 예수님을 마음으로 믿고 입으로 시인하는 일입니다. 성경을 읽거나 듣는 것도 싫어합니다. 예배에 참석하는 일도 무진장 싫어합니다. 성경은 이들이야말로 왕성한 활동으로 사람들의 눈을 가리는 사악한 세력임을 증언하고 있습니다. "그때에 너희는 그 가운데서 행하여 이 세상 풍조the way of this world를 따르고 공중의 권세 잡은 자the ruler of the kingdom of the air를 따랐으니 곧 지금 불순종의 아들들 가운데서 역사하는 영이라."(에베소서 2:2)

성경은 '하나님의 자녀'와 '사탄의 자녀'라는 이분법적인 접근을 합니다. 하나님의 자녀가 아니면 사탄의 자녀라는 것이지요. 이 점에 대해 불편해하지 마시기 바랍니다. 성경에 증언된 대로 말씀드리는 것뿐이니까요. 사탄의 목표는 단순명료합니다. 가능한 많은 사탄의 자녀를 만들어 내는 것이지요. 필요하면 이미 믿는 자 가운데서도 유혹하고, 설득하고, 협박해서 백기투항 상태로 사탄의 자녀로 속속 들어오도록 왕성하게 활동하고 있습니다.

여기서 예수님은 자신의 백성을 보호하기 위해 나서게 됩니다. 이때 예수님이 행사하시는 권세가 바로 우주적 왕권입니다. 예수님은 이 왕권을 이용하여 세상에서 일어나는 위험으로부터 믿는 자 즉, 교회를 보호하십니다. 여기서 교회는 믿는 자 개인뿐만 아니라 그들의 모임인 신앙공동체를 말합니다. 이 왕권은 하나님 나라의 대적들을 완전히 멸할 때까지 계속될 것입니다.

사탄과 귀신들에 맞서서 승리를 거둘 수 있는 유일한 분은 예수 그리스도이십니다. 이분 이외에는 승리를 거둘 수 있는 분이 계시지 않다는 것이 성경적 시각입니다. 사탄과 졸개들을 멸하시는 예수님의 왕적 사역은 이미 완결됐습니다. 따라서 예수를 믿는 자는 지금 이 순간이라도 예수님의 이런 권세를 함께 누릴 수 있는 자격을 갖고 있는 사람들입니다.

사탄이나 귀신들은 "내가 사탄이요 혹은 내가 귀신이요"라고 내놓고 이야기하지 않습니다. 창세기에서 아담과 하와를 속인 뱀처럼 사탄은 어떤 물건, 유행, 사람, 이데올로기, 철학, 종교 등에 잠입하여 사람들을 교묘하게 속입니다.

알코올에 빠진 어른들, 게임에 빠진 학생들, 우울증에 빠진 사람들 등과 같은 중독 증세를 찬찬히 살펴보시기 바랍니다. 관련 전문가들은 이런 증세를 생물학적 현상으로 해석할 수 있을 것입니다. 그런데 모든 중독은 이례적인 집착과 깊이 연결돼 있습니다. 집착이란 결과물을 만들어 내는 원인이 있을 것이고 이 원인 중에 중요한 부분을 차지하는 것이 바로 사탄과 마귀들이라는 의심을 하게 됩니다. 일단 맹목적인 집착에 빠진 사람들은 집착으로부터 벗어나려고 노력하면 할수록 점점 빠져들게 되지요. 때로는 환청이 들리기도 합니다. "뛰어 내려 죽어, 죽어 버려, 그게 문제의 해결책이야"라고 계속해서 속삭이는 목소리에 이끌려 자살을 시도하는 사람들도 있습니다. 가장 설득력 있는 사례는 악령에 의해 신 내림(귀신 들림, demon-possession)을 받는 사람들을 들 수 있습니다. 과학적 지식이 신 내림을 받는 사람들로 하여금 이를 거부할 수 있도록 도울 수는 없습니다. 그러나 예수의 이름으로는 얼마든지 귀신을 쫓아낼 수 있습니다. 성경은 상세히 귀신들과 마귀들을 쫓아내는 방법을 제시합니다.

예수님은 우주적 왕권을 이용해서 사탄과 귀신들을 완전히 멸할 수 있는 권세를 가진 분입니다. 예수님은 승천하시기 전, 제자들에게 성부 하나님이 예수님에게 공중에 권세 잡은 마귀와 악령을 제압하는 권세를 포함해서 하늘과 땅을 다스릴 수 있는 모든 권세를 주셨음을 증언하고 있습니다. "예수께서 나아와 일러 가라사대 하늘과 땅의 모든 권세를 내게 주셨으니"(마태복음 28:18). 또한 그 어떤 악한 세력도 예수님을 당해 낼 수 없다고 말씀하십니다. 모든 악한 세력들을 멸하셨음을 담대하게 증언하고 있습니다. "그(예수님)가 모든 원수를 그 발아래 둘 때까지 반드시 왕 노릇하시리니 맨 나중에 멸망받을 원수는 사망이니라."(고린도전서 15:25)

결론적으로 말하자면 예수님은 영적 왕권과 우주적 왕권으로 우리를 보호하기 위해 악한 세력들을 멸하시는 유일무이한 분이십니다. 그런데 이런 권세는 12사도들뿐만 아니라 믿는 자로 구성되는 모든 교회에 주어졌다는 사실입니다. 믿는 자라면 누구든지 예수님이 가진 권세를 누릴 수 있는 자격을 갖고 있습니다. 예수님의 권세는 사탄을 물리칠 것이라는 약속이나 기대가 아닙니다. 예수님은 이미 사탄과 인간 사이에 서서 중재 사역을 완결하신 다음에 하늘나라로 승천하셨습니다. 사탄과 귀신들을 물리치는 일은 기대나 바람이 아니라 예수님의 이름으로 이미 완성된 중재 사역 가운데 하나라는 사실을 잊지 않아야 합니다. 모든 일은 이미 예수 그리스도로 말미암아 끝난 일입니다. 이제부터 믿는 자들은 이를 누리기만 하면 됩니다.

선지자로서의 예수님

예수께서 이르시되 내가 곧 길이요 진리요 생명이니 나로 말미암지 않고는
아버지께로 올 자가 없느니라.
Jesus answered, "I am the way and the truth and the life. No one comes to the
Father except through me."
요한복음 14:6

"나에게 하나님을 보여 주세요. 그러면 제가 믿을 수 있습니다"라고 말하는 사람들을 만나게 됩니다. 믿음을 가진 분들도 하나님을 직접 만날 수 있으면 좋을 텐데라는 생각을 가지곤 합니다. 왜냐하면 어떤 분을 사랑하거나 존경하게 되거나 중요하게 여긴다면, 누구든지 그분을 직접 만나 보길 원하기 때문입니다. 사람들은 하나님을 직접 보기를 원합니다. 그러나 하나님은 영靈이시기 때문에 인간은 육신의 눈으로 볼 수 없습니다. 그래서 사도 바울은 하나님을 '보이지 아니하시는 하나님'(골로새서 1;15), '아무 사람도 보지 못했고 볼 수 없는 자'(디모데전서 6:16)라고 말합니다. 사도 요한 역시 '본래 하나님을 본 사람이 없다'(요한복음 1:18)라고 말합니다.

그런데 구약을 읽다 보면 이따금 하나님을 본 사람이 나옵니다. 창

세기 18장에는 하나님이 세 사람의 모습으로 마므레 상수리나무에서 아브라함에게 나타나서 환대를 받고 떠납니다. 이처럼 하나님이 이따금 사람이나 천사의 모습으로 나타나시기도 하는데 이는 하나님을 상징화한 표현으로 받아들여야 합니다.

어떤 경우든 육신의 눈으로 영이신 하나님의 본체를 볼 수는 없습니다. 체험을 한 가지 이야기하자면 기도를 깊이 하다 보면 천상의 모습을 어렴풋이 떠올리게 됩니다. 그때도 저 높은 곳에 있는 하늘 보좌에 앉아 계신 성부 하나님의 모습은 볼 수가 없습니다. 하늘 보좌의 모습이나 앉아 있는 모습은 어렴풋이 보이지만 환한 불빛처럼 비취는 모습일 뿐 하나님의 정확한 모습을 바라볼 수가 없습니다. 반면에 예수님은 전형적인 유대인의 모습으로, 상대적으로 뚜렷하게 볼 수 있습니다.

그동안 하나님 만나기를 소망하는 사람들의 바람은 여러 선지자들을 통해서 부분적으로 해결됐습니다. 구약시대부터 하나님의 말씀을 전하는 선지자들이 있었습니다. 이들은 꿈, 환상 그리고 말씀을 통해서 얻는 하나님의 계시를 말 혹은 눈에 보이는 방법으로 백성들에게 전달했습니다. 예를 들어 에스겔서는 기원전 597년 느부갓네살에 의해 바벨론으로 포로로 잡혀가 22년 동안 예언 활동을 했던 선지자 에스겔이 하나님의 부르심을 받는 장면으로부터 시작됩니다. "제30년 4월 5일, 에스겔은 그발 강가 사로잡힌 자 중에 있을 때에 하늘이 열리며 하나님의 모습이 내게 보이니"(에스겔 3:1)라는 말씀은 환상을 통해 하나님의 계시를 받는 장면입니다. 구약에서 인간은 오로지 선지자를 통해서 하나님을 간접적으로 만날 수 있을 뿐이었습니다.

구약 세계의 선지자들과 예수님 사이의 뚜렷한 차이점은 무엇일까요? 왜 예수님을 그냥 선지자가 아니라 '참 선지자'라고 부를까요? 예수님이 하나님을 직접 만날 수 있는 길을 활짝 여셨기 때문입니다. 예수님의 지상 방문과 부활 그리고 승천을 통해서 인간은 하나님을 직접 만날 수 있게 됐습니다. 예수님은 구약 세계의 선지자들이 수행했던 기능을 충실히 담당하셨고 어느 선지자도 가질 수 없는 특별한 능력을 지니셨습니다. 구약의 선지자처럼 예수님은 단순히 하나님의 계시를 전달하는 데 거치지 않고 예수님 스스로 계시의 근원이자 원천이 되십니다. 그러니까 예수님 스스로 하나님이시기에 스스로 계시를 하십니다.

구약은 "여호와께서 말씀하시되"라는 시작말로서 모든 선지자가 하나님의 계시를 전달하는 메신저 역할을 하고 있음을 밝히고 있습니다. 그러나 예수님은 "내가 네게 말하노니"라는 시작말로 스스로 하나님의 계시를 발신하는 원천임을 밝히고 있습니다. 예수님은 삼위 하나님 가운데 한 위의 하나님이기 때문에 "내가 (하나님으로서) 말하노니"라고 말씀하실 수 있습니다. 구약의 선지자는 하나님의 권위를 빌려서 말을 전하는 사람이지만 예수님은 자신의 권위로 말씀하실 수 있는 분이십니다. 그렇기 때문에 자신의 권위로 얼마든지 말씀하실 능력을 가지신 분임을 확인할 수 있습니다.

따라서 예수님은 하나님을 만나게 해 주시는 참 선지자이십니다. 예수님을 통하지 않고 하나님을 만날 수 있는 다른 길은 존재하지 않습니다. 예를 들어 예수님은 하나님 보기를 소망하는 사도 빌립에게 나를 보는 것이 곧바로 하나님을 보는 것이라는 사실을 직접 가르쳐

　　　　　　　　공병호가 만난 예수님

주십니다. 예수님은 빌립에게 네 두 눈으로 보고 있는 내가 하나님이라는 말씀을 들려주십니다. "예수께서 이르시되 빌립아 내가 이렇게 오래 너희와 함께 있으되 네가 나를 알지 못하느냐. 나를 본 자는 아버지를 보았거늘 어찌하여 아버지를 보이라 하느냐."(요한복음 14:9)

선지자로서의 예수님은 신약에서 갑자기 등장하는 것이 아니라 구약의 곳곳에서 예언되고 있습니다. 최초의 선지자인 모세는 "네 하나님 여호와께서 너희 가운데 네 형제 중에서 너를 위하여 나와 같은 선지자 하나를 일으키시리니 너희는 그(예수님)의 말을 들을지니라"(신명기 18:15)라고 말했습니다.

신약에서 예수님은 스스로 선지자임을 증언하십니다. 갈릴리 지방에서 하나님 나라를 전하던 예수님은 헤롯왕의 아들 분봉왕 헤롯 안디바가 자신을 죽일 것을 이미 알고 계셨습니다. 헤롯왕이 사악한 의도에도 불구하고 참 선지자인 자신은 예루살렘이 아닌 곳에서 죽지는 않을 것이라고 예언하십니다. "그러나 오늘과 내일과 모레는 내가 갈 길을 가야 하리니 선지자가 예루살렘 밖에서는 죽는 법이 없느니라"(누가복음 13:33)라고 예수님 스스로 선지자임을 밝히고 있습니다. 참 선지자인 예수님은 하나님 나라에 대해 말씀하시면서 자신이 하나님 아버지의 메시지를 가져오셨다고 말씀하시기도 하고, 장래 일을 예언하시기도 하고, 독특한 권위를 갖고 가르치기도 함으로써 주변 사람들을 놀라게 했습니다. 이런 활동들로 말미암아 예수님과 같은 시대를 살았던 많은 사람들은 예수님을 선지자로 인정하게 만들었습니다. 예를 들어 예수님이 갈릴리 지방에서 보리떡 다섯 개와 물고기 두 마리로 오천 명을 먹인 오병이어五餠二魚 기적을 베푸셨을 때 사람들은 "이는 참으로 세상에 오실 그 선지자라"(요한복음 6:14)고 탄성을 질렀습니다.

예수님은 참 선지자의 직분을 어떻게 행하시고 계신가요? 우선은 하나님의 말씀을 전달함으로써 수행하십니다. 예수님은 "내가 내 아버지께 들은 것을 다 너희에게 알게 했음이라"(요한복음 15;15)라고 말씀하십니다. 또한 예수님은 성령 하나님의 도움을 받아서 참 선지자 직분을 수행하시기도 합니다. "주의 성령이 내게 임하셨으니 이는 가난한 자에게 복음을 전하게 하시려고 내게 기름을 부으시고 나를 보내사 포로 된 자에게 자유를, 눈 먼 자에게 다시 보게 함을 전파하며 눌린 자를 자유롭게 하고 주의 은혜의 해를 전파하게 하려 하심이라 했더라."(누가복음 4:18-19)

한편으로 "본래 하나님을 본 사람이 없으되 아버지 품속에 있는 독생하신 하나님이 나타내셨느니라"(요한복음 1:18) 말씀처럼 예수님은 스스로 하나님이심을 계시함으로써 참 선지자 직분을 수행하시기도 합니다.

그리스도교가 예수님을 중심에 두어야 하고, 예수님을 적극적으로 세상에 알려야 하는 이유 중에 하나는 예수님이 참 선지자이시기 때문입니다. 참 선지자는 예수님이 하나님의 아들이라는 신성에 굳건한 기초를 두고 있습니다. 신성에 대한 믿음을 인정하지 않는 분들이 현학적인 주장이나 이런 저런 연구에 바탕을 두고 '우리는 기독교의 이런 교파 혹은 교단입니다'라고 이야기할 수 있을지 모르지만 기독교의 본질을 크게 훼손하는 일임은 분명합니다. "예수께서 이르시되 내가 곧 길이요 진리요 생명이니 나로 말미암지 않고는 아버지께로

공병호가 만난 예수님

올 자가 없느니라"(요한복음 14:6)라는 말씀처럼 예수님 스스로 자신을
통하지 않고서는 하나님에게 갈 수 없음을 담대하게 증언하고 있습
니다. 그래서 기독교는 예수를 모시는 믿음 위에 서 있습니다.

그리스도의 삼중직

대제사장마다 사람 가운데서 택한 자이므로 하나님께 속한 일에 사람을 위하여
예물과 속죄하는 제사를 드리게 하나니 또한 이와 같이 그리스도께서 대제사장 되심도
스스로 영광을 취하심이 아니요 오직 말씀하신 이가 그에게 이르시되 너는 내 아들이니
내가 오늘 너를 낳았다 하셨고
In the past God spoke to our forefathers through the prophets at many times and
in various ways, For to which of the angels did God ever say, "You are my Son;
today I have become your Father?" Or again, "I will be his Father, and he will be
my Son?"
히브리서 5:1, 5

🕊 **촬영장에서 다양한 각도에서** 멋진 포즈를 취한 배우를 보는 것처럼, 지금 우리는 예수님을 다양한 각도에서 바라보고 있습니다. 앞에서 우리는 예수님의 세 가지 직분 즉, 제사장직, 왕직 그리고 선지자직에 대해 알아보았습니다.

구약의 이스라엘 백성들에게는 세 가지의 직분을 맡은 사람들이 있었습니다. 제사장직祭司長職, 왕직王職 그리고 선지자직先知者職이 그것입니다. 세 가지 직분을 맡은 사람은 '(하나님에 의해) 기름부음을 받은 자' 즉, 그리스도Christ 혹은 메시아messiah라고 불립니다. 여기서 그리스도는 헬라어 '크리스토스Khristos', 히브리어 '마샤mashiah'와 같은 뜻입니다.

우리가 흔히 예수 그리스도라고 이야기할 때 예수는 이름을 그리

공병호가 만난 예수님

고 그리스도는 직분(타이틀)을 의미합니다. 처음에는 이름과 직분이 분리돼 사용됐지만 시간이 가면서 점점 두 가지가 통합돼 예수, 그리스도, 예수 그리스도가 모두 같은 의미로 사용됐습니다.

구약에서 세 가지 직분을 가진 분은 앞으로 오실 예수님을 예표하십니다. 그리고 세 가지 직분은 예수님이 그리스도로서 수행하실 직분을 예표하고 있습니다. 예수님은 이 세 가지 직분을 모두 특별한 방식으로 감당한 권세를 가지고 계시기 때문에 우리는 구약 선지자의 직분과 구분하여 예수님의 직분을 각각 '참 제사장', '참 왕' 그리고 '참 선지자'라고 부릅니다. 이 세 가지 직분을 예수님의 사역에 최초로 적용한 사람은 요한 칼빈(1509~1564)입니다. 그의 주요 저서인 『기독교 강요Institute of the Christian Religion』 2권 제15장은 그리스도의 세 가지 직분을 상세하게 다루고 있습니다.

제가 처음으로 예수님을 접하고 경험한 인상적인 내용 가운데 하나가 삼중직三重職을 수행하는 예수 그리스도에 대한 내용이었습니다. 이 내용이 가슴 깊이 파고들면서 저는 본격적으로 예수님에 대한 공부를 시작하게 됐습니다. 그리고 성경의 주요 내용들을 나름대로 체계화하여 많은 분들에게 널리 알리는 책을 펴내야 하겠다는 마음을 먹기 시작했습니다. 그러니까 삶의 중요한 사명 가운데 하나라는 생각을 하기 시작한 셈이지요. 그만큼 예수 그리스도의 직분을 제대로 이해하는 일은 믿지 않는 자들이 예수님을 제대로 받아들이는 데도 중요한 일입니다. 또한 이미 예수님을 믿는 분들에게도 신앙의 깊이를 더하는 데 도움을 줄 수 있을 것입니다.

신앙이 지나치게 이성적이고 논리적으로 흐르는 것을 비판하는 신학자들이나 목회자들도 있지만 저는 신앙이야말로 건축물을 세우는 것처럼 차근차근 기초부터 다져 나가는 일이 필요하다고 봅니다. 그렇게 세워진 건축물은 마치 반석 위에 세워진 집처럼 어떤 세상 풍파 속에서도 흔들리는 법이 없기 때문입니다. 신앙의 건축물을 지탱하는 주춧돌 가운데 하나가 그리스도의 3가지 직분을 명확하게 이해하는 것이라고 생각합니다.

'예수님에 대해서 아는 것'과 '예수님을 아는 것'은 다릅니다. 궁극적으로 우리는 '예수님을 아는 자' 혹은 '예수님을 누리는 자'로 나아가야 합니다. 하지만 이를 위해 반드시 필요한 것은 먼저 '예수님에 대해 아는 자'가 우선 돼야 한다는 것입니다. 알면 알수록 그분을 더 잘 믿을 수 있고, 더 사랑할 수 있고, 더 경배할 수 있기 때문입니다.

우리가 예수 그리스도를 믿는다는 것은 육화肉化된 성경 말씀을 믿는다는 것을 말합니다. 여기서 예수 그리스도를 깊이 그리고 진정으로 믿는다는 것은 하나님 말씀을 가슴 깊은 곳 즉, 카르디아(하트, heart)까지 받아들이는 일이며, 카르디아에 하나님 말씀이 늘 차고 넘치도록 만드는 일입니다.

우리가 예수 그리스도를 믿는다는 것은 무엇을 말하는 것일까요? 그것은 성경이 하나님의 말씀이라는 사실을 받아들이는 일이기도 하고 예수님의 선재, 초림, 지상 사역, 부활, 승천 그리고 재림을 받아들이는 일이기도 합니다. 또한 칭의와 성화 등으로 죽음 이후에 영원한 생명을 얻는다는 사실을 받아들이는 일입니다. 예수 그리스도를 믿는다는 것은 그분의 존재뿐만 아니라 직분을 믿는 것을 말합니다. 그리고 그분의 권능을 제자뿐만 아니라 믿는 자들이 누릴 수 있음을

공병호가 만난 예수님

믿는 것을 말합니다. 그래서 예수 그리스도의 3가지 직분을 이해하고 받아들이는 일은 그리스도교의 주춧돌 가운데 하나입니다. 그리스도의 삼중직에 대한 정확한 지식과 이해는 예수님을 더 깊이 신뢰하고 사랑하게 만들어 줍니다.

참 선지자 예수 그리스도는 하나님을 만나는 길을 열어 주신 완전한 선지자이자 참 선지자이십니다. "내가 그에게 들은 그것을 세상에게 말하노라. (…) 내가 스스로 아무것도 하지 아니하고 오직 아버지께서 가르치신 대로 이런 것을 말하는 줄도 알리라"(요한복음 12:49, 50) 말씀과 같이 예수 그리스도는 구약의 선지자들처럼 하나님 말씀을 충실히 전하는 하나님의 대변자였습니다.

성부 하나님이 예수 그리스도를 통해 전하려는 말씀 가운데 중요한 것은 인간에 대한 구원 계획입니다. 그런데 예수 그리스도는 구약의 선지자들처럼 단순히 하나님의 메시지를 전달하는 역할에 머물지 않았습니다. 예수 그리스도 자신이 하나님이시기 때문에 스스로 계시하시기도 하고 자신의 메시지를 전달하시기도 했습니다. 우리가 말씀 공부와 묵상 그리고 기도로 예수님을 만나는 일은 곧바로 하나님을 만나는 일입니다.

구약의 백성들이 반드시 제사장을 통해서 하나님을 간접적으로 만날 수 있었던 데 반해서 우리는 예수님의 속죄 사역으로 말미암아 언제 어디서나 하나님을 만날 수 있게 됐습니다. 예수 그리스도는 지상에 머무시는 동안 구원 사역을 완전히 마무리하시고 지금은 승천하셔서 하나님 우편에 앉아 계십니다. 지금도 계속해서 구원 사역을 비롯하여 3가지 직분을 계속해서 수행하고 계십니다. 예수님은 역사적 인물일 뿐만 아니라 지금 이 순간에도 성령 하나님을 통해서 역사하고 계신 현존하는 분이십니다.

참 제사장 예수 그리스도는 하나님 백성의 대표로 선택돼 백성을 대신해서 제사와 기도를 드리는 완전한 제사장이자 참 제사장이십니다. 속죄가 불가피한 이유는 하나님의 공의와 사랑 때문입니다. 하나님의 공의는 모든 죄인들에게 죗값을 치를 것을 요구하십니다. 예수 그리스도의 자녀들은 그리스도의 생명을 대가로 속죄를 얻을 수 있었습니다.

"예수 그리스도께서는 하나님의 의를 만족시키시고 우리를 하나님과 화목시키기 위하여 자신을 단번에 제물로 드리심으로써 그리고 우리를 위해 계속 중보사역을 하심으로써 제사장의 직분을 수행하신다"(소요리 25문답)라는 말처럼 예수 그리스도는 단 한 번의 제사로 우리의 죄를 완전히 없애 주셨습니다. 단 한 번의 희생 제사는 완전한 제사로서 구약시대에 매번 동물을 바쳐야 했던 불완전한 제사와 뚜렷하게 대비됩니다.

예수 그리스도는 희생 제사를 통해 우리들을 거룩하게 함으로써 하나님 앞에 나아갈 수 있도록 만들어 주셨습니다. 사실 우리가 복음을 전한다는 이야기를 할 때 그 핵심 내용은 인간의 죄를 속죄하기 위해 목숨을 바친 예수 그리스도를 전하는 것입니다. 그래서 속죄 제사는 복음의 핵심이자 기독교 교리의 핵심 가운데 하나입니다.

예수 그리스도는 지금도 자녀를 위해 계속해서 활동하고 계십니다. 예수 그리스도는 지금도 자신의 백성을 위해 하나님 우편에 앉아 계시면서 기도해 주시는 분이십니다. 이 세상에 자신의 자녀를 위해 중보기도할 수 있는 유일한 분이 예수 그리스도이십니다. "그는 하나님 우편에 계신 자요 우리를 위하여 간구하시는 자시니라"(로마서 8:34) 말씀은 지금 이 순간도 우리를 보호하기 위해 기도하시는 예수 그리스도를 증거하고 있습니다.

참 왕 예수 그리스도는 하나님의 백성들을 다스리시고, 보호하시는 완전한 왕이자 참 왕이십니다. 예수 그리스도는 믿는 자와 그 무리들의 주인이자 머리로서 사악한 세력들의 공격으로부터 하나님 백성들을 보호하십니다. 예수님의 왕권을 믿는 자들을 대상으로 행해지는 영적 왕권과 온 우주를 대상으로 행해지는 우주적 왕권으로 나눌 수 있습니다. 두 가지 모두 다스림과 보호가 주요 기능입니다.

믿는 자는 하나님 나라의 백성이기 때문에 사탄과 귀신들의 집요한 공세가 있더라도 예수 그리스도가 보호해 주십니다. "저가 모든 원수를 그(예수 그리스도) 발아래 둘 때까지 불가불 왕노릇하시니"(고린도전서 15:25)나 "하늘과 땅의 모든 권세를 내(예수님)게 주셨으니" 등과 같은 성경 말씀은 험난한 세상을 살아가는 하나님의 자녀들에게 큰 위안과 용기를 줍니다. 왜냐하면 하나님 나라의 백성들은 그 어떤 시련이 있어도 결국에는 모든 것이 합하여 선이 되고 최종 승리하는 사람이 될 수 있음을 확신하기 때문입니다. 자신의 노력이 아니라 예수 그리스도가 승리의 주역이시기 때문입니다. "그(하나님)가 우리(하나님 나라의 백성)를 흑암의 권세에서 건져 내사 그의 사랑의 아들의 나라로

옮기셨으니"(골로새서 1:13) 말씀은 이를 잘 말해 주고 있습니다. 하나
님 나라의 백성은 승리하는 백성이 될 수밖에 없음은 예수 그리스도
의 왕권에 대한 믿음을 성도들이 갖기 때문입니다.

4부

예
수
님
의
은
혜

나는 엎드러질지라도 일어날 것이요 어두운 데에 앉을지라도 여호와께서 나의 빛이 되실 것임이로다.
Though I have fallen, I will rise. Though I sit in darkness, the LORD will be my light.

미가 7:8

인도하시는 예수님

여호와는 나의 목자시니 내게 부족함이 없으리로다.
그가 나를 푸른 풀밭에 누이시며 쉴 만한 물가로 인도하시는도다.
The LORD is my shepherd, I shall not be in want. He makes me lie down in green
pastures, he leads me beside quiet waters.
시편 23:1-2

성경 속에서 마음의 평화를 얻을 수 있는 멋진 말씀을 찾는다면, 여러 말씀 중에서도 시편 23장 1절에서 6절을 꼽고 싶습니다. 언제 읽더라도 힘과 위안이 돼 주는 말씀입니다.

성경에서 양떼를 이끄는 목자牧者는 상황에 따라 세 가지 의미로 사용됩니다. 이스라엘의 왕을 말할 때, 문자 그대로 목자를 말할 때 그리고 예수님을 가리킬 때입니다. 목자는 예수님을 가리키는 표현인데, 백 가지가 넘는 예수님의 이름 가운데 하나입니다.

예를 들어 요한복음 10장에도 예수님이 '선한 목자'로 소개돼 있습니다. 흥미로운 점은 요한복음에만 하더라도 예수님은 '생수'(4장, 7장), '생명의 떡'(6장), '세상의 빛'(8장, 9장), '부활이요 생명'(11장)으로 묘사되고 있습니다. 다른 표현처럼 '선한 목자'는 예수 그리스도의 속성을 말해 줍니다. 히브리서의 "양들의 큰 목자이신 우리 주 예수를 영원한 언약의 피로 죽은 자 가운데서 이끌어 내신 평강의 하나님"(히브리서 13:20)라는 말씀에는 예수님이 '큰 목자great Shepherd'로 계시돼 있습니다.

목자가 예수님이라면 목자를 따르는 양떼는 하나님의 백성입니다. 그래서 시편 23장 1절에서 6절은 예수님과 그를 따르는 백성들 사이의 친밀한 관계를 말하고 있습니다. 예수님과 믿는 자들 사이의 관계를 이보다 더 정확하게 표현할 수 있을까라는 생각에서 시편 23장 말씀을 그대로 소개하겠습니다.

> 여호와는 나의 목자시니 내게 부족함이 없으리로다. 그가 나를 푸른 풀밭에 누이시며 쉴 만한 물가로 인도하시는도다. 내 영혼을 소생시키시고 자기 이름을 위하여 의의 길로 인도하시는도다. 내가 사망의 음침한 골짜기로 다닐지라도 해를 두려워하지 않을 것은 주께서 나와 함께하심이라. 주의 지팡이와 막대기가 나를 안위하시나이다. 주께서 내 원수의 목전에서 내게 상을 차려 주시고 기름을 내 머리에 부으셨으니 내 잔이 넘치나이다. 내 평생에 선하심과 인자하심이 반드시 나를 따르리니 내가 여호와의 집에 영원히 살리로다. 시편 23:1-6

선한 목자는 예수님이 어떤 분임을 말해 주는 것일까요? 우선 예수님은 양떼를 올바른 방향으로 이끄는 분입니다. 우리 모두에게 살아간다는 것의 불확실함 속에서 무엇인가를 선택해야 하는 것을 뜻합니다. 예수를 믿지 않는 사람들은 자신의 지력과 감각 그리고 우연

공병호가 만난 예수님

에 결정을 맡깁니다. 다행히 결과가 좋으면 "운이 참 좋았다"라고 말하거나 "내가 능력이 있었다"고 말하곤 합니다. 하지만 예수를 믿는 사람들은 중요한 결정을 앞둘 때마다 묵상과 기도로서 하나님께 간구합니다. 자신을 올바른 방향으로 이끌어 달라고 말입니다. "주님의 뜻이라면 내가 하도록 허락해 주시고, 주님의 뜻이 아니라면 내가 그만두도록 해 주십시오"라고 기도하면서 그분을 뜻을 읽으려고 노력을 합니다. 다행히 결과가 좋으면 "주님의 은혜로 이렇게 잘 됐다"고 감사하곤 하지요. 중요한 것은 내 뜻이 아니라 주님의 뜻을 구하는 자세와 마음가짐입니다.

그렇다면 예수님이 백성들을 이끄는 올바른 길은 어떤 길일까요? "자기 이름을 위하여 의의 길로 인도하시는도다"(시편 23:3) 말씀에 답이 들어 있습니다. 예수님은 하나님의 자녀인 우리들을 예수님의 귀한 이름을 걸고 늘 의로운 길로 이끄십니다. 예수님은 의로우신 분일 뿐만 아니라 늘 의로움을 추구하시는 분이십니다. 예수님의 도덕적 속성들 가운데 하나가 의로우심Righteousness이기 때문입니다. 예수님의 의로우심은 예수님이 늘 올바른 행동만 하실 뿐만 아니라 예수님 자신이 의로우심의 최종적인 기준이 됨을 뜻합니다. 그래서 예수님이 우리의 의를 위해서 십자가에 못 박혀 죽으셨으면, 우리는 믿음으로 죄 사함을 받았고 의로움을 얻게 됩니다. 이처럼 법적인 의로움에다 매일 매일 그리스도의 성품을 닮아 가는 성화 과정을 거치면서 인격적인 면에서 의로운 사람으로 바뀌게 됩니다.

오늘날은 옳고 그름이 심하게 흔들리는 상대주의 시대입니다. 무엇을 의지해서 올바른 길을 걸어갈 수 있을까요? 스스로 멘토라고 지칭하는 사람이나 주장에 따라 길을 선택할 수 있을까요? 인간이 제시하는 길이 어느 정도 도움은 될 수는 있겠지요. 하지만 인간의 조언이란 때로는 시대 상황이나 분위기 그리고 조언자에 따라 심하게 흔들릴 수 있습니다. 그만큼 인간은 배움이 깊든 그렇지 않든, 도덕적이든 그렇지 않든 간에 부족한 존재이기 때문입니다. 절대적인 의로움과 선함의 기준은 하나님이자 하나님의 말씀입니다.

예수님이 진정으로 우리 삶의 중심을 차지하고 나면 누구든지 "내게 부족함이 없으리로다 shall not be in want"라는 고백을 할 수 있습니다. 그만큼 걱정과 근심이 사라진다는 말입니다. 환경이 자신을 지배하도록 내버려 두지 않는 것을 말하기도 한답니다. 그러면 어떤 환경 속에서도 마음의 평화를 누릴 수 있게 됩니다. 이때 믿는 자들이 자주 누리는 것은 성령의 9가지 열매(사랑, 기쁨, 화평, 오래 참음, 부드러움, 선함, 믿음, 온유, 절제)입니다. 성령의 열매는 노력해서 얻는 것이 아니라 성령 충만으로 얻게 됩니다.

선한 목자는 양떼를 인도할 뿐만 아니라 양떼가 필요로 하는 것을 충분히 채워 줍니다. 사람으로 말하자면 의식주 생활에 필요한 육적인 것들만이 아니라 영적인 필요까지도 차고 넘칠 정도로 채워 주십니다. 예수님은 보통 사람들이 경제 문제 때문에 걱정과 근심이 많은 것을 누구보다도 잘 알고 계셨습니다. "내가 너희에게 이르노니 목숨을 위하여 무엇을 먹을까 무엇을 마실까 몸을 위하여 무엇을 입을까 염려하지 말라"(마태복음 6:25), "너희 중에 누가 염려함으로써 그 키를 한 자라도 더할 수 있겠느냐"(마태복음 6:27) 말씀도 보통 사람들의 근심 걱정 많음을 잘 알고 계셨기 때문에 하실 수 있는 말씀입니다.

공병호가 만난 예수님

예수님은 육신의 몸으로 이 땅에 오셔서 사셨고 인간이 경험할 수 있는 여러 어려움들을 직접 겪으셨기 때문에 누구보다도 평범한 인간이 가진 어려움을 가슴으로 이해하고 계셨습니다. 성경을 읽다가 예수님이 우리의 어려움을 잘 알고 계셨음을 나타내는 말씀들을 자주 만나게 되는데, 이때마다 큰 위로를 받습니다. "자기가 시험을 받아 고난을 당하셨은즉 시험받는 자들을 능히 도우시느니라."(히브리서 2:18)

예수님은 경제 문제에 대해 해결책을 제시할 수 있음과 부족한 것을 충분히 공급해 주실 것을, 공중의 새에 대한 비유로 약속하고 계십니다. "귀한 너희들에게 어찌 내가 가만히 두고 볼 수 있겠느냐"라고 말씀하고 계십니다. "공중의 새를 보라. 심지도 않고 거두지도 않고 창고에 모아들이지도 아니하되 너희 하늘 아버지께서 기르시나니 너희는 이것들보다 귀하지 아니하냐."(마태복음 6:26)

선한 목자는 인도하심과 먹이심 이외에 또 한 가지의 중요한 역할을 수행하십니다. 그것은 보호 기능입니다. 호시탐탐 양떼를 노리는 악한 세력으로부터 양떼를 보호하시는 일입니다. "주의 지팡이와 막대기가 나를 안위하시니이다"는 말씀에서 막대기는 하나님의 백성을 보호하는 무기를 뜻합니다. 언제 어디서나 예수님과 함께하는 분들은 보호받을 수 있음을 말해 주고 있습니다.

살아가면서 어려움을 만나게 되면 사람은 누구나 당황하게 됩니다. 다행히 의지력이 굳센 사람은 그 정도가 덜하겠지만 불운이나 역경이 연속적으로 덮치게 되면 굳센 의지력도 바닥을 드러내게 되지요. 일단 의지력이란 방파제가 무너지고 나면 환경이나 상황이 멋대로 사람을 갖고 놀게 됩니다. 이때 제대로 된 믿음을 갖는 사람은 예수님과 함께하는 것이 어떤 힘을 갖는가를 직접 체험하는 기회를 갖게 됩니다. 주님에게 자신을 맡긴 채 역경 속을 통과하는 사람들은 "내가 가는 길을 그가 아시나니 그가 나를 단련하사 후에는 네가 순금 같이 돼 나오리"(욥기 23:10) 말씀을 자신도 모르게 고백하게 됩니다. 살아가면서 심각한 위협 속에서 주님을 의지한 채 승리한 경험을 가진 사람들은 머리가 아니라 가슴으로 욥의 고백을 자기의 고백으로 만들 수 있습니다.

사무엘상 15장에는 다윗이 셋째 아들 압살롬이 모반에 쫓겨 다니는 장면이 생생하게 그려져 있습니다. 목숨이 위태위태한 고난 중에서도 다윗은 하나님께 절대 순종을 보입니다. 정처 없이 쫓겨 다니는 와중에도 자기로 인하여 하나님의 법궤(언약궤)도 함께 방황할 수 없다고 판단하여 제사장들로 하여금 법궤를 다시 성안으로 모시라고 명령합니다. "내가 여호와 앞에서 은혜를 얻으면 도로 나를 인도하사 내게 그 궤와 그 계신 데를 보이시리라. 그러나 저가 말씀하시기를 내가 너를 기뻐하지 아니한다 하시면 종이 여기 있사오니 선히 여기시는 대로 내게 행하시옵소서 하리라"(사무엘하 16:25-16)는 말씀은 고난 속에서도 하나님께 절대 순종하는 다윗을 모습을 보여 줍니다. 하나님은 다윗의 이 점을 높게 평가하시고 그가 고난을 극복할 수 있도록 도와주십니다.

우리가 예수님이 어떤 분이신지 정확히 알아야 하는 이유는 어려움을 만났을 때 제대로 예수님을 의지하기 위함입니다. 예수님은 물질적인 부족을 채워 주시는 분만이 아니라 영적인 갈급함을 채워 주

공병호가 만난 예수님

시는 분이십니다. "내 영혼을 소생시키고"(시편 23:3)라는 말씀은 예수님이 영혼을 소생시키고 복구시켜 주시는 분임을 말해 줍니다. 하나님을 떠난 관계에서 인간은 참다운 행복을 누리기가 쉽지 않습니다. 세상의 갖가지 즐거움도 잠시 뿐입니다. 자신이 의지하던 좋은 성과, 많은 지식, 화려한 유명세, 높은 자리 등도 영원히 유지될 수 있는 것은 아닙니다. 모든 것이 잘나가는 것처럼 보이다가도 어느 사이에 상황이 돌변할 수 있습니다.

현대인들은 고대인과 같은 우상을 숭배하지는 않습니다. 그러나 현대인들도 지나치게 숭배하고 의지하는 것들이 있습니다. 누구나 한 번쯤 실력, 지위, 명성, 자식, 학벌, 사업, 돈 때문에 와장창 무너지는 경험을 하지 않습니까? 찬찬히 따지고 보면 타인으로부터 받는 인기나 자리나 돈이라는 것이 전부는 아닌데도 우상처럼 지나치게 중요하게 여긴 나머지 그런 것들이 무너지면 사람도 함께 무너지기도 합니다. 세상의 우상을 의지하지 말고 예수님을 의지하는 사람은 웬만해서 세상적인 것들 때문에 영혼이 망가져 버리는 잘못을 범하지 않게 됩니다.

보이는 축복을 주시는 예수님

아브람이 그돌라오멜과 그와 함께 한 왕들을 쳐부수고 돌아올 때에 소돔 왕이 사웨 골짜기
곧 왕의 골짜기로 나와 그를 영접했고 살렘 왕 멜기세덱이 떡과 포도주를 가지고 나왔으니
그는 지극히 높으신 하나님의 제사장이었더라. 그가 아브람에게 축복하여 이르되 천지의
주재이시요 지극히 높으신 하나님이여 아브람에게 복을 주옵소서.

After Abram returned from defeating Kedorlaomer and the kings allied with him,
the king of Sodom came out to meet him in the Valley of Shaveh(that is, the King's
Valley). Then Melchizedek king of Salem brought out bread and wine. He was
priest of God Most High, and he blessed Abram, saying, "Blessed be Abram by God
Most High, Creator of heaven and earth."

창세기 14:17-19

예수님은 축복하시는 분이십니다. 축복은 예수님으로부터 주어지는 무조건적인 은혜이며, 선택받은 자들에게 주어집니다. 창세기는 페르시아 지역과 사해 지역에 난 전쟁을 소개하고 있습니다. 시날(이라크), 엘람(이란), 고임(터키), 메대(구르드족)의 동방 4개국 동맹국이 힘을 합쳐 사해 남단에 위치한 5개국(소돔왕, 고모라왕, 아드라왕, 비르사, 베랑왕)을 침략했습니다. 침략국은 재산을 뺏은 다음 포로로 붙잡아서 다메섹(다마스커스)로 끌고 갑니다. 거기서 도망 나온 한 사람이 아브라함에게 와서 조카 롯도 함께 붙잡혀 갔다는 소식을 전합니다.

소식을 듣자마자 아브라함은 집안의 훈련된 하인 318명을 데리고 시리아 다메섹까지 올라가 여호와 하나님의 도움으로 그들은 전멸시

공병호가 만난 예수님

키고 노예로 잡힌 사람들을 해방시켰습니다. 승리하고 돌아오는 아브라함은 예루살렘성에서 서쪽 800미터 지점에 남북으로 길게 뻗쳐 있는 기드론 골짜기(일명 '왕의 골짜기')에서 두 왕을 만납니다. 한 사람은 '지극히 높으신 하나님의 제사장'이자 살렘왕인 멜기세덱왕이고 다른 한 왕은 소돔 왕 베라입니다. 두 왕의 이름은 비슷하지만 완전히 반대의 왕들입니다. 살렘왕은 빛과 선을 그리고 소돔 왕은 어둠과 악을 상징합니다.

멜기세덱왕은 떡과 포도주를 들고 와서 아브라함을 축복합니다. "멜기세덱이 아브람에게 축복하여 이르되 천지의 주재이시오 지극히 높으신 아브람에게 복을 주옵소서."(창세기 14:19) 이에 아브라함은 자신이 얻은 것 가운데 십일조를 떼어서 멜기세덱왕에게 받칩니다. 여기서 축복하는 멜기세덱왕은 예수님을 말하며 떡과 포도주도 예수님을 말합니다. 여기서 아브라함이 바치는 십일조는 중요한 의미를 지니고 있습니다. 자신이 이룬 성과물이, 자신이 잘났기 때문이 아니라 하나님이 부어 주신 축복이기 때문에 당연히 일부분을 떼어 하나님께 돌려 드리는 것입니다. 이처럼 하나님은 순종하는 사람들에게 더 큰 축복을 주시는 분이십니다.

성경에는 복福이나 축복祝福이라는 표현이 자주 등장합니다. 구약에서는 창세기와 신명기가 축복에 대해 많이 이야기합니다. 창세기의 "하나님이 그들(아담과 하와)에게 복을 주시며 그들에게 이르시되, 생육하고 번성하여 땅에 충만하라! 정복하라! 바다의 고기와 공중의 새와 땅에 움직이는 모든 생물을 다스리라"(창세기 1:28) 말씀은 하나님이 인간에게 생육, 번성, 다스림 등과 같은 현세적이고 물질적인 축복을 주었음을 알 수 있습니다. 아담의 축복을 현세적이고 물질적인 축복입니다. 한편 "내가 너로 큰 민족을 이루고 네게 복을 주어 네 이름을 창대케 하리니 너는 복의 근원이 될지라"(창세기 12:2) 말씀은 아브라함의 자손들에게 복이 주어질 것임을 약속하고 있습니다. 이것은 아브라함의 자손인 예수님이 선택하신 모든 백성들에게도 구원의 축복을 주실 것임을 약속하고 있음을 알 수 있습니다. 아브라함의 축복은 물질적인 부분은 물론이고 영적인 축복까지 포함돼 있습니다.

민수기에는 제사장 아론이 제사를 마친 다음에 회중에게 축복을 선포하는 제사장의 축복기도가 나옵니다. 제사장의 축복은 여호와 하나님이 모세에게 전한 것을 제사장이 대신해서 전달한 것입니다. "여호와는 네게 복을 주시고 너를 지키시기를 원하며, 여호와는 그 얼굴로 네게 비치사 은혜 베푸시기를 원하며, 여호와는 그 얼굴을 내게로 향하여 두사 평강 주시기를 원하노라. (…) 내가 그들에게 복을 주리라"(민수기 6:24-26) 말씀은 보호, 은혜, 평강으로 구성되는 축복을 말합니다. 구약시대에는 제사장이 축복을 내릴 수 있는 권리를 갖고 있었습니다. 제사장이 하나님께 복을 빌면 하나님이 백성들을 위하여 복을 내리셨습니다. 그러나 신약에는 예수 그리스도가 십자가에 못 박혀 죽으심으로 모든 사람들은 자신이나 타인을 위해 예수님의 이름으로 복을 빌 수 있게 됐습니다.

신명기의 "너희가 이 모든 법도를 듣고 지켜 행하면 네 하나님 여호와께서 (…) 네 소생에게 은혜를 베푸시며 네 토지 소산과 곡식과 포도주와 기름을 풍성케 하시고 네 소와 양을 번식케 하시리니"(신명기 8:12-13) 말씀은 의식주 생활에 부족함이 없도록 채워 주시겠다는

공병호가 만난 예수님

하나님의 축복의 약속이십니다. 단 하나님은 하나님의 절대 주권에 순종하는 자들에게 축복을 주실 것을 약속하고 있습니다. 신명기의 축복이 가진 특징은 조건적이라는 사실입니다.

시편의 "주의 집에 사는 자는 복이 있나니 (…) 만군의 주께 의지하는 자는 복이 있나이다"(시편 84:4, 12) 말씀처럼 하나님을 의지하는 자에게 물질적인 축복뿐만 아니라 정신적인 축복도 내릴 것을 약속하고 있습니다. 또한 "저는 종일토록 은혜를 베풀고 꾸어 주니 그 자손이 복을 받는도다"(시편 37:26) 말씀이나 "생명을 사모하고 장수하여 축복을 원하는 사람은 공의를 행하라"(시편 115:4) 말씀처럼 공의를 행하는 사람에게 자손의 축복과 장수의 축복을 약속하고 있습니다.

욥기에는 하나님의 징계를 즐거워하는 자, 하나님을 경외하고 정직하여 악에서 떠난 자, 훈계를 즐기는 자, 공의를 행하는 자에게 물질의 축복과 자손의 축복을 약속하고 있습니다. 욥기의 마지막 부분에는 최악의 고난을 겪고 이겨낸 욥에게 내리는 하나님의 축복이 기록돼 있습니다. "욥이 그 친구들을 위하여 기도할 때 여호와께서 욥의 곤경을 돌이키시고 욥에게 이 모든 소유보다 갑절이나 주신지라."(욥기 42:10) 이 말씀은 물질적인 축복, 장수의 축복 그리고 후손의 축복을 차고 넘치도록 부어 주는 하나님에 대해 증거하고 있습니다.

잠언의 "너는 마음을 다하여 여호와를 의뢰하고 네 명철을 의지하지 말라. 너는 범사에 그를 인정하라. 그리하면 네 길을 지도하시리라"(잠언 3:5-6) 말씀은 여호와를 의지하는 사람에게 하나님이 인도하심이란 복을 주실 것임을 이야기하고 있습니다. "나의 명령을 지키라. 그리하면 장수하여 평강을 더하리라"(잠언 3:1-2)라는 말씀은 하나님의 율법을 지키는 자에게 장수의 축복이 주어질 것임을 약속하고 계십니다.

요약해서 말하자면 구약에서의 축복은 물질적인 축복, 자손의 축복, 장수의 축복, 원수를 물리침, 하나님의 보호와 은혜와 평강 등과 같은 물질적이고 현세적인 것뿐만 아니라 죄 사함과 구원 그리고 지혜를 주심 등과 같이 정신적이고 영적인 축복을 뜻합니다. 다만 이들 축복은 하나님이 선택하신 자들에게 주는 은혜입니다. 예를 들어 아브라함과 이삭은 자신의 선행으로 축복을 받은 사람들이 아니라 하나님의 선택으로 축복을 받은 사람들입니다.

그리스도인 가운데 복 받기 위해 예수님을 믿는다고 답하는 분들이 의외로 많습니다. 하나님의 은혜에 감사하는 마음으로 드리는 헌금도 복을 비는 수단으로 변질되고 있음을 걱정하는 전문가들도 있습니다. 이분들은 기복성祈福性을 강하게 비판하기도 하고 복을 구하는 성도들은 성경적 진리로부터 벗어난 사람이라고 비판하는 사람들도 있습니다. 이를 걱정하는 한 연구자의 비판을 보시기 바랍니다.

우리나라 사람들이 말하는 복은 (유동식 교수에 의하면) '그것은 어떤 철학적 행복론이라기 보다는 좋은 것, 복된 것이라고 하는 소박한 이해가 바닥에 깔려 있다'고 조심스럽게 이야기하고 있다. (…) 이러한 기복에 대한 한국인의 이해가 기독교와 만나게 되면서 한국의 기독교인의 성서적 축복 사상이 잘못 인식돼 성서에서의 축복을 전통적인 한국의 기복신앙으로 오해하게 됐다고 생각한다. 기독교가 한국에 들어오면서 이미 민족신앙으로 뿌리를 내린 민간신앙의 터 위에 그 기초를 두어야 했다. 불교

공병호가 만난 예수님

가 무속의 영향을 믿은 것처럼 기독교도 은연중에 샤머니즘의 영향을 받았다고 보아야 할 것이다.

윤승준, 「축복의 성서적 의미연구—산상설교를 중심으로」, 협성대학교 신학대학원, 2004, p.2

이런 지적은 그리스도교가 기복신앙으로 변질되지 않아야 한다는 건설적인 제안으로 이해하고 싶습니다. 하지만 구약의 축복이 현세적이고 물질적이고 가시적인 것에 비중이 더 주어져 있음은 사실입니다.

복을 구하는 심성이 유독 한국인에게만 해당하는 이야기는 아니라고 생각합니다. 모든 사람들이 물질적인 축복, 자식들의 번창, 불행으로부터 보호, 마음의 평화를 구하는 것은 자연스러운 일입니다. 성경의 축복이 물질적이고 현세적인 축복뿐이라고 주장하는 것은 올바르지 않습니다. 그러나 그리스도인들은 신구약의 완전성을 모두 믿는 사람이기 때문에 물질적이고 현세적인 축복을 구한다고 해서 비난받아야 하는 일은 아니라고 생각합니다. 왜냐하면 구약에서 물질적이고 현세적인 축복은 하나님에게 구할 수 있으며, 하나님이 부어주시는 것들 가운데 하나라는 점을 여러 곳에서 이야기하고 있기 때문입니다. 다만 그리스도인들은 자신의 믿음이 물질적이고 현세적인 축복만을 구하는 기복신앙으로만 흘러가지 않도록 주의해야 할 것입니다. 이런 위험을 피하는 해답은 신약에 들어 있습니다.

보이지 않는 축복을 주시는 예수님

심령이 가난한 자는 복이 있나니 천국이 그들의 것임이요.
애통하는 자는 복이 있나니 그들이 위로를 받을 것임이요.
온유한 자는 복이 있나니 그들이 땅을 기업으로 받을 것임이요.
Blessed are the poor in spirit, for theirs is the kingdom of heaven. Blessed are
those who mourn, for they will be comforted. Blessed are the meek, for they will
inherit the earth.
마태복음 5:3-5

성경에서 복福 혹은 축복祝福의 어원을 살펴보겠
습니다. 영어 단어 'bless' 혹은 'blessing'은 크게 네 가지 어원에서
비롯됩니다. 네 가지가 표현이 또렷한 차이를 드러내기 때문에 어원
에 대해 살펴보는 일은 예수님이 주시는 축복을 이해하는 데 도움이
됩니다.

바라크barak 낮은 자가 높은 자를 경배하고 찬양할 때나 높은 자가
낮은 자를 축복할 때 사용된 것으로 원래의 뜻은 '무릎을 꿇다to kneel'
입니다. 멜기세덱이 전쟁에서 승리하고 돌아오는 아브라함을 축복할
때 사용됐습니다.

토브tob 형용사, 동사, 명사로 다양하게 사용되며 의미도 다양합니

다. 형용사는 '기분 좋은', '귀한'으로, 동사는 '하는 것이 좋다'로, 명사는 '행복', '번영' 등의 의미로 사용됩니다. 창세기에서 하나님이 천지를 창조하실 때에 "빛이 있으라 하시니 빛이 있었고"(창세기 1:3)라는 장면이 나옵니다. 그때 빛을 보시고 하나님이 하신 말씀이 '좋다!', '선하다!'이었습니다. 이때 선하다는 의미가 바로 '토브'입니다.

유로게오eulogeo '칭찬하다' 혹은 '복을 빈다'는 뜻이지만 좋은 의미의 아첨이란 의미를 갖고 있습니다. 유로게오는 '유(좋은, 풍족한)'과 '로고스(말씀)'가 합쳐진 것입니다. 마태복음에서 예수님이 떡 다섯 개와 물고기 두 마리를 가지고 하늘을 우러러 축사하는 장면이 나옵니다. 이때 축사가 '유로게오'입니다. 하나님을 찬양할 때 주로 사용되는데 야곱은 부모에게 충성스런 아첨을 잘 했는데 그 결과로 축복의 사람이 됐습니다. 주로 영적인 축복을 가리킬 때 사용됩니다.

마카리오스makarios "주님의 평안이 당신과 함께하기를 기도합니다"라는 축복의 의미를 지닌 헬라어입니다. 가장 오래된 헬라어 번역 성서인 70인역 성서에서 히브리어 '에쉐르'를 번역한 형용사로 '일상생활에서 걱정이나 염려가 없는' 혹은 '근심이 없는 평안'이란 뜻이 들어 있습니다. 마태복음 5장의 산상수훈에서 "~한 자는 복(마카리오스)이 있나니"라는 말씀으로 등장하는 8가지 복들은 예수님이 우리들에게 주시려는 궁극적인 복입니다. 그런데 산상수훈에서 예수님이 약속하시는 '팔복Beatitudes'은 미래의 기대나 소망이란 의미에서 복을 말하는 것만은 아닙니다. 팔복은 믿는 자마다 예수님과의 8가지의 올바른 관계를 가질 때면 현재의 상태에서 누릴 수 있는 현재의 행복과 행운을 말합니다. 물론 올바른 관계가 지속된다면, 믿는 자들에게 보장되는 미래의 행복과 행운이기도 하지요.(임판수, 「신앙과 축복」, 안양대학교, 대한신학교 석사학위논문, 1988, pp.58-59)

신약에서 예수님이 자주 그리고 가장 강력하게 역설하시는 축복은 '마카리오스'와 연결돼 있습니다. 때문에 우선 신약의 축복에 대한 결론을 말씀드린 다음에 구체적으로 살펴보도록 하겠습니다.

신약의 축복은 물질적이고 현세적인 축복보다는 영적이고 신령한 축복을 강조하고 있습니다. 따라서 신약만을 보고 예수님이 물질적이고 현세적인 축복을 멀리하셨다고 이야기할 수는 없습니다. 왜냐하면 그리스도인들은 신구약의 완전성을 모두 믿기 때문입니다. 구약의 축복관 따로, 신약의 축복관 따로라고 이야기할 수는 없습니다. 신구약의 축복관이 동일하지만 각각이 초점을 두는 내용이 다르다고 이야기할 수는 있습니다. 예를 들어 "오늘날 우리에게 일용할 양식을 주옵시고"(마태복음 6:11)라는 말씀에서 '일용할 양식'은 영적인 축복뿐만 아니라 물질적인 축복을 모두 포함하고 있습니다.

예수님은 보통 사람들의 마음을 정확하게 알고 계셨습니다. 영적인 축복과 물질적인 축복을 두 주인에 비유하자면, 두 주인을 모두 섬기지 못하고 자칫 물질적인 축복만을 우선하게 될 인간적인 너무나 인간적인 성향을 걱정하셨습니다. "한 사람이 두 주인을 섬기지 못할 것이니 혹 이를 미워하며 저를 사랑하거나 혹 이를 중히 여기며 저를 경히 여김이라. 너희가 하나님God과 재물Money을 겸하여 섬기지 못하느니라"(마태복음 6:24)라는 말씀은 물질을 경시하지 않아야 하지만 엄격한 의미에서 영적인 축복과 물질적인 축복 사이에 우열관

공병호가 만난 예수님

계가 있음을 말씀하시고 계십니다. 영적인 것이 우선순위로 보며 당연히 앞서야 한다는 말씀입니다. "하나님이 지으신 모든 것이 선하매 감사함으로 받으며 버릴 것이 없나니"(디모데 전서 4:4) 말씀도 물질을 경시하지 않아야 한다는 것으로 이해할 수 있습니다. 신약에서 영적인 축복을 크게 강조하지만 물질적인 축복을 무시하거나 불필요하다고 말하지는 않습니다.

성경은 영적이고 신령한 복을 상대적으로 더욱 강조하는 것을 분명히 이야기하기도 합니다. "우리의 돌아보는 것은 보이는 것이 아니요 보이지 않는 것이니 보이는 것은 잠깐이요 보이지 않는 것은 영원함이니라."(고린도후서 4:18) 이 말씀은 영적인 것과 물질적인 사이의 우선순위를 명확히 말해 주고 있습니다. 믿음이 돈독한 사람들을 제외하면 대다수 사람들은 젊은 날에는 눈에 보이는 것은 귀하게 여깁니다. 그러나 세월이 가고 자신이 귀하게 여기는 것들이 사라지는 것임을 자각하면서 가치 판단의 기준이 조금씩 변하게 됩니다. 세월이 가르쳐 주는 지혜는 눈이 보이는 것을 지나치게 강조하는 것이 덧없음을 가르쳐 줍니다. 그렇다고 해서 물질적인 부분이 중요하지 않다는 이야기는 아닙니다. 모든 자유로움은 일정한 물질적인 토대 위에서 가능하기 때문입니다.

우리가 이야기하는 믿음은 세 가지로 구성돼 있습니다. 하나는 구원에 대한 믿음이고, 다른 하나는 현세의 축복에 대한 믿음이고, 마지막으로 영생에 대한 믿음을 말합니다. 대체로 사람들은 첫 번째와 두 번째 믿음에 머물고 맙니다. 세 번째까지 도달할 수 있어야 하는데 그렇지 못한 경우가 많습니다. 이런 경우에 자칫 그리스도인들 가운데서도 재물이나 출세를 우상숭배의 대상으로 삼을 수 있습니다. 이때 예수님은 보조적인 위치에 머물고 맙니다. 바로 이 점을 예수님을 아셨고 이를 두고 "너희가 하나님과 재물을 겸하여 섬기지 못하느니라"는 말씀을 하셨습니다. 하나님과 재물을 섬기는 일을 동시에 섬기지 못함을 지적하는 마태복음 6장 24절은 이를 잘 말해 주고 있습니다.

신약의 축복관은 크게 두 부분으로 나누어서 이해할 수 있습니다. 하나는 사도 바울의 서신과 마태복음을 제외한 나머지 신약에 담긴 축복관이고 다른 하나는 마태복음의 산상수훈에서 예수님이 직접 말씀하신 축복관입니다.

우선 사도 바울은 서신에서 성령 충만의 축복, 구원의 축복 그리고 부활과 영생의 축복 등과 같은 영적인 축복을 그리스도인의 축복이라고 말합니다. 바울 서신에 담긴 축복은 인간이 하나님과 올바른 관계를 정립함으로써 얻을 수 있는 축복입니다. 그런데 신약에서 말하는 축복 가운데 많은 부분이 구약을 인용하고 있습니다. 이것은 구약의 축복과 신약의 축복 사이에 본질적인 차이가 있지 않다는 것을 말해 주고 있습니다. 예를 들어 "하나님이 아브라함에게 약속하실 때에 (…) 내가 반드시 너를 복 주고 복 주며 너를 번성케 하고 번성케 하리라 하셨더니"(히브리서 6:13-14)라는 말씀은 구약의 축복이 신약에서 인용된 하나의 사례입니다.(히브리서 7:1-7, 11:20-21, 12:17)

예수님은 믿음의 복에 대해서도 직접 말씀하셨습니다. "예수께서 말씀하시되 너는 나를 본 고로 믿느냐. 보지 못하고 믿는 자들도 복되도다."(요한복음 20:29) 이 말씀은 믿음 그 자체가 복임을 말씀하고

공병호가 만난 예수님

있습니다. 사실이 그렇습니다. 믿는 자가 되면 이를 축복으로 받아들입니다. 보이지 않는 것을 믿을 수 있다는 것은 얼마나 대단한 일입니까. 인간적인 노력으로 믿어 보려고 노력하지만 믿을 수 없는 분들도 세상에는 많습니다. 저는 제가 믿음을 갖게 된 일 그리고 믿는 즐거움과 유익함을 누리게 된 일을 하나님의 큰 축복이자 은혜라고 생각하지 않을 수 없습니다. 왜냐하면 제가 뭔가를 잘했거나 믿음이 주는 여러 축복을 받을 만한 자격이 있는 사람이라고 생각하지 않기 때문입니다. 아무리 찾아봐도 이런 복을 누려야 할 뚜렷한 이유가 없습니다.

한편 마태복음의 산상수훈에서 예수님은 그리스도인이 받을 수 있는 '팔복'에 대해 자세히 말씀하십니다. 팔복은 훗날 우리가 수확할 수 있는 복만이 아니라 지금 당장 누릴 수 있는 행복입니다. 믿음을 갖게 되면 순간순간 팔복이 성경 속의 말씀에 그치지 않고 자신의 체험을 통해서 함께함을 깊이 깨닫게 됩니다.

심령이 가난한 자는 복이 있나니 천국이 그들의 것임이요.
애통하는 자는 복이 있나니 그들이 위로를 받을 것임이요.
온유한 자는 복이 있나니 그들이 땅을 기업으로 받을 것임이요.
의에 주리고 목마른 자는 복이 있나니 그들이 배부를 것임이요.
긍휼히 여기는 자는 복이 있나니 그들이 긍휼히 여김을 받을 것임이요.
마음이 청결한 자는 복이 있나니 그들이 하나님을 볼 것임이요.
화평하게 하는 자는 복이 있나니 그들이 하나님의 아들이라 일컬음을 받을 것임이요.

의를 위하여 박해를 받은 자는 복이 있나니 천국이 그들의 것임이
라. 마태복음 5:1-10

여기서 심령이 가난하다는 것은 하나님 앞에서 죄의식을 갖는 것
과 주님만을 의지하는 마음을 말합니다. 애통한다는 것은 심령이 괴
로워하는 데서 오는 애통뿐만 아니라 이웃을 위해 슬퍼하는 애통 그
리고 자신의 부족함을 깊이 자각하는 애통을 말합니다. 온유한 단순
히 좋은 성품만을 이야기하는 것이 아니라 하나님께 순종하는 마음
을 말합니다. 의에 주린 자는 하나님과 바른 관계를 회복한 자를 말
합니다. 긍휼은 동정 이상의 것으로 복음적이어야 합니다. 마음이 청
결하다는 것은 진리로 거듭난 마음을 말합니다. 화평은 그리스도를
통한 하나님과의 화평과 이웃 사이의 화평을 말합니다. 의란 복음을
말하며 복음은 곧 그리스도입니다. 여기서 말하는 모든 복은 겉으로
드러나지 않는 마음의 복입니다.

공병호가 만난 예수님

연합하시는 예수님

—

만일 우리가 그의 죽으심과 같은 모양으로 연합한 자가 됐으며
또한 그의 부활과 같은 모양으로 연합한 자도 되리라.
Through him and for his name's sake, we received grace and apostleship to call
people from among all the Gentiles to the obedience that comes from faith.
로마서 6:5

—

🕊 **성경에는 '연합하다'는 표현이** 자주 사용됩니다. 연합은 크게 세 가지로 나눌 수 있는데 삼위일체의 연합, 그리스도의 신성과 인성의 연합 그리고 그리스도와 믿는 자의 연합입니다. 20세기의 걸출한 개혁주의 신학자 존 머레이John Murray는 성경에 등장하는 세 가지 유형의 연합에 대해 이렇게 말한 바가 있습니다.

> 가장 위대한 신비는, 한 하나님 안에 세 위격이 계시는 삼위 하나님의 연합이다. 그리고 가장 위대한 경건의 신비는, 하나님의 아들이 사람이 되셔서 육신 가운데 나타나신 성육신의 신비이다(디모데전서 3:16). 하지만 피조물이 참여하는 가장 위대한 신비는 하나님의 백성들이 그리스도와 누리는 연합이다.
>
> 존 머레이, 『존 머레이의 구속』, 2011, pp.246-247

이 가운데 여기서 다루고 싶은 것은 '그리스도와 믿는 자의 연합 union with Christ'에 관한 것입니다. '그리스도와의 연합'은 무엇을 말하는 것일까요? 믿는 자가 모든 구원의 혜택(선택, 소명, 중생, 회개, 칭의, 성화, 영화 등)을 받기 위해서 믿는 자와 예수님 사이의 필수적인 관계들을 함축한 표현입니다. 쉽게 말하자면 그리스도와의 연합이 없다면 선택도 없고 소명도 없고 중생도 없을 뿐더러 다른 구원의 혜택도 누릴 수 없습니다. 모든 구원의 혜택은 그리스도와의 연합이란 기초 위에 우뚝 서 있는 기둥들과 건물들 같습니다.

예수 그리스도는 어떤 분이신가라는 질문에 대한 답은 그리스도와 어떤 관계를 가져야 하는가 그리고 이는 그리스도를 어떻게 경험하는가라는 문제와 긴밀히 연결돼 있습니다. 여러분은 그리스도와 어떤 관계를 갖고 계신가요? 참으로 중요한 질문입니다.

요한 칼빈John Calvin은 그리스도인의 실존에서 그리스도와의 연합이 얼마나 중요한지 정확하게 이해하고 지적하고 있습니다. 여러분 안에 그리스도가 거하지 않거나 그리스도 안에 여러분이 거하지 않는다면 창조, 부활, 승천, 재림 등과 같은 그리스도의 모든 사역은 아무런 의미가 없습니다. 한마디로 알맹이는 모두 빠지고 껍데기 종교 생활을 하다 저 세상으로 떠나게 됩니다. 살아서도 성령의 열매를 누리는 일은 제쳐 두고서라도 예수님을 믿는 일이 고된 일이 돼 버립니다.

우선 우리는 그리스도께서 우리 밖에 계시고 우리가 그와 떨어져 있는 한, 인류의 구원을 위해서 그가 고난당하시며 행하신 일은 모두가 우리에게 무용하고 무가치한 것임을 알아야 한다. 그러므로 아버지에게서 받

공병호가 만난 예수님

으신 것을 우리에게 나눠 주시기 위해서는, 그가 우리의 것이 되며 우리 안에 계셔야 했다. (…) 우리가 그와 한 몸이 되기까지는 그가 가지신 것이, 우리와 아무 상관도 없기 때문이다.

요한 칼빈, 『기독교 강요』, 생명의 말씀사, 1998, p.7

칼빈 주장의 핵심은 믿는 자는 하나님이 부여한 구원의 다양한 선물들을 누리기 위해서 그리스도와 반드시 연합해야 한다는 것입니다. 내 안에 예수님이 거하지 않는다면 예수님은 나와는 상관이 없는 분이 되고 맙니다. 마찬가지로 그리스도교 역시 그저 그런 세상의 많은 종교 교리 가운데 하나가 돼 버립니다. '하나님에 대해 아는 일'에서부터 출발하는 우리의 믿음은 점점 '하나님을 아는 것'으로 나아가야 합니다. 하나님을 아는 것의 핵심은 하나님이 내 안에 있음을 느끼고, 체험하고, 믿게 되는 것입니다.

조직신학자 루이스 벌코프Louis Berkhof는 "그리스도와의 신비한 연합은 그리스도와 그의 언약 백성 사이의 친밀적, 생동적 영적인 연합이고 초자연적 방식으로 이루어진다. 그러므로 영적으로 사람의 이해를 초월하는 연합이며, 연합의 효능으로 그의 백성과 생명과 힘, 복된 구원의 원천이 되는 것"이라고 말합니다.(루이스 벌코프, 『벌코프 조직신학』, 2006, p.696)

그리스도교는 이천 년 전에 존재했던 종교가 아니라 지금 이 순간에도 살아 숨 쉬는 대단히 생동적인 신앙이자 친밀하고 개인적인 신앙입니다. 예수님의 권능을 누리는 일과 예수님과의 인격적 친밀성을 유지하는 일이 가능하기 때문입니다. 이 모든 것은 믿는 자가 예수님과 연합할 때만이 가능합니다. 한편 조직신학자 웨인 그루뎀은 "세상이 창조되기 전 영원한 과거에 있었던 하나님의 계획에서부터 영원한 미래에 천국에서의 하나님과의 교제에 이르기까지—이생에서의 우리와 하나님의 관계의 모든 면들을 다 포함해서—모두 다 그리스도와의 연합 안에서 이루어졌다"라고 말했습니다.(웨인 그루뎀, 『조직신학: 중』, p.551) 예수님이 행하신 모든 사역들은 믿는 자가 개인적으로 그리스도와 연합에 대한 확신과 체험이 가능할 때 의미를 지니게 됩니다.

성경에는 그리스도의 연합이 어떻게 표현돼 있을까요? 그리스도와의 연합은 네 가지로 표현되는데 각각은 신앙의 토대를 튼튼히 하는 데 필요할 뿐만 아니라 그리스도가 나에게 어떤 분이신지를 가슴 깊이 이해하는 데 필수적입니다. 첫째, 믿는 자는 그리스도 안에 있습니다. 둘째, 그리스도께서는 믿는 자 안에 있습니다. 셋째, 믿는 자는 그리스도와 함께 있습니다. 넷째, 믿는 자는 그리스도를 닮아 갑니다.

1. '그리스도 안에서'

'그리스도 안에서'라는 표현은 어떤 의미를 가지는 것일까요? '그리스도 안에서'는 하나님이 창세전에 믿는 자를 선택하셨을 때부터 우리의 전 생애 동안 모든 생각과 행동은 예수님 안에서 이루어지도록 하셨음을 말합니다. 하나님은 예수님이 믿는 자의 대표자이시기 때문에 예수님이 경험하는 모든 것은 곧바로 믿는 자가 경험하는 것으로 생각하십니다. 예를 들어 예수님이 못 박혀 죽으심은 예수님의 경험에 그치는 것이 아닙니다. 예수님의 구속 사역을 믿는 자는 자신의

공병호가 만난 예수님

옛 사람이 죽음을 당하고 새 사람이 탄생했음을 받아들입니다. "우리의 옛 사람이 예수와 함께 십자가에 못 박힌 것은 죄의 몸이 죽어 다시는 우리가 죄에게 종 노릇하지 아니하려 함이니"(로마서 6:6) 말씀은 예수님의 겪으신 것이 곧바로 믿는 자가 겪은 것을 말합니다.

어떤 사람이라도 믿음을 가지기 전의 삶을 '그리스도 밖의' 삶 혹은 '육신 안에', '율법 아래', '죄 안에'라고 말한다면 '그리스도 안에서'라는 말은 우리의 주님이신 예수 그리스도가 통치하는 하나님 나라의 새로운 질서 하에 살아가는 것을 말합니다. 그리스도가 다스리시는 새로운 왕국의 백성으로 살아가는 것을 말합니다. 예수님은 자신의 백성된 자들에 대해 다스리고, 공급하시고, 가르쳐 주시고, 고쳐 주시고, 보호해 주시게 됩니다.

진실된 그리스도인이라면 '그리스도 안에서'를 머리로만 이해하는 것이 아니라 가슴으로 받아들이고 체험할 수 있어야 합니다. 여기서 중요한 것은 모든 영적인 축복은 그리스도께서 이루신 것일 뿐만 아니라 속하는 것이기 때문에 그리스도 안에 있는 자들에게만 그런 축복이 가능하게 된다는 사실입니다.

우리가 하나님의 자녀가 되고 이를 통해서 구원의 축복을 누리게 되는 아래와 같은 구원의 적용 사례에 속하는 것들은 모두 '그리스도 안에서' 가능한 일들입니다. 믿는 자가 되면 아래의 모든 것들을 성경 속에서 예수님이 경험하신 특별한 일들로 받아들이는 것이 아니라 개인적인 일로 받아들입니다.

신앙이 성장하는 것은 아래의 모든 것들의 의미를 더욱 깊이 새기고 개인적인 일로 받아들이게 됨을 뜻합니다.

소명: 하나님의 부르심을 받는 일

중생: 하나님의 창조적 행위로 거듭나게 되는 일

회심: 하나님이 마음을 회개와 신앙으로 응답하게 하셔서 돌이키심

믿음과 신앙: 하나님의 창조와 예수 그리스도를 구주로 믿게 하심

칭의: 하나님께서 의로운 사람으로 선언하고 인정하는 법적인 의

수양: 하나님이 양자로 삼아 주심

성화: 성령의 사역으로 하나님을 닮아 거룩하게 됨

견인: 하나님의 자녀라고 궁극적으로 인을 치심

영화: '그리스도 안에서' 몸과 영혼이 변화돼 영원한 세계에 들어감

이재호, 「그리스도와의 연합과 구원의 확신」, 계약신학대학원, 2012 ,

장진성, 「그리스도와 신자의 연합에 대한 연구」, 총신대학교 신학대학원, 2013

2. '믿는 자 안에 계신 그리스도'

믿음을 갖는다는 것은 내 안에 그리스도가 거하심을 인정하는 것을 말합니다. 나를 대신해서 예수 그리스도가 역사하심을 말하는 것입니다. '내 안에 계신 그리스도'의 삶을 극적으로 표현한 말씀은 "내가 그리스도와 함께 십자가에 못 박혔나니 그런즉 이제는 내가 사는 것이 아니요. 오직 내 안에 그리스도께서 사시는 것이라"(갈라디아서 2:20)입니다.

나를 대신해서 그리스도가 사신다는 것은 그리스도가 소유한 대단한 영적인 힘을 내가 누릴 수 있는 것을 믿음을 말합니다. "내게 능력 주시는 자 안에서 내가 모든 것을 할 수 있느니라"(빌립보소 4:13) 말씀은 내가 무엇인가를 할 수 있는 능력을 갖고 있다면 이는 내 능력이

공병호가 만난 예수님

아니라 예수 그리스도가 허락하신 능력임을 고백하고 있습니다. 예수를 믿는다는 것은 머리로 예수님을 이해하거나 안다는 것을 의미하지는 않습니다. 예수 그리스도가 성령의 모습으로 우리의 가슴 깊은 곳 즉 카르디아heart에 거하시면서 우리를 위해 일하시는 것을 말합니다.

3. '그리스도와 함께'

믿는 자마다 그리스도와 개인적으로 친밀한 관계를 가질 수 있습니다. 예수님에게 위로를 받을 수도 있고, 가르침을 받을 수도 있고, 대화를 나눌 수도 있습니다. 우리가 그리스도인이 된다는 것은 하나님의 아들과 친밀한 개인적 교제를 가질 수 있도록 부르심 받는 것을 말합니다. 깊은 기도를 하는 사람은 그리스도와의 친밀한 개인적 관계가 어떤 것인지 체험하게 됩니다. "내가 세상 끝 날까지 너희와 항상 함께 있으리라"(마태복음 28:20) 말씀은 믿는 자에게 큰 위안을 주는 문장입니다. 그뿐 아니라 "두세 사람이 내 이름으로 모인 곳에는 나도 그들 중에 있느니라"(마태복음 18:20) 말씀 또한 가족 예배나 묵상 그리고 기도 시간에 예수님이 항상 함께하신다는 믿음의 체험을 가능하게 해 주는 것입니다. 그리스도와의 연합을 성부 하나님이나 성령 하나님과의 연합을 이야기하기도 한답니다.

4. '그리스도를 닮은 삶'

그리스도와의 연합은 우리가 예수님을 닮아 가는 삶을 통해서 인격적으로 변화하는 것을 말합니다. 이런 삶은 하나님을 기쁘게 하는 일이자 하나님에게 영광을 돌리는 일입니다. 성화는 창조 목적에 꼭 들어맞는 삶입니다. 성령의 사역으로 예수님을 닮아 사람이 거룩해져 가는 것을 '성화'라고 부릅니다. 성화는 그리스도와의 연합 없이는 가능하지 않습니다. 성경에서 말하는 성화는 죄의 몸은 죽고 선을 위해 창조된 새사람의 소생을 말합니다. 다시 말하면 '그리스도와 함께 살리심을 입음'을 뜻합니다. 이를 가능하게 하는 것은 성령 하나님의 역사하심 때문입니다.

공병호가 만난 예수님

고난을 이기시는 예수님

그리스도를 위하여 너희에게 은혜를 주신 것은 다만 그를 믿을 뿐 아니라
또한 그를 위하여 고난도 받게 하심이라.
For it has been granted to you on behalf of Christ not only to believe on him, but
also to suffer for him.
빌립보서 1:29

예수님은 영적인 축복과 물질적인 축복만 주실까요? 믿는 자라면 구원의 혜택을 누리는 일뿐만 아니라 그리스도가 겪었던 고난에도 참여해야 합니다. 사도 바울은 "우리가 그(예수님)와 함께 영광을 받기 위하여 고난도 함께 받아야 할 것이니라"(로마서 8:17)라고 말합니다. 예수님의 신실한 종이 되기를 원하는 사람이라면 그는 마땅히 주의 영광뿐만 아니라 고난에도 동참하는 사람이 돼야 합니다. "무릇 그리스도 예수 안에서 경건하게 살고자 하는 자는 박해를 받으리라"(디모데후서 3:12)라는 말씀도 이를 말해 줍니다. 시대와 상황에 따라 다르지만 믿는 자라면 다양한 어려움이 따를 수 있다는 점을 잘 알고 있어야 합니다. 예수님을 믿는 사람들에게 고난은 자신을 부인하고 자기 십자가를 지고 그리스도를 따르는 노력으로

이해할 수 있습니다. 그리고 고난조차도 믿는 자가 가질 수 있는 특권으로 받아들일 수 있어야 합니다.

하지만 누가 고난을 반기겠습니까? 그래서 예수를 믿기만 하면 세속적인 의미에서 잘살 수 있다는 것을 지나치게 강조하는 번영신학(Prosperity theology, 물질적인 축복이 하나님의 뜻하신 바라고 주장에 기초한 신학)과 이에 기초한 설교들이 인기를 얻습니다. 번영신학이 믿지 않는 자를 교회에 발걸음을 옮기도록 만드는 데 어느 정도 역할을 해 온 것은 사실입니다. 그러나 우리가 주의해야 할 점은 성경적 메시지는 선교나 동기부여와 같은 특정 목적을 위해 왜곡되지 말아야 한다는 것입니다. 예수님이 어떤 분인지 이해하기 위해서 우리는 반드시 고난을 당하는 예수님 혹은 질고를 지신 예수님을 제대로 알아야 합니다. 그리고 예수님을 믿는 대열에 서는 자라면 당연히 예수님이 그러했듯이 고난에 대해 자신의 입장을 정리할 수 있어야 할 것입니다.

구약에서 고난의 종(하나님께 속한 종)인 예수 그리스도를 예언한 곳은 이사야서 40장에서 53장입니다. 여기서 고난당하는 여호와의 종에 대한 이사야의 예언은 최고조에 달합니다. 특히 이사야 53장은 메시아장 혹은 메시아닉 챕터라고 불립니다.

이곳에서 예수 그리스도는 자신의 잘못 때문이 아니라 인간의 죄를 대신해서 고난을 당합니다. 거절, 멸시, 슬픔 그리고 고통을 당하게 되는 예수님이 생생하게 예언됩니다. 참고로 여호와의 종인 메시아를 예수 그리스도로 해석하는 복음주의 신학자들이 있는 반면에 이스라엘 민족, 모세, 예레미야, 혹은 이사야 선지자 자신으로 보는 학자들도 있습니다. 하지만 요한 칼빈이나 마틴 루터는 모두 고난받

공병호가 만난 예수님

는 종을 예수 그리스도로 해석합니다.

오늘날도 유대인들은 이사야 52장 12절까지 읽고 바로 54장으로 넘어가 버립니다. 이유는 고난받는 종을 생생하게 그린 52장 13절부터 53장의 내용이 자신들의 바람과 일치하지 않기 때문입니다. 유대인들은 이사야 1장에서 39장까지에 입각하여 다윗과 같은 왕적 메시아가 자신들을 찾아올 것으로 믿어 의심치 않습니다. 왕적 메시아는 다윗처럼 이스라엘 민족의 미래를 보장하고 영원하고 강력한 다윗왕조를 세울 수 있는 무력을 갖춘, 위엄 있고 이상적이며 위대한 왕이었습니다. 다시 말하자면 지상에서 정치적 과업을 수행하기 위해 미래에 나타나게 될 이상적인 왕의 모습이었습니다. 이런 점에서 유대인들은 예수님을 왕적 메시아로 받아들일 수 없었습니다. 그들은 무기력하게 수난을 당한 끝에 죽음을 당하고만 예수님을 메시아로 받아들일 수 없었습니다. 무기력하게 죽음을 당한 메시아는 그들이 기다리는 메시아가 아닐 뿐만 아니라 메시아를 모독하는 일이었기 때문입니다.(박소형, 「이사야 53장의 여호와의 종과 메시아」, 베뢰아국제대학원대학교 석사 학위논문, 2009)

고난의 종으로 오실 예수님을 예언하는 이사야서 52장 13절에서 53장 12절 말씀은 모두 다섯 부분으로 구성됩니다. 첫째, 여호와의 종인 메시야의 고난과 영광(52:13-15), 둘째, 인간의 죄로 인해 멸시와 천대를 받는 메시아의 모습(53:1-3), 셋째, 메시아의 찔림과 상함과 징계의 원인은 우리의 허물과 죄악임을 선언(53:4-6), 넷째, 하나님 앞에 순종하는 메시아의 모습(53:7-9), 다섯째, 네 부분을 종합하는 메시아 사역의 절정(53:10-12)(김두석, 『구약과 그리스도』, 칼빈대학교 출판부, 2003, p.547). 참고로 기원전 700년 무렵에 쓰여진 이사야서뿐만 아니라 기원전 1000년 무렵에 쓰여진 다윗의 시편 150개 가운데서도 16개가 고난의 종으로 오신 예수 그리스도가 오신 것을 보여 주고 있습니다. 다섯 부분 가운데서 핵심 부분은 다음과 같습니다.

> 그는 실로 우리의 질고를 지고 우리의 슬픔을 당했거늘 우리는 생각하기를 그는 징벌을 받아 하나님께 맞으며 고난을 당한다 했노라. 그가 찔림은 우리의 허물 때문이요 그가 상함은 우리의 죄악 때문이라. 그가 징계를 받으므로 우리는 평화를 누리고 그가 채찍에 맞으므로 우리는 나음을 받았도다. 우리는 다 양 같아서 그릇 행하여 각기 제 길로 갔거늘 여호와께서는 우리 모두의 죄악을 그에게 담당시키셨도다. 그가 곤욕을 당하여 괴로울 때에도 그의 입을 열지 아니했음이여 마치 도살장으로 끌려가는 어린 양과 털 깎는 자 앞에서 잠잠한 양 같이 그의 입을 열지 아니했도다. 이사야 53:4-7

예수 그리스도의 고난은 아담의 불순종에서부터 비롯됐습니다. 아담의 불순종 사건이 인간의 질고(질병과 고통)를 시작하게 만들었기 때문입니다. "여호와께서 우리 모두의 죄악을 그에게 담당시키셨도다"(이사야 53:6)라는 말씀처럼 예수님은 인간의 질고를 해결해 주시기 위해 직접 십자가를 지게 되셨습니다.

이사야서 중에서 질고를 지신 예수님에 대한 내용을 더 자세히 살펴보도록 하겠습니다.(황용현, '질고를 지신 예수님', 〈기독론〉, 2007년 10월 21일, 설교)

첫째, "그가 찔림은 우리의 허물 때문이요."

허물은 영어로 'transgression'으로 건너지 못할 담을 넘었다 즉, 한도를 넘었다를 뜻합니다. 허물의 원인은 원죄를 범한 것, 십계명을 지키지 않은 것, 신약에서의 지상명령을 지키지 않은 것에서 비롯 됐습니다. 구약의 이사야서는 700년 후에 예수님이 원죄와 대계명을 위반한 인간의 죄를 대속하기 위해 십자가에 찔림으로 죄 사함을 받 게 될 것임에 대해 예언하고 있습니다. 그러나 당시 사람들은 예수님 이 자신의 죄로 인하여 징벌을 받고 있다고 생각했지 자신들을 위하 여 고난을 당하고 있다고 생각하지 않았습니다. 지금도 마찬가지입 니다. 믿는 자는 예수님의 속죄 사역을 자신과 인류의 죄를 대속하기 위해 죽음을 당하신 일로 받아들입니다. 하지만 믿지 않는 자는 자신 과 하등 관련이 없는 역사적 사건 정도로 간주해 버립니다.

성부 하나님은 왜 그렇게 하셨을까요? 하나님은 '예수 그리스도 안 에서' 죄 사함으로 인간을 의로운 사람이 되게 만들려는 계획을 갖고 계셨습니다. "하나님이 죄를 알지도 못하신 이(예수님)를 우리를 대신 하여 죄로 삼으신 것은 우리로 하여금 그 안에서 하나님의 의가 되게 하려 하심이라."(히브리서 5:21)

둘째, "그가 상함은 우리의 죄로 인함이다."

'상함'은 예수님이 인간으로 오셔서 피조물들의 무례함 때문에 자존 심이 상하셨음을 뜻합니다. 우리의 죄는 인간 속에 들어 있는 사탄의 성품을 말합니다. 타락한 아담의 성품을 가진 인간은 마구잡이로 예 수님을 모욕했습니다. "그는 멸시를 받아 사람들에게 버림받았으며 간고를 많이 겪었으며 질고를 아는 자라"(이사야 53:3) 말씀처럼 예수님을 멸시하는 내용이 성경에는 여러 곳에서 소개돼 있습니다. 겟세마네 동산에서 잡혀 대제사장 가야바에게 가자 가야바는 "성전을 헐고 사흘 안에 지을 수 있다고 말한 자여 당신이 하나님 아들이면 그렇게 해 보라"고 조롱합니다. 가야바는 예수님에게 하나님을 모욕하는 자라고 부르면서 침을 뱉고 뺨을 때리고 옷을 찢기도 했습니다. 총독 빌라도 앞에서 채찍으로 맞기도 하고 군인들에게 옷을 벗기고 자색 옷을 강제로 입힘 당하시고 가시 면류관을 쓰이고 갈대를 들게 하고 맞기까지 합니다. 이는 모두 심하게 멸시당하는 것을 말해 줍니다.

그럼에도 불구하고 예수님은 사랑이십니다. 예수님의 상함은 인간 속에 들어 있는 사탄의 성품들을 제거해 주시기 위함입니다.

셋째, "그가 징계 받으므로 우리가 천국의 평화를 누리고".

죄 때문에 벌을 받아야 할 사람은 우리들이지만 예수님이 우리를 대신해서 죽음을 당하셨습니다. 예수님이 자신의 목숨을 값으로 지불하고 우리의 죄를 되사셨기 때문에 우리는 더 이상 벌을 받을 필요가 없어졌습니다. 또한 우리는 영원한 천국에서 평화를 누릴 수 있게 됐습니다.

고난의 예수님 덕택에 우리는 죄 사함을 받았을 뿐만 아니라 성화를 통해서 남아 있는 사탄의 성품들을 차츰차츰 제거할 수 있게 됐습니다. 예수님이 진정으로 우리들에게 들려주고 싶은 말씀은 어떤 것일까요? 너희들도 나를 닮아 고난이 닥치면 피하지 말고 저마다의 십자가를 지고 가라는 것입니다. 예수님이 했던 것처럼 사도 바울뿐만 아니라 초대 교회의 12사도는 모두 선교 현장에서 순교를 당했습니다. 예수님의 말씀을 충실히 따라 살았던 삶이었습니다.

공병호가 만난 예수님

예수님은 전지전능하신 분이신데 고난의 종이 되신 이유가 무엇일까요? '종'은 하나님께 속한 자, 하나님께 절대 충성을 바치는 자, 자신을 극히 낮추는 자를 뜻합니다. 예수님은 하나님의 아들이시지만 고난으로 순종함을 배워서 온전하게 되셨습니다. 그랬기 때문에 예수님 역시 순종하는 모든 자에게 영원한 구원의 근원이 되신 분입니다. "그가 아들이시면서도 받으신 고난으로 순종함을 배워서 온전하게 되셨은즉 자기에게 순종하는 모든 자에게 영원한 구원의 근원이 되시고"(히브리서 5:8-9)라는 말씀처럼 예수님이 구원 사역을 완성시키기 위해서는 반드시 순종함을 배워서 온전하게 되셔야 했고 이는 고난의 종으로 오는 길 이외에 다른 길이 없었습니다. 결과적으로 예수님은 필연적으로 고난의 종으로 올 수밖에 없었습니다. 구원 사역이란 계획을 실행에 옮기기 위해서 말입니다.

성경은 고난을 세속적인 의미의 고난과는 근본적으로 다른 시각을 제시합니다. 요한복음 9장에 나오는 소경된 사람의 문제에서 드러난 바와 같이 유대인의 전통적 개념에서 고난은 죄가 원인인 것으로 보았습니다. 하지만 성경은 고난이야말로 하나님의 뜻 즉, 하나님의 놀라온 일을 증거하기 위함임을 말합니다. 한 연구 논문은 신약에서의 고난의 의미를 멋지게 해석하고 있습니다.

그리스도인의 고난은 바로 자기를 부인하고 자기 십자가를 지고 그리스도를 따르는 제자의 도(道)라고 이해하는 것이다. 그로부터 신약은 오히려 고난을 그리스도인의 특권인 동시에 하나님의 선택의지로 생각했다. 그러므로 그리스도인은 고통으로 인하여 하나님의 뜻을 거스르는 대신

인내심으로 고통을 참고 조금도 고통을 두려워하거나 염려치 않는다. 왜냐하면 그리스도인은 아무리 고통을 당한다 할지라도 모든 악에 대한 그리스도의 최후의 승리를 의심치 않았기 때문이다. 그러므로 그리스도인은 모든 악의 세력에도 불구하고 평정과 인내로 견디며, 결코 희망을 버리지 않는다.

이왕호, 「성경에 나타난 그리스도인의 고난문제에 관한 연구」, 대한신학교 졸업논문, 1987, pp.31-32

오늘날 예수 그리스도와 함께하는 삶에는 고난이 불가피하다는 것에 대해 논의가 드뭅니다. 믿는 자들이 그런 이야기를 듣고 싶어 하지 않기 때문입니다. 그러나 시련이나 고난의 용광로를 거치지 않고 믿음을 연단할 수 있는 기회가 있을까요? 쉬운 일은 아니라고 봅니다. 그렇다고 해서 일부러 고난을 자청할 필요는 없습니다. 다만 우리가 늘 기억해야 할 것은 예수님이 우리를 위해 고난의 종으로 오셨다는 사실입니다. 고난이 다가왔을 때뿐만 아니라 일상의 삶 속에서도 예수님의 찔림과 상함을 바라볼 수 있다면 신앙을 반석 위에 세울 수 있을 것입니다. 그리고 어떤 상황에서도 강하고 담대하게 그리고 감사한 마음으로 살아갈 수 있을 것입니다.

공병호가 만난 예수님

영원한 생명을 주시는 예수님

―

만일 그리스도 안에서 우리의 바라는 것이 다만 이 세상의 삶뿐이면
모든 사람 가운데 우리가 더욱 불쌍한 자이리라. 그러나 이제 그리스도께서
죽은 자 가운데서 다시 살아나사 잠자는 자들의 첫 열매가 되셨도다.
If only for this life we have hope in Christ, we are to be pitied more than all men.
But Christ has indeed been raised from the dead, the first fruits of those who have
fallen asleep.
고린도전서 15:19-20

―

큰 병을 얻었을 때 환자들마다 불안해하는 정도는 차이가 크다고 합니다. 목회자들의 경험담을 들어 보면 예수를 믿는 사람과 그렇지 않은 사람 그리고 잘 믿어 온 사람과 대충 믿는 사람 사이의 차이가 아주 크다고 합니다. 죽음을 앞두고 느끼는 불안감은 어디에서부터 비롯되는 것일까요? 죽음 이후에 도대체 내가 어디로 가는 것인가에 대한 확신이 없기 때문일 것입니다. 믿지 않는 분들은 대체로 '죽고 나면 모두 끝이다'라는 생각을 갖고 있기 때문에 허무감을 느끼게 됩니다. 하지만 진정한 그리스도인이라면 완전히 새로운 세계에서 새로운 삶을 시작하게 된다는 믿음을 갖게 됩니다. 그리스도교는 사후 세계에 대해 명확한 해답을 제시하고 있습니다. 다시 말하면 성경은 사후에 믿는 자가 어디서 무엇을 하고 있을지에 대해 명

확한 청사진을 제공하고 있습니다.

　그리스도교에서 죽음은 영과 혼이 육체로부터 격리되는 것으로 받아들입니다. 육신은 무덤에 묻혀 썩기 시작하지만 영은 하나님께로 돌아가게 됩니다. 믿는 자에게 죽음은 그것으로 끝을 뜻하지 않습니다. 예수님이 다시 이 땅을 찾아오실 때 즉, 재림再臨하실 때 부활하여 천국이라 불리는 새로운 세상에서 영원히 살게 된다는 사실을 믿습니다. 죽은 자의 부활은 기독교 교리의 중요한 부분을 차지하는 진리입니다. 예수님이 재림하실 때 예수님은 믿는 자의 육체를 영원히 이 땅에 머물도록 허락하지 않습니다. 믿는 자의 육체와 영혼이 결합돼 믿는 자의 육체는 죽음에서 살아나고 그리스도와 함께 영원히 살게 됩니다. 그래서 믿는 자는 사도신경을 통해서 "몸이 다시 사는 것을 믿사옵나이다"라는 신앙고백을 하게 됩니다. 고난과 마찬가지로 죽음 또한 믿는 자에게는 형벌이 아니라 성화 과정의 중요한 요소로 간주되고 있습니다. 이처럼 그리스도인에게 죽음은 세상 사람들이 바라보는 죽음과 크게 다릅니다.

　그런데 사람이 죽고 난 이후부터 부활 사이에 중간 상태가 있습니다. 죽은 자의 혼은 최종목적지에 가기 전에 임시거처에 머무는데, 임시거처는 두 곳입니다. 우선 믿는 자의 혼은 최종목적지가 천국天國이기는 하지만 일단은 낙원樂園이란 임시거처에 머뭅니다. 믿지 않는 자의 혼의 최종목적지는 지옥地獄이지만 일단 음부陰部라는 임시거처에 머물게 됩니다. 여기서 낙원은 지상에서 머무는 동안 하나님을 잘 섬겨 구원받은 영혼들이 행복을 누리면서 지내는 곳입니다. 그리스도의 재림과 함께 육체의 부활과 아울러 천국의 상급을 기다리

공병호가 만난 예수님

는 임시거처입니다.

반면에 음부는 하데스Hades, 스올Sheol 등으로 불리기도 하는데 하나님으로부터 버림받은 영혼들이 고통을 받으면서 자신들을 기다리는 영원한 형벌을 위해 대기하고 있는 곳입니다. 이따금 음부와 무저갱을 혼돈하는 경우도 있는데 무저갱은 자유가 없고 고통스러운 장소라는 점에서 음부와 같지만 수감돼 있는 사람은 초자연적인 힘을 가진 악의 천사들입니다.

많은 사람들은 믿는 자가 죽음을 맞게 되면 곧바로 천국을 가는 것으로 이해하고 있습니다만, 성경은 아직 천국에 들어간 분은 오직 예수 그리스도 외에는 없다고 말합니다. 물론 성부 하나님과 성령 하나님도 그곳에 머물고 계십니다. "하늘에서 내려온 자 곧 인자 외에는 하늘에 올라간 자가 없느니라"(요한복음 3:13)라는 말씀은 죽음을 맞은 인간들 가운데 예수 그리스도 이외에 천국에 입국한 사람이 없음을 말해 주고 있습니다. 예수님을 따라 올라갔던 에녹과 엘리야와 같은 의인조차도 천국에 입국한 것이 아니라 예수 그리스도의 재림 때까지는 임시거처인 낙원에 머물고 있습니다.

그렇다면 천국과 낙원 그리고 지옥과 음부의 차이는 무엇일까요? 임시거처와 최종목적지 사이의 차이는 전자는 영혼만으로 누리는 것이고 후자는 영혼과 육체가 결합하여 완전한 부활체로 누리는 것입니다. 그만큼 기쁨과 고통의 강함과 약함이라는 점에서 보면 임시거처는 최종목적지에 비할 수 없습니다.

여기서 엉뚱한 질문을 던져 보겠습니다. 예수님의 십자가 사건이 일어나기 이전, 아예 복음을 전해 받을 수 없었던 사람들이 모두 음

부에 가 있는 것은 너무 억울한 일이 아닐까요? 맞습니다. 칼빈주의
자들은 이에 명쾌한 해답을 제시합니다. 예수님은 온 우주의 통치자
이시기 때문에 음부나 천국 어디든지 마음껏 방문할 수 있습니다. 예
수님은 음부에 내려가셔서 복음을 전하는 사역을 전개하시고 이들
가운데 이미 창세전에 선택받은 자들은 낙원으로 올려 보내집니다.

일부 신학자들은 음부를 '아브라함의 품Abraham's Bosom'과 그냥 음
부로 나누곤 합니다.(누가복음 16:22-23) 예수님이 방문하시는 곳은 음
부 중에서도 아브라함의 품입니다. 창세전에 선택받은 자들은 예수
님의 사역이 시작돼 복음이 전해지기 전에 죽음을 당했지만 음부에
서도 아브라함의 품에 있다가 예수님에 의해 복음이 전해집니다. 이
들은 '음부 강하Descent into Hades' 즉, 예수님이 음부 중에서 아브라
함의 품에 있는 그들에게 내려오셔서 전도함으로써 낙원으로 올라갈
수 있습니다. 예를 들어 이 땅에 그리스도교 전해진 것은 200년이 되
지 않았습니다. 우리의 조상 가운데 복음이 이 땅에 도착하기 전에
죽은 사람들 가운데 창세전에 선택받은 자들의 임시거처는 음부 중
에서도 아브라함의 품입니다. 예수님은 그곳을 방문하셔서 창세전에
선택받은 자들은 낙원으로 인도하실 수 있습니다.

또 다른 질문을 생각해 볼 수 있습니다. 창세전에 이미 선택받은
자이지만 미전도 오지에서 살다가 죽은 사람들은 어떻게 되는 것일
까요? 칼빈주의자들의 견해에 따르면 이들 역시 음부로 가지만 예수
님이 음부를 수시로 방문해서 전개하는 전도 덕택에 낙원으로 올라
가게 됩니다.

믿는 자가 흥미를 갖게 되는 것은 예수님이 공중으로부터 지상에

공병호가 만난 예수님

재림할 때 어떤 일이 일어나는가라는 점입니다. 이따금 예수님이 재림하는 시점은 자신이 알고 있다고 말하면서 세상 사람들을 속이는 사람들이 등장하곤 하지요. 이른바 종말 시점에 대한 예언가들의 등장입니다. 이런 사람들의 주장에 속지 않도록 해야 합니다. 성경은 "그날과 그 시간은 아무도 모르나니 (…) 오직 아버지만 아시느니라" (마태복음 24:36)라고 분명히 말합니다. 재림을 하게 되면 죽은 성도들은 영과 혼과 육이 연합하여 부활하고 살아 있는 성도들은 변화돼 공중에 끌어 올려 주를 영접하게 됩니다. 공중에 끌어 올림을 받는 것을 흔히 휴거(携去, rapture)라고 합니다.

성경은 예수님이 재림과 의인과 악인의 부활이 모두 한 순간에 일어날 것임을 말해 주고 있습니다. 최후 심판은 죽은 자의 부활 후에 즉시 이루어집니다. 그러나 의인의 길과 악인의 길은 너무 다릅니다. 제대로 된 믿음을 갖는 사람들이 죽음을 맞아 상대적으로 담대함을 유지할 수 있는 것은 천국에 갈 수 있다는 확신 때문일 것입니다.

성경은 부활과 함께 최후 심판이 있을 것임을 여러 곳에서 증거하고 있습니다. 최후 심판을 '백보좌 심판'이라고 부르기도 합니다. 여기서 심판주 예수 그리스도가 등장하게 됩니다. 백보좌에 앉아서 생명책에 기록되지 않은 사람들을 지옥행으로 결정하는 예수님의 모습은 이렇게 기록돼 있습니다.

> 인자(예수님)가 자기 영광으로 모든 천사와 함께 올 때에 자기 영광의 보좌에 앉으리니 모든 민족을 그 앞에 모으고 각각 구분하기를 목자가 양(의인)과 염소(악인)를 구분하는 것 같이 하여 양은 그 오른

편에 염소는 왼편에 두리라. 그때에 임금이 그 오른편에 있는 자들에게 이르시되 내 아버지께 복 받을 자들이여 나아와 창세로부터 너희를 위하여 예비된 나라를 상속받으라. 마태복음 25:31-34

모든 의인, 악인, 마귀들도 개인별로 하나님 앞에 서서 심판을 받게 됩니다. 지상에서 그들이 행한 행위, 말, 생각, 동기 등을 기준으로 한쪽은 의인의 길로 또 다른 쪽은 악인의 길로 들어서게 될 것입니다. 그런데 하늘나라가 수직 사회인 것처럼 천국과 지옥 역시 등급이 있습니다. 악인에게 주어지는 형벌에도 등급이 있고 의인에게 주어지는 천국의 상급에도 등급이 있습니다. "악인들은 영벌eternal punishment에, 의인들은 영생eternal life에 들어가리라 하시니라"(마태복음 25:46) 말씀처럼 문제는 악인이 치러야 할 형벌이 영원한 형벌이라는 점입니다.

믿지 않는 분들에게 다소 불편한 이야기이긴 하겠지만 성경에서 하나님의 심판의 근거로 삼는 것을 조금 더 자세히 살펴보는 일도 의미가 있을 것입니다. 마지막 심판의 근거로 가장 중요한 것은 어떤 사람이 예수 그리스도에 대해 어떤 태도를 갖고 있으며 이런 태도를 얼마나 실천해 왔는가일 것입니다. "아들(예수님)을 믿는 자는 영생이 있고 아들을 순종치 아니하는 자는 영생을 보지 못하고 도리어 하나님의 진노가 그 위에 머물러 있느니라"(요한복음 5:24), "내 말을 듣고 또 나 보내신 이를 믿는 자는 영생을 얻었고 심판(정죄)에 이르지 아니하나니 사망에서 생명으로 옮겼느니라."(요한계시록 20:15)

어느 날 설교를 듣는데 한 목회자 분이 "세상 기준으로 보면, 아주

공병호가 만난 예수님

유명한 목회자였기 때문에 분명히 천국행이 보장됐을 법한데 천국으로 가지 못하는 분들도 있을 겁니다"라는 농담반 진담반 이야기를 들려주었습니다. 천국 입국 비자를 발급받을 수 있는 자격이 있는 사람은 누구일까요? 여기서 주의해야 할 것은 자격입니다. 자격을 얻을 수 있는 후보자라는 점에 주의하시기 바랍니다.

첫 번째 기준은 그리스도를 믿음으로 하나님의 자녀가 되기로 선택한 사람들일 것입니다. "주 예수께서 저의 능력의 천사들과 함께 하늘로부터 불꽃 중에 나타나실 때에 하나님을 모르는 자들과 우리 주 예수의 복음을 복종치 않는 자들에게 형벌을 주시리니"(데살로니가후서 1:6-9) 말씀이 이를 이야기해 주고 있습니다. 그런데 믿는 자의 대열에 들어선 다음에도 남의 눈에는 잘 믿는 것처럼 보이지만 남이 보지 않을 때는 어두운 구석이 많은 분들도 있습니다. "하나님은 (사람의) 모든 행위와 모든 은밀한 일을 선악 간에 심판하시리라"(전도서 12:14)라는 말씀처럼 전지하신 하나님은 우리의 일거수일투족을 모두 보고 계십니다. 믿는 자들 가운데도 여러 부류의 성도들이 있습니다. 하나는 그리스도인이라고 스스로 생각하면서도 세상의 쾌락과 지나치게 가깝게 지내는 분들입니다. 성경을 들추어 보는 시간이라고 해야 주일날 예배당이 고작인 분들입니다. 바빠서 그럴 수도 있지만 삶의 우선순위가 세상적인 것에 지나치게 집중돼 있는 분들이 있습니다.

또 한 부류의 분들은 복잡한 율법을 지키는 것처럼 성도들이 지켜야 할 이런 저런 규칙들은 잘 지키는 분들입니다. 그러나 성화를 통해 인격적인 변화를 경험하고 성령의 열매를 좀처럼 맛볼 수 없는 분들입니다. 의무감에서 혹은 습관적으로 믿는 분들에 대한 이야기입니다.

성도들 가운데 마지막 부류는 '이 세상'에서 살아가고 있지만 자신의 본래 고향이 '저 세상'이라고 생각하는 분들입니다. 이들에게는 세상 것에 대한 우상이 없습니다. 이분들은 창조의 목적인 무엇인가를 분명히 알고 이를 실행에 옮기는 분들입니다. 믿음이 장식이 아니라 중심이 돼 있는 분들이지요. 아마도 하나님은 심판 때 마지막 분들에게 하늘나라의 가장 큰 상급을 주실 것입니다.

그리스도인으로서 하나님으로부터 받을 수 있는 가장 큰 은총은 영원한 생명입니다. "그가 우리에게 약속하신 것은 이것이니 곧 영원한 생명이니라"(요한일서 2:25)는 우리가 받을 수 있는 은총 가운데서도 최고의 것입니다.

예수님은 믿는 자들에게 영원한 생명을 주시는 하나님이십니다. 죽음 앞에서 완전히 자유로울 수는 없지만 담대해질 수 있는 것이 그리스도인입니다. 생사관이 명확해지는 것이지요. 그래서 "죽으면 죽으리라"라는 담대한 이야기를 할 수 있습니다.

공병호가 만난 예수님

나를 바꾸시는 예수님

내가 거룩하니 너희도 거룩할지어다.
Be holy, because I am holy.
레위기 11:45

"그 사람이 제 모임에 들어오면 자꾸 기분이 나빠져요. 어떤 때는 교회를 나가기도 싫어요."

오랫동안 교회를 다니신 한 여성분이 저에게 이런 이야기를 하셨어요. 그래서 제가 정중하게 이야기를 했습니다. "그분을 위해서도 예수님이 죽음을 당하셨으니까 웬만하면 이해하도록 해 보세요. 눈에 거슬리는 일이라도 생기면, 아마 무슨 이유가 있을 거라고 자신을 다독거려 보세요. 예수님을 믿는다는 것은 사랑하는 것이거든요."

예수를 믿는다는 것은 예수님을 닮아 가는 것입니다. 성화(聖化, incarnation)는 "그리스도를 닮아 가는 것"을 말합니다. 성경은 인간이 점점 더 죄를 멀리하고 예수님을 닮아 가도록 하는 하나님과 인간의 협력적이고 점진적인 활동을 성화라고 부릅니다. 성화는 어느 날 갑

자기 시작되는 것은 아닙니다. 구원의 적용 사례라는 큰 틀에서 보면 믿는 자는 '복음의 소명—중생—회심—칭의—양자결연'이라는 그리스도인으로서 살아가는 삶의 시작 단계를 거친 다음에 비로소 성화에 들어가게 됩니다.

소명(召命, Calling) 창세전에 선택받은 자들에 대하여 예수 그리스도를 통하여 제공된 구원을 받도록 초대하시는 하나님의 은혜로운 행위를 말합니다. 간단하게 하나님의 부르심입니다.

중생(重生, Regeneration) 예수 그리스도를 믿음으로써 사망에서 생명으로 옮겨 가는 일을 말하며 순간적으로 일어나는 사건입니다. 중생은 성령의 능력에 의해 새로운 피조물로 다시 태어나는 것을 말합니다.

회심(回心, Conversion) 중생이 의식적인 활동에서 나타나는 것을 말합니다. 하나님께서 중생받은 자들의 의식적인 활동 가운데 믿음과 회개를 통하여 하나님께로 돌아오게 만드는 것이 회심입니다. 회심역시 순간적으로 이루어집니다.

칭의(稱義, Justification) 예수 그리스도를 마음으로 믿고 입으로 시인한 죄인들에 대하여 하나님께서 의롭게 만드시는 법적인 행위를 말합니다. 칭의는 하나님께서 예수 그리스도를 믿는 사람들을 의롭게 여겨주시는 법적인 행위로서 믿는 자는 칭의를 통해 죄의식과 형벌로부터 자유로워집니다.

양자결연(養子結緣, Adoption) 법적으로 사탄의 자녀에서 하나님의 자녀로 신분이 변화하는 하나님의 은혜를 말합니다. 하나님의 양자가

공병호가 만난 예수님

된 자녀는 하나님 아버지께 가까이 나아갈 수 있으며 예수 그리스도와 함께 하나님의 상속인이 되는 권리를 갖게 됩니다. 하나님 가족의 일원이 되는 것을 말합니다.

이런 시작 단계들을 차근차근 거친 다음 비로소 성화가 시작됩니다. 예수님을 믿기 시작하는 사람들은 성화라는 용어를 사용하지 않더라도 믿음을 갖게 된 이후의 자신이 경험한 전인격적인 변화에 대해 말할 수 있을 것입니다. 어떤 사람은 서서히 또 어떤 사람은 급격히 인격적인 변화를 경험하게 됩니다. 한마디로 사람이 변화하는 것을 말합니다. 이 변화는 자신도 느끼고 주변 사람도 느끼게 됩니다. 자신의 마음을 차지하고 있던, 죄를 가까이 하는 마음이 비워지고 대신에 예수님의 성품을 자꾸 닮아 가게 됩니다. 표면적으로 보면 사람이 온화해지고 다른 사람을 긍휼히 여기고 사랑하게 됩니다.

제가 오랫동안 알아온 한 집안은 7남매가 되는 대가족입니다. 시골서 자란 형제들은 서울에서 탄탄한 생활 기반을 잡는 데 성공했습니다. 전혀 문제가 없는 집안처럼 보이지만 그 집의 평화를 깨뜨리는 것은 가족 사이의 관계입니다. 4남 3녀가 얼마든지 우애를 갖고 지낼 수 있는데도 불구하고 큰 며느리의 고집불통 때문에 화합이 깨지곤 합니다. 큰 며느리는 20여 년 동안 새벽기도, 주일 성수 등 교회 일이라면 열일을 마다하고 열심인 분이었습니다. 자식들도 다 잘 키워서 출가시킨 분이고, 남편도 성실로 치면 둘째가라면 서러워할 정도로 좋은 분입니다. 그런데 큰 며느리의 마음은 강퍅함 그 자체입니다. 제3자가 듣기에도 어떻게 사람이 그렇게 이기적일 수 있을까 하며 혀를 내

두를 정도이니까요. 제가 그 가족들에게 "예수 믿으세요"라고 이야기라도 하면, "큰 며느리를 보세요"라고 답이 돌아온답니다. 성품이 변하지 않는 그리스도인은 주변 사람들이 하나님 만나는 길을 차단시켜 버리곤 한답니다. 하나님 앞에 큰 죄를 범하는 일이지요.

제가 예수님을 믿기 시작하면서 깨우치게 되는 것은 예수를 얼마나 오랫동안 믿어 왔는가는 어떤 사람이 제대로 된 믿음 생활을 하고 있는지를 측정하는 데 그다지 중요하지 않다는 사실입니다. 교회의 각종 행사에 적극적으로 참여하는 일도 믿음의 순도를 판단할 수 있는 결정적인 기준은 될 수 없습니다.

어떤 사람의 믿음의 순도를 보기를 원한다면 그분이 예수를 믿기 시작한 다음에 전인격적인 변화를 경험해 왔는가의 여부를 보는 일입니다.

여기서 전인격적인 변화는 무엇을 말하는 것일까요? 성화를 다른 시각으로 보면 하나님의 형상을 회복해 가는 과정을 말합니다. 성경은 아담의 불순종으로 인하여 인간이 하나님의 형상으로부터 멀어져 버렸다고 말합니다. 이를 회복해 가는 과정이 바로 성화 과정입니다. 요한 칼빈도 예수를 믿기 시작하는 것은 혀의 교리가 아니라 생명의 교리라고 말합니다. 그는 복음을 받아들이고 나면 그다음 일어나야 할 변화를 이렇게 말합니다. "생명의 교리(복음)가 우리의 속마음에 들어가면, 다음에 일상생활이 되며, 우리를 개조하고 동화시킴으로써 복음의 결과가 나타나도록 해야 한다. (…) 복음의 효력은 마음속 가장 깊은 감정에까지 침투해서 영혼 안에 자리를 잡고 인간 전체에 영향을 주어야 한다. 철학자들이 하는 충고보다 몇 백 배나 더 심각

공병호가 만난 예수님

한 영향을 주어야 한다."(요한 칼빈, 『기독교 강요』 중 3. 6. 4, 1998, p.197)

성화 과정의 궁극적인 목적지는 어디일까요? 믿는 자가 되면 예수 그리스도를 본받고 싶은 마음이 생기게 됩니다. 매일 매일 예수 그리스도의 성품을 닮아 가는 것이 성화입니다. 사도 바울이 믿는 자가 예수 그리스도를 닮아 가려고 힘껏 나아가는 과정을 이렇게 말했습니다. "형제들아 나는 아직 내가 잡은 줄로 여기지 아니하고 오직 한 일 즉, 뒤에 있는 것은 잊어버리고 앞에 있는 것을 잡으려고 푯대를 향하여 그리스도 예수 안에서 하나님이 위에서 부르신 부름의 상을 위하여 달려가노라."(빌립보서 3:13-14) 여기서 말하는 푯대는 예수님처럼 살아가려는 것을 말합니다. 그렇다면 훌륭한 사람이 되려는 인간적인 노력과 예수님의 성품을 닮아 가려는 성화 사이에 큰 차이는 무엇일까요? 앞의 것은 인간적인 노력만으로 충분합니다. 하지만 뒤의 것은 성령님의 역사하심이 우선돼야 하고 그다음으로 인간적인 의지와 노력이 필요합니다.

예수님을 기준으로 인격과 삶에서 실제적인 변화가 일어나는 것이 성화입니다. 삼위 하나님은 동일본체이시기 때문에 하나님의 성품이 바로 예수님의 성품입니다. 신학자들은 이를 두고 예수님의 속성이라는 표현을 사용하곤 합니다. 인간이 하나님과 나누어 가질 수 없는 비공유적 속성이 있습니다. 영원성, 불변성, 무소부재 등이 하나님의 비공유적 속성입니다. 성화의 대상이 되는 것은 하나님의 공유적 속성입니다. 예를 들어 사랑하심이나 선하심 그리고 거룩하심 등은 모두 하나님의 성품 중에서 인간이 나누어 가질 수 있는 공유적 속성에 속합니다.

"내가 거룩하니 너희도 거룩할지어다"(레위기 11:45) 말씀은 예수님을 믿기 시작하는 사람들에서 나타나는 큰 변화를 말해 주고 있습니다. 믿는 자가 되면 죄를 멀리하고 가능한 거룩한 삶을 살아가려고 의식적으로 혹은 무의식적으로 노력하게 됩니다. 거룩한 생활로부터 멀어지게 되면 말씀, 예배 그리고 기도가 모두 쉽지 않습니다. 예를 들면 화가 잔뜩 나 있는 상태나 누군가를 미워하는 상태에서는 도저히 기도를 하거나 찬송을 부를 수가 없답니다. 이 모두가 하나님 앞에 자신이 나아감을 뜻하기 때문에 거룩함과 멀어진 생활은 이를 쉽지 않게 만듭니다. 믿음이 깊어지는 것은 자신의 삶과 인격 속에 점점 더 거룩함이라는 예수님의 성품이 자리를 차지하는 것을 말합니다.

예수님은 사랑의 하나님이십니다. 사도 바울의 "나를 사랑하사 나를 위하여 자기 몸을 버리신 하나님의 아들"(갈라디아서 2:20) 말씀을 통해 믿는 자는 예수 그리스도가 자신에게 베푼 개인적인 사랑을 기억해야 함을 강조합니다.

믿음의 대열에 들어선 다음 이런 생각을 해 보게 됩니다. 그가 누구이든지 간에 예수님은 그들 개개인을 위하여 자신의 목숨을 바칠 정도로 그들을 사랑했다는 생각 말입니다. 사랑하는 자를 위하여 자신의 목숨까지 바치는 것이 그리스도의 사랑이라는 사실을 자각하게 되면 우리는 두 가지를 실천해야 한다는 사실을 깨우치게 됩니다. 하나는 하나님에 대한 사랑이고 다른 하나는 하나님이 우리를 사랑하셨듯이 우리 또한 주변 사람들을 사랑하는 일입니다. 그러나 이것은 쉬운 일은 아닙니다. 그럼에도 불구하고 노력하는 것이지요. 성령의 도우심과 보조적이긴 하지만 인간적인 노력을 더할 수 있습니다.

공병호가 만난 예수님

사랑과 관련해서 우리가 수행해야 할 의무는 "네 마음을 다하고 목숨을 다하고 뜻을 다하여 주 너의 하나님을 사랑하라. 네 이웃을 네 몸과 같이 사랑하라"(마태복음 22:37-38) 말씀이 잘 말해 주고 있습니다. 그밖에 예수님의 공유적 속성에는 자비, 은혜, 인내, 화평, 의로우심, 선하심, 진실하심, 지혜로우심 등이 포함됩니다. 모두 우리가 본받으려고 노력해야 하는 것들이지요.

성화 과정에 예수님은 어떤 역할을 맡으실까요? 흔히 성화는 성령의 역사함으로 이루어진다고 말합니다. 그렇다고 해서 행동하는 사람이 손 놓고 가만히 있어야 한다는 이야기는 아닙니다. 스스로 예수님을 성품을 따라가려는 의지를 갖고 실천해야 하는 사람은 믿는 자 자신이랍니다. 이렇게 보면 성화라는 목표를 달성하기 위해 하나님과 인간은 서로 상호 협력해야 한다는 사실을 확인할 수 있습니다.

우리가 아는 분 가운데 성화를 완성하는 데 성공하신 분이 누구실까요? 그분이 예수 그리스도입니다. 그래서 예수님은 우리가 무엇을 위해 노력해야 하는지 그리고 무엇을 향해 나아가야 하는지 명확한 본보기를 보여 주셨습니다. 사도 바울은 성화의 본이 되신 예수님에 대해 "예수는 하나님으로부터 나와서 우리에게 지혜와 의로움과 거룩함과 구원함이 되셨으니"(고린도전서 1:30)라고 말합니다. 사도 바울은 "믿음의 주요 또 온전하게 하시는 이인 예수를 바라보자"(히브리서 12:2) 말씀으로 우리에게 힘껏 나아가라고 권합니다. 예수님은 우리로 하여금 어떤 사람이 돼야 하는지 그리고 어떻게 살아야 하는지에 대한 명확한 목표를 제시합니다. 예수님을 닮아 가는 삶, 이것이야말로 예수님을 진정으로 믿기 시작한 사람에게 나타나는 뚜렷한 특징입니다.

오늘날 세상에는 스스로 멘토를 자처하는 사람도 많고 타의에 의해서 멘토로 간주되는 분들이 많습니다. 그러나 그들 모두는 불완전한 인간일 뿐입니다. 세상에는 앞선 사람이 있고 그렇지 않은 사람이 있겠지만 인간이란 한계를 벗어날 수 있는 사람은 없다고 봅니다. 이런 면에서 보면 예수님의 성품을 쫓아서 우리가 힘껏 나아가면 인격, 감정, 의지, 영혼, 육체 그리고 지식이나 지혜 면에서도 큰 변화가 일어날 수밖에 없습니다.

그래서 제대로 믿음 생활을 하는 사람에게서 우리는 흔히 "어쩌면 저렇게 사람이 변할 수 있을까?"라는 놀라움을 표하게 됩니다. 이런 모든 일들을 가능하게 하는 분이 예수 그리스도이십니다. 늘 기억하시기 바랍니다. "예수님은 사랑이시다"는 점과 "예수님은 선하시다"는 점을 말입니다. 그래서 저는 책에 사인을 해 드릴 때면 이런 말씀을 자주 선물한답니다.

"예수 그리스도의 사랑 안에서 그리고 선하심 안에서 승리하는 나날이 되길 기도합니다."

공병호가 만난 예수님

어떤 다른 길이 있을까요?

세상에 많은 책들이 있지만 읽기를 반복할 때마다 자꾸 읽고 싶은 책이 있을까요? 반복해서 들어도 자꾸 더 듣고 싶은 책이 있을까요? 확실히 성경은 그런 책입니다. 저는 성경 이외에 아직까지 그런 책들을 만나 본 적이 없습니다. 인류 역사를 빛냈던 대가들의 명저들도 몇 번 읽고 나면 그만입니다.

성경에 대해 이런 저런 이야기들이 있습니다. 비판하는 사람이나 긍정하는 사람이나 간에 모두 나름의 이유가 있을 것입니다. 오랜 세월동안 공부를 해 온 저의 입장에서 한 가지는 확실합니다. 아무리 많이 읽고 들어도 늘 새롭게 다가오는 책이 성경이라는 것이지요. 인간의 이성과 지식으로 쓰여진 책이라면 그 어떤 책도 몇 번 이상 읽고 나면 따분함과 만나지 않을 수 없을 것입니다.

그래서 많이 배운 사람이 성경의 주인공인 예수님을 아는 일에 깊이 빠져 든다면 그 사람은 아마도 똑똑한 사람이거나 아니면 아주 멍청한 사람일 가능성이 높습니다. 왜냐하면 눈에 보이지 않는 것을 진리라고 확신하는 사람이기 때문입니다. 비판하는 분들로부터는 "참으로 덜떨어진 이상한 사람이다"라는 지적을 받을 수도 있습니다.

세월이 간다고 해서, 공부를 많이 한다고 해서, 권력과 금력을 많이 쌓는다고 해서 진리를 쉽게 찾을 수 있는 것은 아닙니다. 진리는 먼 곳에 있지 않지만 "이게 진리구나"라는 만남을 갖기가 쉽지 않습니다. 설령 어렴풋이 진리를 만난 것 같은 생각이 들어도 진리에 대해 확신을 갖는 일은 더더욱 어려운 일입니다.

나이를 먹어도 인간은 본질적인 질문으로부터 자유로울 수는 없습니다. 나는 어디로부터 와서 어디로 가는가라는 질문에 대해 스스로 답을 정리할 수 있어야 하는데 말입니다. 젊은 날이 가고 나이를 먹어가면서 사람들은 세월 앞에 승자가 될 수 없다는 사실을 조금씩 깨우쳐 가게 됩니다. 제가 진리에 대해 목마름을 가진 시점이나 진리를 찾아 떠난 여행길에서 예수님을 구주로 접하게 된 것도 세월 앞에 승자가 아니라는 자각 때문이었을 것입니다.

얼마 전에 은퇴하신 한 교수님이 노년의 문제를 담담하게 그린 『퇴적공간(오근재 지음)』이란 책을 음미하듯이 읽었습니다. 저자는 탑골공원과 종묘에 모여 있는 노인들뿐만 아니라 저자 자신에게도 한 가지 질문을 던집니다. "인생의 황혼기를 보내고 있는 지금, 어느 정도 굳건한 삶의 지향점을 지니고 있을까 아니면 오히려 죽음과 지근거리에 있다는 느낌 때문에 깊은 혼란 속에 빠져 있을까."

공병호가 만난 예수님

저자는 스스로 답을 제시합니다. "인생의 말년에 이르기까지 이러한 회의감에 시달리며 시행착오를 거치지 아니한 사람이 없으리라는 생각을 해 본다면, 이러한 삶에 대한 근본적인 자문은 지금도 해소되지 않은 진행형으로 각자에게 내재돼 있다고 보는 것이 옳을 것이다." 한마디로 세월이 간다고 해서 진리를 찾는 일이나 진리에 대한 확신을 갖기가 무척 힘들다는 것입니다. 여러 문제에 대해 정리되지 않은 채 훌쩍 세상을 떠나는 것이 우리네 인생이 될 가능성이 상당히 높습니다.

그런데 이런 고민은 비단 현대인만의 고민은 아닐 것입니다. 15세기 작품인 강희안의 고산관수도高山觀水圖에는 깊은 산속 바위에 엎드려 유유히 흘러가는 물을 바위에 골똘히 바라보는 한 노인의 그림이 수묵화로 그려져 있습니다. 그림 속의 노인은 이렇게 묻고 있는 것 같습니다. "나는 어디로부터 와서 어디로 가는 것일까?"라는 실존적인 질문을 말입니다.

공부를 많이 하면 이런 실존적인 질문으로부터 자유로울 수 있을까요? 젊은 날부터 세상의 이곳저곳을 다니면서 삶과 우주의 궁극적인 의미를 찾아온 80대의 노 철학자는 인터뷰에서 이런 이야기를 털어놓습니다. "답은 외부가 아니라 내 안에 있어요. (…) 죽는 순간까지 철저하고 치열하게 하루하루를 살아야 합니다. (…) 60년 가까이 어떻게 살 것인가, 인생의 의미는 무엇인가라는 물음에 답을 구했지만 팔순이 된 지금까지도 확실한 답을 찾지 못했어요. (…) 솔직히 말하면 인생의 궁극적 의미는 없다고 생각합니다."(조선일보, 2014.2.22.) 어쩌면 노학자의 대담을 기록한 책 제목인 『삶을 긍정하는 허무주의』가 인생의 끝자락에서 얻은 잠정적인 결론이 아닐까라는 생각을 합니다. 허무주의 말입니다.

예수님을 믿는 것은 생에 대한 확신을 주는 일이기도 하고 절대 가치와 기준을 제공해 주는 일이기도 합니다. 그러나 그런 확신이 아무에게나 주어지는 것은 아닙니다. 노력만으로 믿음이 생길 수 있다면 얼마나 좋겠습니까? 그래서 예수님이 믿어지고 성경 말씀이 혈과 육, 혼과 영 그리고 관절과 골수로 파고 들어오는 것을 체험하는 일은 그 자체로 하나님의 은혜라고 생각합니다.

그러나 지성과 이성을 가진 우리가 '예수님에 대한 이해'를 위해 노력하는 일은 믿어짐을 향한 길에서 도움이 되지 않을까요? 이 책이 예수님 알기를 소망하는 분들에게는 더 깊은 이해를, 그리고 예수님을 모르는 분들에게는 앎을 향한 길로 인도하는 데 도움이 되길 바랍니다.

사람은 본성적으로 체계화하려는 본능을 갖고 있습니다. 인간은 자신뿐만 아니라 자신을 둘러싸고 있는 삼라만상의 운영에 대해 나름대로 체계화하고 싶은 강력한 욕구를 갖고 있습니다. 체계화를 할 수 있다면 모호함이 가져다주는 혼란스러움과 불확실함 그리고 불안감을 제거할 수 있기 때문입니다.

이 책은 저의 정신세계에서 가장 중요한 부분을 차지하기 시작한 예수님에 대해 체계화를 시도한 것입니다. 앞으로도 이런 노력들을 계속해 가려 합니다. 더 잘 알기 위해서, 더 잘 믿기 위해서, 더 잘 누리기 위해서, 더 담대하게 나아가기 위해서 말입니다. 여러분에게도 이 책이 삶의 매우 중요한 부분을 차지하는 믿음, 신앙, 영혼, 인생, 진리의 문제들에 대한 해답을 찾는 데 도움이 되길 기대합니다. 책을

마무리하면서 "이 길 이외에 다른 길이 있을까?"라는 질문을 자꾸 해
보게 됩니다.

KI신서 5670

공병호가 만난 예수님

1판 1쇄 인쇄 2014년 6월 16일
1판 1쇄 발행 2014년 6월 23일

지은이 공병호
펴낸이 김영곤 **펴낸곳** (주) 북이십일 21세기북스
부사장 임병주 **이사** 이유남
기획편집 한성근 남연정 이경희
디자인 곽유리
영업본부장 이희영 **마케팅1본부장** 안형태
영업 권장규 정병철 **마케팅1본부** 최혜령 김홍선 이영인 강서영
출판등록 2000년 5월 6일 제10-1965호
주소 (우413-120) 경기도 파주시 회동길 201(문발동)
대표전화 031-955-2100 **팩스** 031-955-2151 **이메일** book21@book21.co.kr
홈페이지 www.book21.com **트위터** @21cbook
블로그 b.book21.com **페이스북** facebook.com/21cbooks
특수가공 이지앤비_특허 제10-1081185호

ⓒ 공병호, 2014

ISBN 978-89-509-5612-7 03230
책값은 뒤표지에 있습니다.